POR UM ESTADO FISCAL SUPORTÁVEL
ESTUDOS DE DIREITO FISCAL

Volume II

JOSÉ CASALTA NABAIS
Professor da Faculdade de Direito de Coimbra

POR UM ESTADO FISCAL SUPORTÁVEL
ESTUDOS DE DIREITO FISCAL

Volume II

POR UM ESTADO FISCAL SUPORTÁVEL
ESTUDOS DE DIREITO FISCAL
VOLUME II

AUTOR
JOSÉ CASALTA NABAIS

EDITOR
EDIÇÕES ALMEDINA, SA
Av. Fernão Magalhães, n.° 584, 5.° Andar
3000-174 Coimbra
Tel.: 239 851 904
Fax: 239 851 901
www.almedina.net
editora@almedina.net

PRÉ-IMPRESSÃO I IMPRESSÃO I ACABAMENTO
G.C. GRÁFICA DE COIMBRA, LDA.
Palheira – Assafarge
3001-453 Coimbra
producao@graficadecoimbra.pt

Abril, 2008

DEPÓSITO LEGAL
273647/08

Os dados e as opiniões inseridos na presente publicação
são da exclusiva responsabilidade do(s) seu(s) autor(es).

Toda a reprodução desta obra, por fotocópia ou outro qualquer
processo, sem prévia autorização escrita do Editor, é ilícita
e passível de procedimento judicial contra o infractor.

Biblioteca Nacional de Portugal – Catalogação na Publicação

NABAIS, José Casalta

Estudos de direito fiscal : por um Estado fiscal
suportável. - 2 v.
2° v.: p.
ISBN 978-972-40-3483-6

CDU 336
351

NOTA PRÉVIA

Reunimos neste pequeno volume sete estudos que escrevemos depois da publicação, no ano de 2005, da colectânea com o título *Por um Estado Fiscal Suportável – Estudos de Direito Fiscal.*

A razão desta publicação, que apresentamos como segundo volume dessa colectânea de estudos, prende-se com a utilidade que a mesma possa vir a ter, seja porque assim se colocam à disposição do público estudos que ainda aguardam publicação, seja porque, deste modo, se oferecem em publicação autónoma estudos que, embora já publicados, se encontram dispersos por publicações de acesso nem sempre fácil, em virtude de as mesmas ou serem estrangeiras ou integrarem obras muito volumosas.

Fevereiro de 2008

1. A SOBERANIA FISCAL NO QUADRO DA INTEGRAÇÃO EUROPEIA *

Sumário

I. A soberania fiscal
  1. A ideia de soberania fiscal
  2. A distribuição do poder tributário em Portugal

II. A soberania fiscal e a integração europeia
  3. Referência à evolução da integração fiscal comunitária
  4. As insuficiências da harmonização fiscal comunitária
    4.1. A fuga para o *soft law*
    4.2. A actual "european taxation without representation"
    4.3. Uma estranha construção europeia
    4.4. As alterações que se impõem
  5. A soberania fiscal e a "Constituição Europeia"
    5.1. A oportunidade perdida da Constituição Europeia
    5.2. A soberania fiscal na Constituição Europeia e na Constituição Portuguesa.

I. A SOBERANIA FISCAL

1. A ideia de soberania fiscal

Podemos dizer que continua a ser relativamente fácil encontrarmos a afirmação de que a soberania fiscal outra coisa não é senão um aspecto

---

* O presente texto corresponde à nossa intervenção nas *Xornadas Conimbricenses en Santiago de Compostela*, 6 a 8 Novembro de 2006, entretanto publicado em *Dereito – Revista Xurídica da Universidade de Santiago de Compostela*, n.º 15.1, de 2006.

8   *Estudos de Direito Fiscal*

– de resto dos mais relevantes e visíveis – da soberania estadual. Por isso, o entendimento daquela requer naturalmente que se trace o quadro da compreensão desta.

Pois bem, é sabido que o termo-conceito soberania foi inventado por *J. Bodin* para caracterizar a realidade então nascente, que *N. Maquiavel* designara por estado *(stato)*, já de algum modo concretizado em reinos como a Inglaterra, França, Castela, Aragão, Navarra e Portugal e nas comunas e cidades livres[1]. Trata-se assim de um conceito da Idade Moderna, expressão da reivindicação da *plenitudo potestatis* por parte dos reinos medievais – em que se destacou, pela sua importância e influência, o reino de França – face, por um lado, ao Império e à Igreja *(rectius* ao Papado) e, por outro, aos poderes feudais e comunais. Trata-se, aliás, de um conceito que, à semelhança da generalidade dos conceitos da doutrina do estado moderno, é um "conceito teológico secularizado"[2], isto é, um conceito eminentemente político que traduz "la puissance absolue et perpetuelle d'une Republique"[3], entendida como o poder de um ente que não tem acima de si qualquer outro poder nem encontra, no plano humano, nenhum limite. Daí as características que, por via de regra, lhe vieram a ser apontadas pelos teóricos do estado no sentido da plenitude do seu próprio conceito, como a unidade, a indivisibilidade, a absolutividade, a perpetuidade, etc., que, no seu conjunto, constituem a seiva do postulado absoluto como essência política definidora do estado, ou seja, como modo

---

[1] O termo "soberano" utilizado como adjectivo é, porém, mais antigo, o que bem se compreende, pois J. BODIN o que fez foi definir a soberania e trazer esse conceito para o centro da teoria do estado (ou, na sua terminologia, da república) – v. H. QUARITSCH, *Staat und Souveränität*, vol. I, – *Die Grundlagen*, Frankfurt (M.), 1970, p. 38 e ss., e A. RANDELZHOFER, «Staatsgewalt und Souveränität», in J. ISENSEE/P. KIRCHHOF, *Handbuch des Staatsrechts*, I, Heidelberg, 1987, p. 691 e ss. (695 e s.).

[2] V, quanto a este conceito, C. SCHMITT, *Politische Theologie. Vier Kapitel zur Lehre der Souveränität*, 2.ª ed., München-Leipzig, 1934, na trad. italiana = «Teologia Política. Quattro Capitoli sulla dottrina delia Souvaritá», in *Le Categoria del "Político"*, Bologna, 1972, p. 61 e ss. Relativamente ao que dizemos no texto, v., desenvolvidamente, B. DE JOUVENEL, *De la Souveraineté. A la Recherche du Bien Politique*, Paris, 1955, esp. p. 216 e ss., e H. QUARITSCH, *Staat und Souveränität*, p. 243 e ss.

[3] J. BODIN, *Six Livres de Ia Republique*, Paris, 1576, *apud* H. QUARITSCH, *Ibidem*, p. 265; F. FARDELLA, «Il dogma della sovranitá dello Stato. Un consutivo», *Rivista Trimestrale di Diritto Pubblico*, 1985, p. 1064 e ss. (1066 e s.); P. DAGTOGLOU, «Souveränität», *Evangelisches Staatslexikon*, 3.ª ed.,1987, II vol., col. 3156.

A soberania fiscal no quadro da integração europeia 9

de ser do próprio poder estadual face a todos os demais centros de imputação política[4].

Com uma tal compreensão, a soberania revela-se, sem qualquer dúvida, um conceito estritamente político adequado exclusivamente ao que historicamente conhecemos pela designação de "estado absoluto", isto é, a um estado que reivindica para si como parte integrante da sua essência um poder tal que não conhece limites de qualquer espécie, designadamente de ordem jurídica como os decorrentes, desde logo, da ideia de estado de direito que haveria de triunfar com as revoluções liberais. Nesse entendimento o estado ou é soberano ou é de direito, uma vez que estado soberano e estado de direito constituem conceitos totalmente antinómicos[5].

Estamos assim perante um conceito de soberania que se explica facilmente quer pela necessidade de afirmação da estrutura estadual em formação, que reclamava ser erigida em pólo exclusivo do poder com a consequente eliminação dos demais pólos de poder situados a montante (papado e império) e a jusante (senhores feudais, municípios, comunidades estamentais, etc.), quer sobretudo pela identificação, que então se verificava, entre o estado e o monarca[6]. Com efeito, com essa identificação

---

[4] C. MORTATI, *Istituzioni di Diritto Pubblico,* tomo 1, 9.ª ed., Padova, 1975, p. 98 e ss. No dizer de J. KRULIC, «La revendication de la souveraineté», *Pouvoirs,* 67 (1993) – *La Souveraineté,* p. 21-32, a afirmação da soberania traduziu-se fundamentalmente pela substituição de uma legitimidade vertical (papal e imperial) por uma legitimidade horizontal (monárquica, nacional, popular, etc.).

[5] Entendimento posterior a J. BODIN, pois este autor, não obstante designar a soberania como "puissance absolue", sempre a entendeu como um poder com limites, constituídos pelos direitos divino e natural, pelas leis comuns a todos os povos e pelos contratos celebrados pelo soberano, ou seja, transpondo as coisas para a terminologia actual, pelos princípios superiores de justiça e pelo direito internacional. Da compreensão absolut(ist)a da soberania do estado comungam numerosas e diversas teorias que, em consequência, ou rejeitam esse conceito, como a teoria da soberania do direito de H. KRABE, ou o excluem do "mundo do direito", como o fazem a teoria pura do direito de H. KELSEN e a teoria realista de L. DUGUIT.

[6] Identificação literalmente confessada na célebre frase de Luís XIV: "l'État c'est moi", e que de algum modo se compreende, já que a afirmação da soberania do estado foi essencialmente um processo de afirmação do *soberano,* isto é, da pessoa que detém e exerce o poder *supremo* ou, por outras palavras, que, sem controlo, cria livremente direito positivo. Sobre este conceito necessariamente absoluto (daí que no estado de direito não haja soberano *hoc sensu*) – v. O. BEAUD, «Le souverain», *Pouvoirs,* 67 (1993) – *La Souveraineté,* p. 33 e ss.

ficou resolvido, sem quase se dar por isso, o problema nuclear da soberania – o problema do seu titular ou sujeito activo[7].

Ou seja, tendo o estado absoluto um único órgão, o monarca, não havia qualquer necessidade nem utilidade prática em proceder à distinção entre a *titularidade* e o *exercício* da soberania, o que imediatamente se impôs com o advento do estado constitucional, sob pena de assim se renunciar à própria ideia de soberania, que, deste modo não disporia de outra manifestação senão da do estado absoluto. Efectivamente, com a instauração do estado constitucional, do estado de direito, e da divisão de poderes que lhe é inerente, houve que separar *a titularidade* una e indivisível da soberania, que passou a "residir" na nação, no povo, no estado ou no parlamento[8], do *exercício* da mesma, que veio a caber a uma pluralidade de órgãos – os designados em Portugal, desde o constitucionalismo republicano, iniciado com a Constituição de 1911, por "órgãos de soberania"[9]. Pois, só através de uma tal distinção, é possível enfrentar a antinomia, apa-

---

[7] Tal problema é deixado em aberto pela teoria da soberania do direito, enquanto a teoria pura do direito e a teoria realista do estado, ao desalojarem a soberania da esfera do direito, renunciam de antemão a qualquer domesticação (jurídica) da mesma.

[8] "Residir" é o termo do art. 3.º da Declaração dos Direitos do Homem e do Cidadão (de 1789) – "a soberania reside essencialmente em a nação", expressão esta reproduzida na generalidade das constituições francesas e nas constituições portuguesas de 1822 (art. 26.º), de 1838 (art. 33.º) e de 1911 (art. 5.º); por seu turno a Constituição de 1933 dispunha "a soberania reside em a nação" (art. 71.º) e a actual estabelece "a soberania reside no povo" (art. 3.º).

Quanto às expressões do texto relativas à titularidade da soberania é de referir que elas se equivalem, na medida em que têm, fundamentalmente, um sentido negativo – excluir a soberania do monarca, o que conduziu à afirmação da soberania nacional em França e países que adoptaram o seu modelo, da soberania do povo nos EUA e na Suíça, da soberania do estado na Alemanha e da soberania do parlamento na Grã-Bretanha (dada a quase ausência neste país da própria figura do estado) – cf. M. HAURIOU, *La Souveraineté National*, Paris, 1912, esp. p. 147 e ss.; C. DE MALBERG, *Contribution à la Théorie Générale de l'État*, Tomo II, Paris, 1922, reimp. de 1962, esp. p. 167 e ss.; e, no respeitante à Grã-Bretanha, J. BELL, «Que réprésent la souveraineté pour un britannique?», *Pouvoirs,* 67 (1993) – *La Souveraineté*, p. 107-116. No concernente à soberania popular, v. também a obra de Edmund S. MORGAN, *Inventing the People. The Rise of Popular Sovereignty in England and America,* New York, London, 1989, em que se procura demonstrar que a estabilidade política dos EUA se ficou a dever à ideia de "povo americano", inventado pelos *Founding Fathers*.

[9] V os arts. 6.º da Constituição de 1911, 71.º da Constituição de 1933 e 113.º da Constituição actual.

rentemente inultrapassável, entre a soberania una e indivisível e o poder necessariamente dividido do estado de direito[10].

Mas a identificação em causa, com a inerente concentração e indiferenciação de funções do estado no monarca, conduziu, a breve trecho, a um outro resultado – à "soberanização" de todas as funções estaduais –, assim se transformando o entendimento com que a noção de soberania havia encetado o seu percurso histórico, que a concebia como a qualidade política ou a qualidade do poder do estado – um poder baseado na sua autogénese, gerado exclusivamente a partir de si, à margem de qualquer ordem jurídica interna ou externa. Soberanas passam a ser assim as funções ou actividades do monarca ou do estado enquanto detentoras dessa qualidade.

Todavia, com o estabelecimento do estado constitucional, facilmente se constatou que nem todas as funções do estado dispunham dessa qualidade. Daí que a soberania tenha começado a ser focada, já não tanto como qualidade política do estado, a qualidade que faz duma comunidade um estado, mas antes como característica de tudo quanto emana do órgão estadual que se considera mais próximo do povo ou da nação (conforme prevaleça a ideia de soberania popular ou de soberania nacional) – a instituição parlamentar. O que veio a ter como consequência a soberania passar a exprimir-se fundamentalmente na função legislativa[11]. Ideia que é de partilhar, se ao conceito de soberania se pretender atribuir um sentido e uma utilidade que quadrem com o estado de direito dos nossos dias.

Pois bem, recusando a ideia, defendida por numerosos autores, com base no fundamento histórico da própria noção de soberania, de que a soberania constitui um conceito historicamente esgotado, vamos fazer algumas considerações relativas ao entendimento que o conceito de sobe-

---

[10] V. sobre esta temática, tendo em conta a situação alemã e a jurisprudência constitucional sobre a matéria, Ch. STARCK, «Volkssouveränität und Gewaltenteilung», *Verfassungsrecht in Fälle*, n.º 11, Baden-Baden, 1972, esp. p. 47 e ss.

[11] Ideia esta presente já no pensamento de J. BODIN, pois que à função legislativa se reconduzem a grande maioria dos poderes componentes da soberania por ele elencados, a saber: o poder do legislar sem necessidade de consentimento dos inferiores, iguais ou superiores, a nomeação dos titulares dos cargos superiores, o poder tributário, o poder de cunhar moeda, de declarar a guerra e de fazer a paz, o poder jurisdicional supremo, os poderes conexos com a fidelidade e a obediência e o poder de graça – F. FARDELLA, *Il dogma della sovranità dello Stato. Un consutivo*, p. 1066 e s.

rania actualmente deve ter, a fim de com ele operarmos em sede da soberania fiscal.

Em primeiro lugar, a noção de soberania deve localizar-se no mundo do direito, consubstanciando um conceito jurídico (e não um conceito meramente político), ou seja, deve exprimir uma qualidade jurídica do poder do estado. Com um tal sentido, a soberania significa "o poder jurídico supremo" e constitui uma "característica necessária do poder estadual perfeito" tanto no plano do direito interno (soberania interna), como no plano do direito internacional (soberania externa)[12]. Por força da soberania, o poder do estado é, internamente, o poder juridicamente mais elevado o que significa duas coisas: positivamente, está acima de todos os outros poderes, incluindo assim "a competência da competência", e, negativamente, não obedece a qualquer outro poder, dispondo especificamente do "monopólio da violência legítima". Daí que à soberania sejam apontadas as características da unidade e da unilateralidade, implicando a primeira nota a indivisibilidade e inalienabilidade da soberania o que, como já referimos, não obsta a que o seu exercício seja dividido por diversos órgãos, como o exige o princípio da divisão de poderes, e a segunda que, no exercício da sua competência, o poder do estado não carece de qualquer assentimento ou colaboração dos seus destinatários, o que não significa, contudo que ao mesmo esteja em princípio vedado escolher a via do contrato ou do acordo[13].

Externamente, por seu turno, a soberania implica a independência jurídica face ao exterior, estando assim os estados (soberanos) dependentes apenas do direito internacional (imediação do direito internacional), o que tem por consequência, por um lado, ser a essência da soberania externa entendida passivamente como não intervenção ou não ingerência e, activamente, como direito de aliança *(ius ad foedus)* e direito de guerra *(ius ad bellum)* e, por outro lado, a igualdade dos estados, como é reconhecido no art. 2.º, n.º 1, da Carta das Nações Unidas, que prescreve:

---

[12] Neste sentido nos parece que vai a ideia de M. S. GIANNINI, «Sovranità (diritto vigente)», *Enclicopedai del Diritto*, XLII, 1980, esp. p. 224 e s. e 228, ao identificar a soberania com "a soma dos poderes supremos do Estado", o que não é mais do que perspectivar o poder jurídico supremo "a partir do seu *exercício* por uma pluralidade de órgãos".

[13] Cf., por todos, A. RANDELZHOFER, *Staatsgewalt und Souveränität*, p. 705 e s.; P. DAGTOGLOU, *Souveränität*, cols. 3160 e ss., e R. ZIPPELIUS, *Teoria Geral do Estado*, Fundação Calouste Gulbenkian, 2.ª ed., Lisboa, 1984, p. 57 e ss.

A soberania fiscal no quadro da integração europeia

"A Organização é baseada no princípio da igualdade da soberania de todos os seus membros". Isto é, externamente a soberania exprime-se mais pela ideia de "liberdade" do que pela ideia de "poder" dos estados[14].

Em segundo lugar, o conceito de soberania não deve reconduzir-se a um conceito limite, como o defendido pelo decisionismo de *C. Schmitt*, ao afirmar que "soberano é quem decide sobre o Estado de excepção", ou como o expresso por *E. R. Huber* que considera que "o soberano é quem comanda as forças armadas", ou ainda, de certo modo, como o entende *K. Loewenstein* quando diz: "se é possível exprimir o problema da situação do *pouvoir constituant* em forma de máxima, poderia dizer-se: soberano é aquele, entre os detentores do poder, que decide sobre a revisão constitucional"[15]. Ora, estas concepções, porque não valem relativamente à situação normal, revelam-se demasiado restritivas e unilaterais, quando a ideia de soberania não pode, a nosso ver, limitar-se a apreender situações excepcionais, tomando de algum modo a parte pelo todo.

Finalmente, como se conclui do que vimos de dizer e sobretudo do próprio entendimento que temos da soberania como poder jurídico supremo, ela não pode ser entendida em termos absolutos, seja à maneira de *T. Hobbes*, que nela vê um poder absoluto sem limites de qualquer ordem, seja à maneira mais moderada de diversos autores que, reconduzindo-a um conceito estritamente político, aceitam para ela tão-só limites de carácter não jurídico. Efectivamente, como poder jurídico, a soberania é por natureza um poder com limites, o que não afecta o seu aspecto supremo, já que supremo não significa ilimitado. Tais limites consubstanciam-se, internamente, em princípios superiores de justiça, que integram o direito constitucional e, em parte, o direito internacional (como o relativo à tutela internacional dos direitos do homem) e, externamente, no direito internacional[16].

---

[14] P. Dagtoglou, *Ibidem*, cols. 3163 e ss.; R. Zippelius, *Ibidem*, p. 63 e s.; e J. Combacau, «Pas une puissance, une liberté: la souveraineté international de l'État», *Pouvoirs*, 67 (1993) – *La Souveraineté*, p. 47-58.

[15] V. C. Schmitt, *Teologia Política*, p. 33 e ss., E. R. Huber, *apud* P. Dagtoglou, *Ibidem*, col. 3163, e K. Loewenstein, *Teoria de la Constitucion*, 2.ª ed., Barcelona, 1976, p. 172.

[16] Diverso deste problema da soberania e seus limites, é o da crescente perda real do poder do Estado através do que designamos por "salamização" do Estado: perda de fatias de poder para as organizações internacionais como a OMC ou estruturas de integração económica e política como a União Europeia e para estruturas de descentração política e admi-

De destacar, a este propósito, são as importantes limitações à soberania decorrentes da integração comunitária europeia, relativamente aos países membros da União Europeia, apresentando-se esta como uma verdadeira instância de decisão supranacional, a qual limita a soberania no seu vector interno, afectando a própria característica conceitual da unidade através da primazia do direito comunitário, da aplicabilidade directa das normas comunitárias, da decisão por maioria dos órgãos comunitários e da obrigatoriedade das decisões do Tribunal de Justiça, e restringe a expressão externa da soberania, na medida em que, em termos exclusivos ou em concorrência com os Estados membros, assume a competência da política externa economicamente relevante. Limitações que, por não terem atingido um *"point of no return"*, que torne a transferência da soberania para a União completa e irreversível, não põem em causa a soberania dos Estados. De facto a estes assiste o direito de saída voluntária[17].

Em suma, a soberania é um conceito jurídico, não absoluto e aplicável à situação corrente ou normal. Daí que ela se exprima, fundamentalmente, na função legislativa que, como função normativa primária do estado, traduz a mais importante manifestação do "poder jurídico supremo" ou do "nível supremo do poder jurídico" do estado[18].

---

nistrativa como as comunidades ou regiões autónomas e os municípios ("salamização" vertical a montante e a jusante) ou para corporações sejam clássicas como as ordens profissionais ou modernas como os ecogrupos ("salamização" horizontal) – v. o nosso estudo: «Algumas reflexões críticas sobre os direitos fundamentais», agora em *Por uma Liberdade com Responsabilidade – Estudos sobre Direitos e deveres Fundamentais*; Coimbra Editora, 2007, p. 87 e ss. (95 e ss.).

[17] O que, de resto, está bem patente no art. I-60.º da proposta Constituição Europeia, como referimos no estudo «Constituição europeia e fiscalidade», texto elaborado para o *Colóquio Ibérico sobre a Constituição Europeia*, que decorreu nos dias 17 e 18 de Março de 2005, na Faculdade de Direito da Universidade de Coimbra, previamente publicado em *Colóquio Ibérico: Constituição Europeia, Homenagem ao Doutor Francisco Lucas Pires*, n.º 84 da série *Studia Iuridica*, Coimbra Editora, 2005, p. 569 e ss. = *Por um Estado Fiscal Suportável – Estudos de Direito Fiscal*, Almedina, Coimbra, 2005, p. 157 e ss. (160 e ss.).

[18] Como claramente resulta do que acabamos de dizer, a soberania não se limita à função legislativa, pois soberanas são também a função política ou "governamental" (isto é, aquele segmento da função executiva que se concretiza na execução directa da constituição e já não aqueloutra parcela da mesma que se consubstância na execução da lei – a função administrativa) e a função jurisdicional, esta enquanto detém a "competência sobre a sua própria competência", recusando a aplicação de leis e actos políticos (ou "de governo")

Compreende-se assim que, ao contrário do que opina uma parte significativa da doutrina, continuemos falar de *soberania fiscal* para exprimir o nível supremo do poder tributário, separando, deste modo, esse nível que cabe ao estado, dos outros níveis desse mesmo poder que cabem às regiões ou outras estruturas de descentração estadual. O primeiro, é um poder tributário soberano, um poder tributário qualificado, que traduz a competência para criar, modificar ou extinguir impostos a título originário e sem outros limites senão os decorrentes da constituição; o segundo, é um poder tributário autonómico ou local, a exercer nos termos da constituição e da lei se for originário, ou só nos termos da lei se for meramente derivado. Nesta conformidade, a grande divisão relativamente ao poder tributário passa pela distinção entre poder soberano e poder autonómico, podendo este ser originário ou derivado[19].

Significa isto que, num estado unitário como o Estado Português, o poder tributário soberano cabe exclusivamente ao órgão de soberania do Estado com competência legislativa primária, o qual, por força da reserva de lei fiscal, há-de ser sempre, ao menos num primeiro momento, a Assembleia da República[20].

---

que sejam juridicamente inexistentes, em virtude de provirem dum órgão incompetente ou de terem sido editados com o desrespeito de normas essenciais de processo ou forma, ou ainda na medida em que integre a justiça constitucional (que, entre nós, numa tradição republicana, iniciada em 1911, cabe a todos os tribunais em articulação com o Tribunal Constitucional). Só tendo isto presente, se compreende o rigoroso alcance da expressão "órgãos de soberania", introduzida pela Constituição de 1911 em simultâneo com a instauração de uma justiça constitucional a cargo de todos os tribunais (art. 63.°), e a enumeração dos mesmos contida nos arts. 6.° da Constituição de 1911, 71.° da Constituição de 1933 e 113.°, n.° 1, da Constituição de 1976. Assim, nem todas as funções levadas a cabo pelo "poder executivo" e pelo "poder judicial" apresentam carácter soberano. Neste sentido, v. Afonso Queiró, «Actos de Governo e contencioso de anulação», *Boletim da Faculdade de Direito de Coimbra*, XLV(1969), p. 1 e ss. (15 e 24 e s.). Acrescente-se que não deixa de ser algo paradoxal que tenha sido a constituição mais democrático-parlamentar e com maior influência jacobina da nossa história constitucional que introduziu (de resto, ao que julgamos, em todo o espaço europeu) o *controlo judicial* da constitucionalidade das leis, segundo o modelo americano da *judicial review of legislation*.

[19] Esquematizando, podemos ordenar o poder tributário dividindo-o em poder trbutário soberano (estadual) e poder tributáqrio autonómico (regional ou local), sendo aquele necessariamete originário, e podendo este ser quer originário, quer derivado.

[20] Quanto aos estados com estrutura federal, o problema da soberania continua longe de um solução aceite pela generalidade dos autores. Assim e reportando-nos à Ale-

2. A distribuição do poder tributário em Portugal

Vejamos agora como se distribui o poder tributário em Portugal. Pois bem, a tal propósito, é de começar por dizer que, entre nós, sempre se aceitou, ao longo do estado constitucional[21], que os entes territoriais menores, *maxime* os municípios, fossem titulares de uma pequena parcela do poder tributário em termos de poder originário ou, como foi a regra, em termos de poder derivado.

Como poder tributário originário estava configurado na Constituição de 1822 que atribuia às câmaras municipais, para além da competência tributária para "repartir a contribuição directa pelos moradores dos concelhos" (art. 223.°, VI), a competência para "cobrar e despender os rendimentos do concelho e bem assim as fintas que, na falta deles, poderão impor aos moradores na forma que a lei determinar" (art. 223.°, VII).

Com efeito, constituindo tradicionalmente as "fintas" impostos extraordinários a lançar pelos municípios sobre os respectivos munícipes na proporção da sua fortuna, para fazer face a despesas de natureza extraordinária (por via de regra, obras públicas municipais), que não podiam ser cobertas pelos rendimentos (ou receitas, como dizemos hoje) ordinários, a sua manutenção expressa na primeira Constituição Portuguesa não pode deixar de significar a continuação, quanto a esse vector, do poder tributário municipal, que vem dos tempos medievais. Trata-se pois de um poder impositivo directamente conferido pela constituição, a ser exercido nos termos da lei.

Tirando, porém, essa hipótese, nenhuma das outras constituições portuguesas previu a atribuição de poder tributário às autarquias, remetendo

---

manha, podemos dizer que a três se reconduzem as respostas dadas: a que atribui a soberania aos *Länder,* que a partilhariam com a Federação ou com a Federação e o Estado Central (neste último sentido vai a chamada *Dreigliedrigkeitstheorie*); a que considera ser da própria natureza do estado federal ficar a questão da soberania entre a Federação e os estados federados por resolver (R. ZIPPELIUS); a que recusa qualquer soberania aos estados federados (P. DAGTOGLOU e A. RANDELZHOFER).

[21] Pois a absorção dos poderes municipais pelo Estado no nosso país apenas se efectivou com o célebre Decreto de Mouzinho da Silveira, de 12 de Abril de 1832. Para maiores desenvolvimentos relativamente às ideias de soberania e de soberania fiscal, v. o nosso livro *O Dever Fundamental de Pagar Impostos. Contributo para a compreensão constitucional do estado fiscal contemporâneo*, Almedina, Coimbra, 1998, reimp. de 2004, p. 290 e ss.

A soberania fiscal no quadro da integração europeia

para a lei as atribuições em geral das autarquias locais, como o faziam os arts. 139.° da Carta Constitucional (de 1826) e 130.° da Constituição de 1838 ou, mais especificamente, a autonomia financeira dos corpos administrativos como previam os arts. 66.° da Constituição de 1911 e 130.° da Constituição de 1933.

Todavia, no respeitante a esta última Constituição, não podemos deixar de ter em consideração o que ela prescrevia no art. 131.°, ao estabelecer que: "os regimes tributários das autarquias locais serão estabelecidos por forma que não seja prejudicada a organização fiscal ou a unidade financeira do Estado, nem dificultada a circulação dos produtos e mercadorias entre as circunscrições do país". Uma disposição que, em nosso entender, abria a porta para o legislador conferir poder tributário às autarquias locais em termos relativamente amplos, em termos cujos limites constitucionais eram apenas os de não prejudicar a organização fiscal ou a unidade financeira do estado, por um lado, e a livre circulação de produtos e mercadorias, por outro.

Porém, não obstante este preceito, prevaleceu na realidade constitucional um centralismo administrativo pouco consentâneo com um amplo poder tributário local[22]. Por isso, este continuou a ser idêntico ao que as autarquias locais tradicionalmente já tinham ao abrigo dos sucessivos códigos administrativos pelos quais se regeu a administração local, não tendo, no concernente a tal aspecto, qualquer expressão a sequência alternada de códigos centralizadores/códigos descentralizadores, que marcou a

---

[22] Pois, embora a Constituição, que em numerosos aspectos seguiu a Constituição de Weimar, pudesse ter suportado uma administração autárquica verdadeiramente descentralizada, o certo é que nesse, como em muitos outros domínios, se forjou uma realidade constitucional moldada pela legislação ordinária própria de um Estado autoritário que, ao fim e ao cabo, pouco tinha a ver com o texto da Constituição. Relativamente aos outros domínios, podemos indicar: os direitos fundamentais que, não obstante estarem contemplados num amplo catálogo constante do art. 8.° da Constituição, viram a sua efectiva aplicação fortemente restringida quando não mesmo inteiramente bloqueada pelo legislador ordinário; o sistema de governo que, embora no texto da Constituição fosse no sentido de um sistema presidencialista, na prática evoluiu para o que Marcello Caetano designou por *presidencialismo do primeiro ministro*; enfim, o controlo da constitucionalidade das leis, introduzido pela Constituição de 1911 e confiado a todos os tribunais segundo o modelo americano da *judicial review of legislation*, não funcionou. Daí que parte significativa da doutrina a qualificasse de "constituição nominal" – v., por todos, GOMES CANOTILHO, *Direito Constitucional e Teoria da Constituição*, 7.ª ed., Almedina, Coimbra, 2003, p. 178 e ss.

sucessão dos códigos administrativos[23], sobretudo no último quartel do século XIX. O que bem se compreende, se tivermos em conta que a referida sequência teve a ver com as concepções mais centralistas ou mais descentralizadores das forças políticas que (em virtude de eleições ou de golpes de estado mais ou menos palacianos) foram incumbidas de formar governo, bem como o facto de a concretização da autonomia local, embora exija autonomia financeira, não implica necessariamente a existência de um poder tributário autárquico.

Na tradição, a que acabamos de fazer referência, se integrou a actual Constituição, que não previu a atribuição de qualquer poder tributário às autarquias locais, não obstante o entendimento autonómico que delas perfilhou, nem, na sua primeira versão, às então criadas regiões autónomas dos Açores e da Madeira. Com efeito, no que às prmeiras diz respeito, a Constituição limitava-se a impor ao legislador, por um lado, o respeito pela autonomia financeira das autarquias locais (art. 240.°) e, por outro, a participação dos municípios, em termos a definir por lei, nas receitas dos impostos directos (art. 254.°).

Donde se concluia que a Constituição não conferia qualquer poder tributário às autarquias locais, embora não impedisse o legislador de lhes conceder algum poder tributário, interpretando-se assim a *reserva parlamentar* relativa aos impostos constante dos (agora) arts. 165.°, n.° 1, al. *i)*, e 103.°, n.° 2, em termos de a compatibilizar com o *princípio da autonomia local*[24]. E assim o entendeu o legislador, o qual, mantendo neste domínio a tradição, continuou a atribuir às autarquias locais, constituídas pelos municípios, uma pequena parcela de poder tributário.

O que, com a Revisão Constitucional de 1997 e o aditamento nela feito do n.° 4 ao art. 238.°, passou a ter por base uma clara disposição expressa, em que se prescreve: "as autarquias locais podem dispor de poderes tribu-

---

[23] É de referir que os ditos códigos administrativos, que se foram sucedendo até à Constituição de 1976, não passavam de códigos da administração local, ou melhor, da administração autárquica local.

[24] Na altura constantes dos arts. 168.°, n.° 1, al. *i)*, e 106.°, n.° 2, da Constituição. Para maiores desenvolvimentos no respeitante ao lugar das comunidades locais na estrutura do Estado Português, v. o nosso estudo «A autonomia local (Alguns aspectos gerais)», número especial do *Boletim da Faculdade de Direito de Coimbra – Estudos em Homenagem ao Prof. Doutor Afonso Rodrigues Queiró*, vol. II, Coimbra, 1993, p. 107 e ss. (144 e ss.), e em separata, Coimbra, 1990, p. 38 e ss.

A soberania fiscal no quadro da integração europeia 19

tários, nos casos e nos termos previstos na lei". Poder tributário que assim se concretiza em três manifestações: duas positivas e uma negativa.

Quanto às manifestações positivas, temos um poder tributário relativo a um imposto principal e um poder tributário relativo a um imposto adicional. O primeiro consubstancia-se no *poder de fixação da taxa ou alíquota*, pelas assembleias municipais[25], do Imposto Municipal sobre Imóveis (IMI) relativo aos prédios urbanos, entre 0,4% e 0,8% ou entre 0,2% e 0,5% do valor patrimonial tributário dos imóveis, consoante se trate de prédios urbanos avaliados pelo sistema anterior ou pelo sistema constante do próprio Código do IMI[26].

Por seu turno, o segundo confere aos municípios um poder tributário traduzido no lançamento da chamada *derrama*, a qual, nos termos do n.° 1 do art. 14.° da actual Lei das Finanças Locais (LFL), que entrou em vigor em 2007, "os municípios podem deliberar anualmente uma derrama, até ao limite máximo de 1,5% sobre o lucro tributável sujeito e não isento do Imposto sobre o rendimento das Pessoas Colectivas (IRC)". A referida derrama tem como característica constituir um imposto que se apresenta na forma financeira dum adicionamento, cujo montante pode ir até 1,5% do lucro tributável do IRC das empresas. Trata-se, assim, de um adicionamento ao IRC dos contribuintes que estão sujeitos à taxa ou alíquota de 25%, o que tem como consequência poder a taxa ou alíquota efectiva da tributação das empresas colectivas ser elevada até 26,5%.

Por seu lado, no respeitante à manifestação negativa do poder tributário dos municípios, traduz-se a mesma em as assembleias municipais concederem, nos termos de diversos preceitos da LFL, designadamente da al. *c)* do art. 6.°, da al. *d)* do art. 11.° e dos n.ºs 2 e 3 do art. 12.°, benefícios fiscais relativamente aos impostos a cuja receita tenham direito, bem como relativos a outros tributos próprios.

Por quanto vimos de dizer, facilmente se conclui que o poder tributário das autarquias locais se reconduz ao poder dos municípios para fixar

---

[25] Que constituem os órgãos deliberativos dos municípios, sendo as câmaras municipais, e bem assim os presidentes destas, os órgãos executivos.

[26] Código esse que entrou em vigor em 2003. Refira-se que, ao lado desse IMI urbano, cuja taxa ou alíquota é estabelecida nos termos acabados de aludir, temos também o IMI rústico, incidente sobre o valor patrimonial tributário dos prédios rústicos (que são os prédios não considerados urbanos), cuja taxa ou alíquota é de 0,8% e está fixada no próprio Código do IMI.

a taxa ou alíquota do IMI (poder tributário *normal*) e de lançar derramas sobre o IRC e conceder benfícios fiscais (poder tributário *excepcional*)[27]. Muito embora, devamos acrescentar que, na nova LFL, está prevista a atribuição aos municípios de uma parcela 5% do Imposto sobre o Rendimento das Pessoas Singulares (IRS) incidente sobre os sujeitos passivos residentes na respectiva circunscrição territorial. Parcela essa que a respectiva assembleia municipal pode reduzir a 4%, 3% ou 2%, atribuindo assim e consequentemente aos sujeitos passivos o correspondente benefício fiscal.

Diferentemente, do que vimos para as autarquias locais, se passam as coisas no referente às regiões autónomas dos Açores e da Madeira. Com efeito, segundo as als. *i)* e *j)* do n.º 1 do art. 227.º da Constituição, estas, para além de disporem, "nos termos da lei de finanças das regiões autónomas, das receitas fiscais nelas cobradas ou geradas", exercem o poder tributário próprio, nos termos da lei, bem como o poder de adaptar o sistema fiscal nacional às especificidades regonais, nos termos de lei-quadro da Assembleia da República.

No concernente ao poder tributário das regiões autónomas, é de referir que o seu exercício está dependente de uma intervenção do legislador nacional, da Assembleia da República. Uma intervenção específica a concretizar em lei ou decreto-lei autorizado, no respeitante ao exercício do *poder tributário próprio* regional, para criar impostos regionais ou estabelecer a sua disciplina essencial. E de uma intervenção geral, que desenhe o quadro da normação regional, a consubstanciar em lei-quadro da Assembleia da República, constituída pela Lei das Finanças Regionais Autónomas, no referente à adaptação regional do sistema fiscal nacional, ou seja, à *regionalização de impostos nacionais*.

Mas, para além desta divisão a jusante, o poder tributário também se encontra, a seu modo, dividido a montante do Estado, em consequência da integração europeia. Pois a União Europeia dispõe de um significativo poder tributário em que se distinguem claramente dois planos: um que respeita aos impostos próprios da União, como são o imposto sobre as remunerações dos funcionários comunitários, os direitos aduaneiros da pauta aduaneira comum e os montantes compensatórios agrícolas (impostos

---

[27] Para maiores desenvolvimentos, v. o nosso estudo «El régimen de las haciendas locales en Portugal», em GABRIEL CASADO OLLERO (Coord.), *La Financiación de los Municipios. Experiencias Comparadas*, Dyckinson, Madrid, 2005, p. 625 e ss.

extrafiscais integrados na PAC); outro relativo aos impostos nacionais que são objecto de harmonização fiscal comunitária, a qual, se bem que incida por via de regra e mais incisivamente sobre a tributação indirecta (IVA e impostos especiais sobre o consumo), também vem tendo por objecto a tributação directa das sociedades, harmonização que é expressão da existência de um domínio de poder tributário partilhado entre os Estados e a União Europeia[28].

De divisão vertical do poder tributário ainda podemos, de certo modo, falar no respeitante à distribuição que a Constituição Portuguesa faz desse poder entre a Assembleia da República e o Governo, se bem que aqui nos situemos num outro plano – no plano, que podemos designar interorgânico, isto é, entre órgãos de soberania –, os quais, globalmente considerados, estão numa relação de carácter horizontal e não numa relação de supra/infra-ordenação[29]. Todavia, tendo em conta que a Assembleia da República dispõe de reserva relativa do poder tributário, podendo o Governo rexercê-lo apenas se estiver munido de autorização legislativa, concedida mediante lei de autorização comum (n.os 2 a 4 do art. 165.°) ou através da lei do orçamento (n.° 5 do art. 165.°)[30], bem podemos concluir que, no domínio em causa (como em todos os domínios da reserva relativa da Assembleia da República), há, de facto, uma certa supra/infra-ordenação entre a Assembleia da República e o Governo[31].

Isto naturalmente em termos técnico-formais, uma vez que, em termos verdadeiramente substanciais, se assiste, ao invés e desde há muito tempo, à crescente "governamentalização" do domínio dos impostos[32].

---

[28] V., quanto a este domínio, *infra*, ponto II.3.

[29] Um aspecto que deve ser considerado no quadro do particular sistema da Constituição Portuguesa, que seguindo uma tradição que remonta a 1945, confere poder legislativo normal ao Governo em concorrência com o da Assembleia da República, fora das matérias a esta reservadas em termos absolutos (matérias do art. 164.°) ou em termos relativos (matérias do art. 165.°).

[30] Preceito em que se estabelece um regime especial para autorizações legislativas constantes da Lei do Orçamento.

[31] Para maiores desenvolvimentos relativamente à distribuição do poder tributário em Portugal, v. o nosso livro *O Dever Fundamental de Pagar Impostos*, p. 305 e ss.

[32] Sobre a mencionada "governamentalização" das matérias fiscais, v. o nosso estudo «A constituição fiscal de 1976, sua evolução e seus desafios», em *Por um Estado Fiscal Suportável – Estudos de Direito Fiscal*, p. 121 e ss. (139 e ss.).

II. A SOBERANIA FISCAL E A INTEGRAÇÃO EUROPEIA

Mas o mais importante desafio ao actual poder fiscal dos Estados, tem a ver com a integração europeia e as exigências que coloca em sede de harmonização fiscal. Exigências que, se em relação à tributação indirecta, atingiram um razoável grau de satisfação, sobretudo no que respeita ao IVA, já em relação à tributação directa a harmonização está longe de dar os passos consentâneos com a dinâmica da integração comunitária.

Uma situação que tem conduzido a uma crescente harmonização fiscal por caminhos alternativos nem sempre recomendáveis, entre os quais embora sobressaia, pela sua indiscutível importância, a harmonização fiscal negativa levada a cabo pelo Tribunal de Justiça das Comunidades Europeias (TJCE), também se conta a crescente fuga para o *soft law* e a harmonização fiscal que vem sendo engendrada pelo mercado tendencialmente globalizado[33]. O que tem como a consequência que, enquanto os Estados membros impedem nos órgãos legislativos da União a harmonização fiscal positiva, o Tribunal de Justiça e as outras referidas vias de harmonização fiscal caminhem, de algum modo, no sentido do desmantelamento dos sistemas fiscais nacionais.

Daí que as insuficiências da harmonização fiscal europeia venham conduzido quer ao aparecimento e consolidação de uma situação já baptizada de "european taxation without european representation", quer a uma estranha construção europeia, em que inclusive se pode possibilitar o boicote, por via fiscal, da União Económica e Monetária (UEM)[34].

3. Referência à evolução da integração fiscal comunitária

Como acontece em sede da integração em geral, também em sede da integração fiscal se fala em harmonização. Harmonização fiscal num sen-

---

[33] Cf. FRANCISCO M. CARRASCO GONZÁLEZ, *El Principio Democrático de Autoimposición en la Producción Normativa de la Union Europe*a, Tirant lo Blanc, Valencia, 2005, esp. p. 188 e ss.

[34] Sobre estes aspectos v. o nosso texto «A soberania fiscal no actual quadro de internacionalização, integração e globalização económicas», em *Por um Estado Fiscal Suportável – Estudos de Direito Fiscal*, p. 183 e ss. (192 e ss.), e o nosso *Direito Fiscal*, 4.ª ed., Almedina, Coimbra, 2006, p. 184 e ss.

A soberania fiscal no quadro da integração europeia 23

tido amplo, o qual integra diversos níveis e se concretiza através de diversas vias ou formas.

Assim e quanto aos *níveis*, embora o Tratado de Roma e a legislação comunitária em geral utilize de maneira bastante indistinta os termos coordenação, aproximação e harmonização (que se contraporiam ao de unificação ou uniformização) costuma a doutrina distinguir diversas situações.

1) A (*mera*) *coordenação* (ou *coordenação de políticas*) que, segundo uma parte significativa de autores, operaria apenas ao nível das políticas dos Estados membros, isto é, ao nível da cooperação por via política, tendo por objecto não actos de legislação ou outros actos normativos nacionais, mas o exercício do poder político ou "governamental" num determinado sector. Porém, na medida em que, como defendem alguns autores, a coordenação abarque também a coordenação de legislações, ela situa-se ao nível da cooperação jurídica internacional dos estados e concretiza-se através de convenções ou mesmo de directivas em termos idênticos aos da aproximação de legislações.

2) A *aproximação de legislações* (ou a *coordenação de legislações* ou a *mera coordenação de legislações*) que se localiza ao nível da cooperação jurídica internacional dos estados, em que se procura formar uma base comum de princípios e regras, de maneira a que não só as soluções, mas também os próprios direitos nacionais se tornem, senão idênticos, pelo menos, similares, o que é levado a cabo através de convenções ou mesmo de directivas.

3) A *harmonização stricto sensu* ou a *harmonização tout court* das legislações, em que se procede à erradicação das disparidades existentes entre as legislações nacionais de modo a chegar a soluções idênticas, sem limitar, contudo, o exercício da competência legislativa nacional, o que pressupõe um leque mais alargado de instrumentos, em que se contam, embora excepcionalmente, os próprios regulamentos comunitários.

4) A da *unificação* ou *uniformização* que, envolvendo a eliminação total das disparidades, tem nos regulamentos comunitários o seu instrumento paradigmático e o alcance de um abrir mão de parcelas significativas da soberania fiscal dos estados[35].

---

[35] Sobre os níveis da harmonização fiscal, v., por todos, MANUEL PIRES, «Harmonização fiscal face à internacionalização da economia: experiências recentes», em *A Inter-*

O que nos leva à conclusão de que a harmonização fiscal representa a solução racional de compromisso entre a necessidade de eliminar as disparidades fiscais existentes entre os Estados membros e a salvaguarda da autonomia destes em sede da sua competência legislativa ou jurisdicional. Uma solução em que o doseamento da componente nacional e da componente supranacional varia consoante o nível de harmonização concretizado.

Por seu turno, quanto às *vias* ou *meios* de harmonização fiscal, podemos dizer que a harmonização pode ser: 1) uma *harmonização jurídica*, quando levada a cabo por instrumentos jurídicos, em que temos, de um lado, a harmonização positiva ou legislativa, que é realizada através de regulamentos, directivas, recomendações, decisões ou convenções, e, de outro, a harmonização negativa ou jurisprudencial, concretizada nas decisões do TJCE; 2) uma *harmonização política*, quando é levada a cabo através de instrumentos políticos como são os códigos de conduta (ou de outros instrumentos com idêntico alcance), de que são exemplo o Código de Conduta relativo à fiscalidade das empresas, de 1998 e, mais recentemente, o Código de Conduta para a aplicação da Convenção de 1990 relativa à eliminação da dupla tributação em caso de correcção de lucros entre empresas associadas[36].

Importante a este respeito é assinalar que a harmonização fiscal não se limita à tributação do consumo, muito embora tenha sido neste sector, por ser mais relevante para o estabelecimento e funcionamento do mer-

---

nacionalização da Economia e a Fiscalidade, Centro de Estudos Fiscais, Lisboa, 1993, p. 11 e ss.; GABRIELA PINHEIRO, *A Fiscalidade Directa na União Europeia,* UCP, Porto, 1998, p. 53 e ss.; JOAN HORTALÁ/FRANCO ROCCATAGLIATA, «La evolución del ordenamiento tributario europeo: entre la armonización y la subsidiariedad», *Revista Euroamericana de Estudios Tributarios,* 5/2000, p. 65 e ss.; e ARMANDO MIRANDA PÉREZ, *La No Discriminación Fiscal en los Âmbitos Internacional y Comunitário,* Barcelona, 2005, p. 245 e ss.

[36] Adoptado em 2006. A respeito da harmonização fiscal, não devemos confundir os tipos da harmonização baseados nos níveis ou graus de harmonização ou nas vias ou formas de harmonização, referenciados no texto, dos tipos de harmonização fiscal baseados nas causas que levam os Estados a essa harmonização, em que temos: 1) a harmonização fiscal espontânea ou harmonização fiscal pelo mercado (também, por vezes, dita coordenação fiscal ou mera coordenação fiscal, embora, pelo que dizemos no texto, estas designações sejam de evitar), que tem uma causa próxima económica e na qual há que distinguir ainda a causada pela concorrência fiscal benéfica da causada pela concorrência fiscal prejudicial; 2) a harmonização fiscal centralizada ou harmonização fiscal pelo Estado, que tem uma causa próxima política. Cf. o que dizemos *infra,* no ponto II.4.

A soberania fiscal no quadro da integração europeia 25

cado interno, que atingiu um grau de concretização e desenvolvimento sem paralelo, sobretudo no respeitante ao IVA. Um imposto geral sobre o consumo exigido pela União, no qual temos diversos domínios de verdadeira uniformização como a que ocorre em sede da incidência e da taxa ou alíquota normal mínima (que é de 15%)[37].

Uma harmonização que não surpreende dado o disposto nos arts. 90.º a 93.º do Tratado de Roma (TCE) relativos à tributação indirecta. Preceitos que se explicam pelo facto de a harmonização fiscal não constituir um fim em si mesmo, mas um meio para eliminar os obstáculos à livre circulação de mercadorias, pessoas, serviços e capitais dentro da Comunidade, e por, numa certa perspectiva, só os impostos indirectos, porque componentes do preço dos bens e serviços, constituírem obstáculo à referida livre circulação.

Todavia, a ausência de preceitos no TCE, no respeitante à tributação directa, não impediu de todo a harmonização desta. Uma harmonização que, descontadas as medidas tomadas nos inícios dos anos noventa do século passado (respeitantes sobretudo a fusões, cisões, entradas de activos e permutas de acções de sociedades, ao regime de distribuição de lucros entre sociedades afiliadas e sociedades mães e à correcção de lucros de empresas associadas), ou as adoptadas mais recentemente (relativas à tributação da poupança, isto é, dos juros pagos a pessoas singulares ou dos juros, e ao regime fiscal comum aplicável aos pagamentos dos juros e *royalties* entre sociedades associadas[38]), tem sido levada a cabo pelo TJCE[39].

---

[37] Sobre a harmonização em sede do IVA, v. XAVIER DE BASTO, *A Tributação do Consumo e a sua Coordenação Internacional*, Cadernos de Ciência e Técnica Fiscal, Lisboa, 1991; ABEL LAUREANO, *Discriminação Inversa na Comunidade Europeia (O Desfavorecimento dos Próprios Nacionais na Tributação Indirecta)*, Quid Iuris, Lisboa, 1997; CLOTILDE CELORICO PALMA, *O IVA e o Mercado Interno. Reflexões sobre o Regime Transitório*, Cadernos de Ciência e Técnica Fiscal, Lisboa, 1998, e JESÚS SANTA-BÁRBARA RUPÉREZ, «No discriminación fiscal y fiscalidad indirecta en la Unión Europea», *Revista Euroamericana de Estudios Tributarios*, 5/2000, p. 175 e ss. Para a harmonização em sede dos impostos especiais de consumo, v., por todos, SÉRGIO VASQUES, *Os Impostos Especiais de Consumo*, Almedina, Coimbra, 2001.

[38] Constantes, respectivamente, da Directiva 2003/48/CE e da Directiva 2003/49/CE.

[39] V., para estas e outras medidas, GABRIELA PINEHIRO, *A Fiscalidade Directa na União Europeia*, p. 122 e ss.; e, para a acção do TJCE, PATRÍCIA NOIRET CUNHA, *A Tributação Directa na Jurisprudência do Tribunal de Justiça das Comunidades Europeias*, Coimbra Editora, Coimbra, 2006.

Uma harmonização jurisdicional da tributação directa que começou, de resto, antes de ela constituir preocupação dos órgãos legislativos da Comunidade, pois começou a afirmar-se com a consolidação do mercado interno através do Acto Único Europeu de 1986. Na verdade, a partir da consolidação proporcionada por este instrumento, o Tribunal de Justiça começou a projectar sobre a tributação directa dos Estados membros as exigências do princípio da não discriminação em razão da nacionalidade, constante do actual art. 12.° do TCE[40], retirando daí diversas e importantes limitações ao poder tributário dos Estados membros[41].

4. As insuficiências da harmonização fiscal comunitária

Mas, perante o estado actual da harmonização fiscal na União, impõe-se chamar a atenção para o seu fraco avanço. Com efeito, ao contrário do que seria de esperar, tendo em conta os avanços da construção da União Europeia em sede política, económica e monetária, com expressão superlativa na adopção da moeda única, no domínio fiscal não se avançou muito[42].

---

[40] E nos demais preceitos que, a seu modo, constituem expressão deste princípio, como são, designadamente, os arts. 18.° (livre circulação de pessoas), 23.° (livre circulação de mercadorias), 39.° (livre circulação de trabalhadores), 43.° (proibição de restrições à liberdade de estabelecimento), 50.° (proibição de restrições à liberdade de prestação de serviços) e 56.° (proibição de restrições à liberdade de circulação de capitais) do TCE.

[41] V. a análise deste aspecto em F. A. GARCIA PRATS, *Imposición Directa, no Discriminación y Derecho Comunitário*, Tecnos, Madrid, 1998; TEODORO CORDÓN/MANUEL GUTIÉRREZ, «La libetad de movimiento de factores produtivos en la Unión Europea. Los principios de libre establecimiento y no discriminación», e ADOLFO J. MARTÍN JIMENEZ, «La armonización de la imposición directa en las uniones económicas: lecciones desde la Unión Europea», na *Revista Euroamericana de Estudios Tributarios*, 5/2000, respectivamente, p. 139 e ss. e p. 219 e ss., e PASQUALE PISTONE, «Il credito per le imposte estere ed il diritto comunitario: la Corte di Giustizia non convince» *Revista de Direito Tributario*, 79, p. 87 e ss. Sobre a harmonização fiscal em sede da tributação directa, v. GABRIELA PINHEIRO, *A Fiscalidade Directa na união Europeia*, e GIOVANNI ROLLE, «Mercato interno e fiscalità diretta nel Trattato di Roma e nelle recenti iniziative della Comissione Europea», *Diritto e Pratica Tributaria*, LXX, 1999/2, parte III, p. 5 e ss.

[42] Para a união económica e monetária, v. E. PAZ FERREIRA, *União Económica e Monetária – Um Guia de Estudo*, Quid Iuris, Lisboa, 1999, e CARLOS LARANJEIRO, *Lições de Integração Monetária Europeia*, Almedina, Coimbra, 2000.

A *soberania fiscal no quadro da integração europeia*

Designadamente em sede da tributação das empresas e da tributação dos rendimentos proporcionados pelas instituições e pelos produtos financeiros, os avanços da harmonização fiscal continuam a ser muito modestos ou a seguir as vias pouco recomendáveis da harmonização fiscal negativa, do *soft law* ou da harmonização forçada pelo mercado. O que se fica a dever ao verdadeiro bloqueio dos órgãos legislativos da União no domínio fiscal decorrente sobretudo da manutenção da regra da unanimidade em matéria fiscal, manutenção para a qual concorreu, de resto, a perda dos instrumentos de política monetária e cambial e a forte limitação da política fiscal dos Estados membros que integram a União Económica e Monetária.

Pois compreende-se que os Estados, que abriram mão da política monetária e cambial, se refugiem na soberania fiscal que sobra, agarrando-se ao poder que lhes resta concretizado na regra da unanimidade em sede da adopção de medidas fiscais, o que lhes proporciona um efectivo direito de veto nesse domínio. Assim como se compreende que sejam muito cautelosos na aceitação de novas áreas de harmonização fiscal ou de aprofundamentos das áreas já existentes.

Para além do facto de a política fiscal dos países comunitários já comportar importantes limitações decorrentes das *binding rules* de Maastricht traduzidas em o défice orçamental não poder ultrapassar os 3% do PIB e a dívida pública não poder ultrapassar os 60% do PIB[43]. Limitações essas que há que considerar no quadro do Pacto de Estabilidade e Crescimento, adoptado no Conselho de Amsterdão em 1997[44], que veio estabelecer para os Estados da UEM, como objectivo de médio prazo, a execução de orça-

---

[43] Nos termos do art. 1.º do Protocolo sobre o Procedimento relativo aos Défices Excessivos para que remete o art. 104.º do Tratado da Comunidade Europeia. Limitações essas objecto, de resto, de inúmeras críticas – v., por todos, RUI HENRIQUE ALVES, *Políticas Fiscais Nacionais e União Económica e Monetária na Europa*, 2.ª ed., Porto, 2000, 161 e ss. Sobre os limites e constrangimentos da política fiscal nacional no quadro da união económica e monetária, para além do autor e obra acabados de citar, esp. a p. 139 e ss., v. também B. LAFFAN, *The Finances of the European Union*, Macmillan, London, 1997; P. PITTA E CUNHA, «A harmonização da fiscalidade e as exigências da união monetária na Comunidade Europeia», em *A Fiscalidade dos Anos 90*, Coimbra, 1996, p. 53 e ss., e *De Maastricht a Amsterdão. Problemas da União Monetária Europeia*, Almedina, Coimbra, 1999, p. 122 e ss.

[44] V. também os Regulamentos (CE) do Conselho n.os 1466/97 e 1467/97, que concretizam o referido Pacto.

mentos equilibrados ou excedentários, criando um mecanismo de alerta rápido para as situações em que possa surgir um risco de défice excessivo[45].

Mas compreender as razões deste *status quo*, não significa aceitar as suas consequências. Pois isso implica que a harmonização fiscal fique nas mãos do TJCE, se limite a instrumentos essencialmente políticos, como são os que se materializam no chamado *soft law*, ou passe, em virtude da concorrência fiscal entre os Estados, basicamente pelas mãos do mercado, o que conduzirá a um abaixamento das taxas ou alíquotas de tributação das empresas, sem que se eliminem as diferenças que assim se mantêm ou até se acentuam em cada um dos cada vez mais labirínticos sistemas fiscais nacionais.

O que, para além de nos deixar sem suporte adequado para uma verdadeira política fiscal comunitária[46], tem consequências nefastas traduzidas, designadamente, na fuga para o *soft law*, na instauração de uma verdadeira "european taxation without european representation" e na estranha construção europeia que concretiza. Uma palavra sobre cada um destes aspectos.

4.1. *A fuga para o "soft law"*

E o primeiro dos problemas enunciados, traduz-se no risco real de, por falta dos consensos necessários ao desenvolvimento da harmonização fiscal positiva, se fugir crescentemente para o *soft law*, uma realidade cada vez mais presente em sede do direito internacional. O que, em sede do direito comunitário, tem expressão em instrumentos dos anos noventa do século passado, primeiramente em duas recomendações (a Recomendação da Comissão sobre o regime fiscal dos rendimentos das pequenas e médias empresas e a Recomendação da Comissão sobre o regime fiscal dos rendimentos obtidos por não residentes num Estado membro distinto do da residência[47]) e, sobretudo, no conhecido *Código de Conduta* relativo à fiscalidade das empresas. Um instrumento de integração comunitária que

---

[45] Mecanismo esse que consta do referido Regulamento (CEE) do Conselho n.º 1467/ /97 – cf. CARLOS LARANJEIRO, *Lições de Integração Monetária Europeia*, p. 264 e ss.

[46] Seja entendida como uma "coordenação comunitária de políticas fiscais nacionais" ou como uma "política fiscal comum" – v. sobre esta temática, RUI HENRIQUE ALVES, *Políticas Fiscais Nacionais e União Económica e Monetária na Europa*, p. 191 e ss.

[47] A Recomendação 93/390/CE, de 25 de Maio, e a Recomendação 94/79/CE, de 21 de Dezembro.

A soberania fiscal no quadro da integração europeia 29

mais não é do que um instrumento de natureza política, uma espécie de *gentlemen's agreement* que integra um compromisso político[48]. Daí que, na Resolução do Conselho e dos Representantes dos Governos dos Estados membros que o adoptou, expressamente se sublinhe que "o código de conduta é um compromisso político e que, portanto, não afecta os direitos e obrigações dos Estados membros nem as competências respectivas dos Estados membros e da Comunidade tal como decorrem do Tratado".

O que significa que a sua interpretação e aplicação não pode ser controlada pelo guardião do direito comunitário, pelo Tribunal de Justiça. O que tem como consequência que o controlo do seu cumprimento seja um mero *controlo político*.

Um controlo que, atenta a sua natureza, pode vir a revelar-se demasiado fraco face aos estados económica e politicamente mais fortes e demasiado forte ou mesmo opressor face aos estados económica e politicamente mais fracos. O que pode conduzir a que este direito, à primeira vista, um *soft law*, se revele, afinal de contas, um *hard law* para os Estados membros mais fracos[49].

4.2. *A actual "european taxation without european representation"*

Uma outra consequência desta situação é a de a harmonização fiscal se processar inteiramente à margem da velha ideia do autoconsentimento dos impostos, que está na base do moderno estado constitucional.

Desde logo, a harmonização fiscal positiva processa-se através de órgãos que estão longe de representar os contribuintes da União, já que representam os Estados membros, se é que não representam apenas os governos destes. É que, independentemente de saber se a construção europeia e a armadura institucional que a suporta redunda num *deficit* democrático, como é corrente afirmar-se[50], ou se, pelo contrário, ela representa,

---

[48] GIOVANNI ROLLE, «Mercato interno e fiscalità diretta nel trattato di Roma e nelle recenti iniciative della Comissione Europea», p. 57 e s., considera que, embora apresente analogias com a "recomendação", o Código se reconduz à categoria dos "actos atípicos".

[49] V., neste sentido, A. CARLOS SANTOS e CLOTILDE CELORICO PALMA, «A regulação internacional da concorrência fiscal prejudicial», p. 16 e s.

[50] V., por todos e por último, A. M. BARBOSA DE MELO, «Legitimidade democrática e legislação governamental na União Europeia», em *Estudos em Homenagem ao Prof. Doutor Rogério Soares*, n.° 61 da série *Studia Iuridica*, Coimbra, 2001, p. 103 e ss.

afinal de contas, uma mais valia, um *superavit* democrático[51], do que não temos dúvidas é de que a legislação fiscal comunitária, que materializa indiscutivelmente uma transferência de poder tributário dos Estados para a União Europeia[52] e que tem por fonte um órgão de natureza intergovernamental e por suporte material a burocracia comunitária, está longe de expressar a ideia que passou à posteridade na conhecida fórmula *no taxation without representation*.

Ora esta ideia não pode perder-se ou esvaziar-se na transferência do poder tributário dos Estados para a União. Assim, das duas, uma: ou o autoconsentimento dos impostos continua a ser concretizado a nível nacional, nos termos em que tradicionalmente as constituições nacionais o prescrevem, ou é concretizado a nível comunitário em moldes que, naturalmente, não poderão deixar de reflectir as ideias que o constitucionalismo moderno instituiu e nos legou[53].

Mas se isto é assim no que concerne à harmonização fiscal positiva, a situação, bem o podemos dizer, agrava-se relativamente à harmonização fiscal levada a cabo pelo Tribunal de Justiça. Pois, para além dos efeitos nefastos que uma tal harmonização fiscal negativa pode vir a causar no

---

[51] Já que a União Europeia é uma estrutura que não substitui com rebaixamento democrático as estruturas nacionais, antes acrescenta mais um nível democrático às estruturas democráticas nacionais. Para uma crítica da construção europeia assente, de um lado, na reprodução a nível da União do constitucionalismo nacional e, de outro, num constitucionalismo centrado exclusivamente no poder do Estado num momento em que este é ultrapassado pelos mais diversos poderes, v. MIGUEL POIARES MADURO, «O *superavit* democrático europeu», *Análise Social*, vol. XXXV, 158-159, p. 119 e ss. No mesmo sentido parece ir ANTÓNIO C. PEREIRA MENAUT, «Convite ao estudo da constituição da União Europeia», *Revista Jurídica da Universidade Portucalense Infante D. Henrique*, 6, Março de 2001, p. 9 e ss., autor que questiona se é possível crescer em constitucionalismo sem crescer em estatismo. Quanto à necessidade de adopção de uma constituição por parte da União Europeia, a submeter a referendo, v. as avisadas e sábias considerações do filósofo alemão JÜRGEN HABERMAS, «Why Europe needs a Constitution?», *New Left Review*, 11, Setember- -October 2001.

[52] JEAN FRANÇOIS PICARD, «La limitation du pouvoir fiscal liée au développement de la constrution européenne», em LÖIC PHILIP (Dir.), *L'Exercice du Pouvoir Financier du Parlement*, Economica, Paris, 1996, p. 49 e ss.

[53] Para a necessidade de respeitar o princípio democrático do autoconsentimento dos impostos por parte do legislador comunitário, v. o interessante livro já citado de FRANCISCO M. CARRASCO GONZÁLEZ, *El Principio Democrático de Autoimposición en la Produción Normativa de la Union Europea*.

A soberania fiscal no quadro da integração europeia

respeitante à política económica e monetária da União, é evidente que a crescente eliminação supranacional dos aspectos dos sistemas fiscais nacionais contrários ao direito comunitário é levado a cabo por um órgão cujo carácter democrático é reconhecidamente bem menor do que o dos próprios órgãos legislativos da União[54].

4.3. *Uma estranha construção europeia*

Daí que a actual harmonização fiscal comunitária ou, numa outra perspectiva, a falta dela, tenha uma outra consequência gravosa para a construção europeia. Traduz-se ela, de um lado, no risco de boicote da UEM e, de outro, no estranho papel federalizador que neste domínio cabe ao TJCE.

Na verdade, a política económica e monetária, ditada pelo Banco Central Europeu (BCE), pode correr o risco de ser boicotada pela política fiscal dos Estados membros da UEM, sobretudo dos Estados membros economicamente mais poderosos. Pois, enquanto a política do BCE pode ir num determinado sentido, a política fiscal dos Estados, mormente em sede do imposto sobre as empresas, pode ir noutro sentido.

Assim, por exemplo, pode acontecer que, enquanto o BCE aumenta ou reduz as taxas de juros para valorizar o *euro* face ao *dollar* e ao *yen*, os Estados baixem as taxas ou alíquotas do imposto sobre as sociedades ou estabeleçam generosos sistemas de incentivos fiscais. O que pode ter como resultado a coerência e eficiência das medidas de política económica e monetária do BCE serem reduzidas ou mesmo praticamente anuladas.

De outro lado, face à inacção dos órgãos políticos e legislativos da União e ao consequente protagonismo harmonizador do TJCE, não podemos deixar de considerar que, pelo menos no domínio dos impostos, nos deparamos com uma estranha construção europeia. É que o órgão tipicamente federalizador, o TJCE, em vez de contribuir para a construção do sistema fiscal da União, limita-se a destruir segmentos dos sistemas fiscais nacionais[55].

---

[54] V. FRANS VANISTENDAEL, «Redistribution of tax law-making power in EMU?», *EC Tax Review*, 1998-2, p. 74 e ss., e «No european taxation without european representation», *Idem*, 2000-3, p. 142 e ss.

[55] Para uma confirmação do que dizemos no texto, v., em relação ao sistema fiscal português e entre diversos outros, os seguintes acórdãos do TJCE, que concluíram

Destruição essa que se fica a dever tanto à falta de legislação que harmonize pela positiva os sistemas fiscais nacionais, como ao facto de, a essa acção do TJCE sobre os sistemas fiscais nacionais, não se seguir a construção de um sistema comunitário pelos competentes órgãos políticos e legislativos. Ora, como é óbvio, não pode erguer-se um sistema fiscal supranacional tendo por base apenas a contínua e crescente demolição dos aspectos dos sistemas fiscais nacionais que se revelem incompatíveis com o direito comunitário[56].

Realidades que suportam, a nosso ver, uma expressão ampliada do paradoxo fiscal apontado por *Frans Vanistendael*, segundo o qual a hesitação dos Estados na atribuição de mais competências fiscais à União Europeia tem-se traduzido, de facto, na cedência das mesmas às forças do mercado[57]. Efectivamente, bem podemos dizer que os Estados, ao mesmo tempo que trancam a porta da frente a fim de não abrirem mão de mais competências fiscais a favor da União, descuram totalmente a porta de trás através da qual podem entrar os diversos protagonistas das referidas vias alternativas de harmonização[58]. Paradoxo que assume uma expressão verdadeiramente superlativa se tivermos em conta que, ao mesmo tempo que o mercado fortalece e centraliza o poder das grandes unidades econó-

---

pela incompatibilidade do direito português como direito comunitário: de 08-06-2000 – incompatibilidade comunitária do imposto sucessório pago por avença relativo a dividendos pagos por sociedades afiliadas portuguesas a sociedades mães de outros Estados membros; de 26-09-2000 e de 21-06-2001 – incompatibilidade comunitária das taxas de registo pagas no aumento de capital ao Registo Nacional de Pessoas Colectivas; de 29-09-2000 – incompatibilidade comunitária dos emolumentos notariais pagos pela reunião de capitais; de 22-02-2001 – incompatibilidade comunitária do Imposto Automóvel pago pelos automóveis provenientes da União Europeia; de 06-03-2001 – incompatibilidade comunitária das taxas incidentes sobre voos internacionais por serem de montante superior às dos voos domésticos; de 08-03-2001 – incompatibilidade comunitária da aplicação da taxa ou alíquota reduzida de IVA de 5% a aparelhos, máquinas e equipamentos destinados ao aproveitamento de energias alternativas e a utensílios e alfaias agrícolas.

[56] O que nos revela o estranho papel "federalizador" que, num tal contexto, o TJCE acaba por desempenhar, bem diverso do que tem sido desenvolvido pelo *Supreme Court* norteamericano.

[57] Fans Vanistendael, «The europen tax paradox: how less begests more», *Bulletin for International Fiscal Documentation*, 50, p. 531.

[58] Cf. também Francisco M. Carrasco González, *El Principio Democrático de Autoimposición en la Produción Normativa de la Union Europea*, p. 200 e s.

micas, das grandes empresas transnacionais, os Estados enfraquecem-se e dissolvem-se numa crescente miríade de entidades descentralizadas a jusante ou em estruturas de integração económica e política insuficientemente organizadas a montante.

4.4. *As alterações que se impõem*

Por isso impõem-se alterações ao *status quo*. Assim é urgente que os mecanismos de decisão comunitária em matéria fiscal sejam profundamente alterados de modo a que permitam a efectiva e atempada tomada de decisões por parte dos *policymakers* europeus. Na verdade, só a (re)activação da harmonização fiscal positiva retirará ao Tribunal de Justiça o activismo e protagonismo fiscais que a inacção dos órgãos legislativos comunitários tem possibilitado.

O que implica, e este é o outro aspecto do problema, que se decida também o que é que, neste domínio, deve ser transferido para o nível europeu. Um aspecto da harmonização fiscal que implica alterações que dizem respeito quer ao *como* ou ao modo de decisão, quer ao *que é que* ou à a matéria fiscal que deverá ser decidida ao nível da União Europeia.

Assim e quanto ao *modo de decisão*, é de referir que a recuperação da ideia do autoconsentimento dos impostos não passa apenas pela abolição da regra da unanimidade em matéria fiscal, uma regra que, estranhamente, não sofreu alteração no Tratado de Nice nem na proposta de Constituição Europeia[59]. Essa recuperação implica também um papel activo para os representantes dos contribuintes europeus no parlamento europeu.

Por seu turno, no respeitante ao *que deve ser* decidido a nível europeu, tudo anda à volta da questão da concorrência fiscal entre os Estados. Ora, neste domínio, é claro que uma política fiscal comunitária coerente, capaz de suportar a política económica e monetária da União, não exige que esta adquira um poder tributário idêntico ao de que dispõem presentemente os Estados membros, ou mesmo idêntico ao dos Estados com estrutura federal, em que há impostos a nível federal.

---

[59] Como vamos ver – cf. o inalterado art. 93.° do Tratado de Roma. Uma solução que no essencial se mantém na referida proposta de Constituição Europeia (v. os arts. III-62.° e III-63.°).

É que, ao contrário do que se verifica nestes últimos, em que a instituição e manutenção de um equilibrado sistema de pesos e contrapesos (*checks and balances*) na distribuição do poder pelos diversos níveis do governo levou à instituição de impostos a nível federal, na União Europeia pretende-se apenas evitar que os Estados distorçam a concorrência através da definição dos elementos estruturais dos sistemas fiscais, tais como a incidência e a taxa ou alíquota dos impostos ou da atribuição de auxílios de Estado por via fiscal[60].

Por isso, para a União deve ser transferido apenas o poder tributário traduzido no estabelecimento de um *standard* mínimo, constituído por regras que fixem limites no domínio da incidência e das taxas ou alíquotas dos impostos. Um *standard*, para além do qual os Estados manterão inteira liberdade, designadamente para competir fiscalmente entre eles, já que, o que a importa é que essa competição fiscal, que até a um certo patamar pode considerar-se benéfica, não conduza a distorções significativas da concorrência[61].

5. A soberania fiscal e a "Constituição Europeia"

Mas, deixando agora esse plano ideal, vejamos como as coisas se perfilham num horizonte temporal mais próximo. Mais especificamente, vejamos o que a proposta de Constituição Europeia veio trazer nesse domínio, o que, podemos adiantar, nos revela uma verdadeira oportunidade perdida. Igualmente nos vamos referir às relações entre a mencionada proposta constitucional e a soberania fiscal nacional, ou seja, mais especificamente, entre o que se estabelece no art. I-6.º da Constituição Europeia e o n.º 4 do art. 8.º da Constituição Portuguesa, duas disposições que, embora sendo gerais, valem também para a soberania fiscal.

---

[60] V. sobre estes, a excelente monografia de A. CARLOS SANTOS, *Auxílios de Estado e Fiscalidade*, Almedina, Coimbra, 2003.

[61] V. FRANS VANISTENDAEL, «No european taxation without european representation», p. 143.

5.1. *A oportunidade perdida da Constituição Europeia*

Que a Constituição Europeia não avançou nada em sede do que se costuma designar por "constituição fiscal" encontra-se patente na manutenção, sem qualquer atenuação, da regra da unanimidade em matéria fiscal[62]. De facto, num tal domínio, foram totalmente recusadas as propostas avançadas no sentido de adoptar a regra da maioria qualificada.

Particularmente significativo é, a este respeito, a não consideração da recomendação franco-alemã constante da proposta sobre a *economic governance*, em que estes Estados, reiterando o compromisso anteriormente assumido em Nice, propunham a maioria qualificada do Conselho para as questões fiscais ligadas ao mercado comum, entre as quais se contavam as respeitantes: à prevenção de situações de descriminação, dupla tributação e dupla isenção; à cooperação administrativa; à luta contra a fraude e a evasão fiscal; à eliminação da concorrência fiscal prejudicial. Questões essas que, como é fácil de ver, não têm a ver com o núcleo duro do direito fiscal, mas antes com o que nós designamos por "direito económico fiscal"[63] ou com as numerosas obrigações acessórias que actualmente invadem o direito dos impostos[64].

Daí que, recordando o que escrevemos noutro local, é de sublinhar que, no segmento da "constituição fiscal", a Constituição Europeia tem mais uma função convencional do que uma função constitucional, sendo mais um tratado do que uma constituição ou, por outras palavras, mais uma constituição de defesa da soberania dos Estados membros do que uma constituição de transferência da soberania estadual para a União.

Por isso, para quem pretenda ver na Constituição Europeia uma nova cidadania, o que não deixará de ser problemático dada a falta de um povo europeu e de uma nação europeia como suporte, não a poderá estender à cidadania fiscal, pois, na medida em que de cidadania fiscal se possa falar, então, em sede dos impostos, a cidadania que existe é a cidadania nacional e mais nenhuma. Isto é, o diálogo dos cidadãos contribuintes é com o respectivo Estado nacional e não com a União Euro-

---

[62] Como escrevemos no citado estudo «Constituição europeia e fiscalidade».

[63] V. sobre o mesmo o nosso livro *Direito Fiscal*, p. 419-441.

[64] V. em termos mais desenvolvidos, Francisco M. Carrasco González, *El Principio Democrático de Autoimposición en la Producción Normativa de la Union Europea*, p. 240 e ss.

peia, pois o dever de suportar financeiramente a União tem por titulares basicamente os Estados e não os cidadãos europeus. Por isso mesmo, a Constituição Europeia não constitui qualquer suporte a um Estado fiscal Europeu[65].

Por conseguinte, na medida em que a Constituição Europeia seja suporte de uma universalização de valores, esta não se estende à área dos impostos, pois, ao rejeitar a instituição de um qualquer Estado fiscal europeu, ainda que larvar, deixa os contribuintes inteiramente nos braços dos Estados membros. Pelo que, a nível fiscal, não existem quaisquer valores, mormente os valores próprios de um Estado fiscal, que possam ser susceptíveis de universalização.

Em suma, o que temos, na Constituição Europeia, do ponto de vista do financiamento da União Europeia é um Estado financeiro que se financia de modo basicamente idêntico ao das organizações internacionais. Ou, por outras palavras, refugiando-se num Estado europeu parasita dos Estados membros, em vez de se assumir como um Estado parasita dos contribuintes, estes não o encaram (ainda) como um Estado, mas, ao fim e ao cabo, fundamentalmente como uma organização internacional[66].

5.2. *A soberania fiscal na Constituição Europeia e na Constituição Portuguesa*

Mas vejamos também como se articula a soberania fiscal nacional com a proposta Constituição Europeia, ou seja, como, mais em geral, se compatibilizam o art. I-6 da Constituição Europeia com o n.º 4 do art. 8.º da Constituição Portuguesa. Comecemos, então, por reproduzir o teor destes preceitos.

---

[65] Uma maneira de financiar a União a que sobram naturalmente deficiências, como foi assinalado, logo no início dos Estados Unidos da América por um dos seus mais eloquentes *Founding Fathers*, ALEXANDER HAMILTON, «Acerca do poder geral de tributação», *O Federalista* n.º 30, em ALEXANDER HAMILTON/JAMES MADISON/JOHN JAY, *O Federalista*, Tradução, Introdução e Notas de Veriato Soromenho Marques e João C. S. Duarte, Edições Colibri, Lisboa, 2003, p. 193 e ss.

[66] Sobre o carácter parasita do Estado fiscal como marca de contraste deste tipo de Estado, v. o nosso livro *O Dever Fundamental de Pagar Impostos*, p. 203.

Pois bem, o art. I-6 da Constituição Europeia prescreve:

Art. I-6 (*Direito da União*)

A Constituição e o direito adoptado pelas instituições da União, no exercício das competências que lhe são atribuídas, prevalecem sobre o direito dos Estados membros.

Por seu lado, o n.º 4 do art. 8.º da Constituição Portuguesa, aditado pela Revisão Constitucional de 2004, dispõe o seguinte:

Art. 8.º (*Direito Internacional*)

....

4. *As disposições dos tratados que regem a União Europeia e as normas emanadas das suas instituições, no exercício das respectivas competências, serão aplicáveis na ordem interna, nos termos definidos pelo direito da União, com respeito pelos princípios fundamentais do Estado de direito democrático.*

....

O que significa que não há uma prevalência total do direito comunitário sobre o direito português, mesmo que este se apresente como direito ordinário, pois as disposições dos tratados que regem a União Europeia e as normas emanadas das suas instituições serão aplicáveis na ordem interna, nos termos definidos pelo direito da União, mas com a ressalva do *respeito pelos princípios fundamentais do Estado de direito democrático*. Princípios esses que, naturalmente, não coincidem, nomeadamente, com os integrantes da expressão de direito comunitário "comunidade de direito".

Pelo que a remissão, que esse preceito constitucional faz para o direito da União, acaba por ser uma remissão parcial, excluindo dela aquele núcleo essencial que há que preservar face ao direito comunitário. O que conduz a que se ponha o problema de saber se, levantada uma questão num tribunal português relativa à compatibilidade do direito comunitário com a Constituição[67], este pode concluir pela inaplicabilidade do direito comu-

---

[67] O que pode ocorrer, em virtude de o sistema português de controlo concreto da constitucionalidade ser um sistema misto, que combina a competência de todos os tribu-

nitário por violação dos "princípios fundamentais do Estado de direito democrático", ou se há lugar a reenvio prejudicial para o TJCE. Ou seja, se deve esse tribunal ou o Tribunal Constitucional (para o qual não poderá deixar de haver recurso, nos termos em que para ele há recurso obrigatório) reenviar a questão para o TJCE.

Segundo alguns autores, como *Miguel Galvão Teles*, levantada perante um tribunal português a questão de saber se uma norma ou um acto da União Europeia cabe na competência deste, o tribunal nacional não tem que esperar, nem pode esperar, por processo de anulação no TJCE e não tem de fazer, nem pode fazer, reenvio prejudicial. Uma solução que decorre do facto de, na perspectiva da Constituição Portuguesa, a questão de saber se se verificam ou não em concreto os limites que excluem a aplicabilidade directa do direito da União é uma questão, não de direito da União, mas de direito português[68].

Porém, diversos autores mostram-se sensíveis às vantagens que uma perspectiva integracionista oferece do ponto de vista da unidade de aplicação do direito comunitário em todo o espaço da União. Uma perspectiva que a actuação cooperativa dos órgãos do Estado com os órgãos comunitários, em que se incluem os tribunais, no sentido da construção europeia assumida pelos n.ºs 5 e 6 do art. 7.º da Constituição Portuguesa, não só legitima, como, de algum modo, sugere. Por isso, encontram-se abertos ao reenvio prejudicial para o TJCE.

Assim, sempre que perante os tribunais portugueses, com particular destaque para o Tribunal Constitucional, se questione a conformidade constitucional de normas do direito comunitário, e não seja evidente a sua desconformidade, mormente por os preceitos comunitários não disporem de um sentido absolutamente inequívoco, devem os tribunais decidir-se pelo reenvio prejudicial. É que, para além de a Constituição não se opor ao reenvio, o qual até sugere no quadro da referida actuação cooperativa dos tribunais nacionais com o TJCE, trata-se dum instrumento que certa-

---

nais, segundo o sistema da *judicial review of legislation*, que assim têm a primeira (e a segunda ou mesmo a terceira) palavra sobre a inconstitucionalidade das leis, com a existência do Tribunal Constitucional, que tem o monopólio da última palavra.

[68] MIGUEL GALVÃO TELES, «O Artigo 8.º, n.º 4, da Constituição Portuguesa e o Direito da União Europeia», texto apresentado no *Colóquio Ibérico sobre a Constituição Europeia*, que teve lugar na Faculdade de Direito da Universidade de Coimbra, nos dias 17 e 18 de Março de 2005.

A soberania fiscal no quadro da integração europeia

mente contribuirá para limitar a conflituosidade entre o direito dos Estados e o direito da União.

Pois as dificuldades que essa solução eventualmente coloque, podem ser facilmente ultrapassadas. Com efeito, como sublinha *J. M. Cardoso da Costa*, a "redução" da competência do Tribunal Constitucional que essa solução de algum modo pressupõe, não deixa de encontrar fundamento na própria Constituição que limita, nos termos do seu art. 277.°, n.° 2, aos "vícios substanciais" o controlo (que não pode deixar de ser um controlo concreto) da constitucionalidade dos tratados internacionais.

De outro lado, a essa solução parece não se opor qualquer entrave processual no âmbito da fiscalização concreta da constitucionalidade. Enfim, a disponibilidade do Tribunal Constitucional Português para fazer uso desse instrumento específico para assegurar a unidade do direito comunitário, que é o reenvio prejudicial, parece não levantar qualquer dificuldade de maior se tivermos em conta que foi o próprio Tribunal a perfilhar, no seu Acórdão n.° 163/1990[69], o entendimento de que também a ele se aplica o princípio da obrigação de "reenvio prejudicial" da correspondente "questão prévia"[70].

Reenvio através do qual se possibilita ao TJCE concluir, nomeadamente, que *in casu*, afinal de contas, a interpretação do direito comunitário não comporta a solução questionável face ao direito constitucional português, não havendo, por conseguinte, incompatibilidade entre as duas ordens jurídicas.

Naturalmente que, se o TJCE, concluir pela incompatibilidade das duas ordens jurídicas, então não resta ao tribunal português senão desaplicar o direito comunitário, recusando cumprir a sentença do Tribunal de Justiça. Com efeito, o tribunal nacional depara-se, ao fim e ao cabo, com uma "causa legítima de inexecução" da sentença do TJCE, traduzida na

---

[69] *Acórdãos do Tribunal Constitucional*, 16.° Vol., 1990, p. 301 e ss.

[70] J. M. CARDOSO DA COSTA, «O Tribunal Constitucional Português e o Tribunal de Justiça das Comunidades Europeias», *Ab Uno Ad Omnes – 75 Anos da Coimbra Editora*, Coimbra Editora, 1998, p. 1362 e ss. (1397 e ss.). V. também RUI M. MOURA RAMOS, «O Tratado que estabelece uma Constituição para a Europa e a posição dos Tribunais Constitucionais dos Estados-Membros no sistema jurídico e jurisdicional da União Europeia», em *Estudos em Homenagem ao Conselheiro José Manuel Cardoso da Costa*, Vol. II, Coimbra Editora, 2005, p. 365 e ss. (390 e ss.).

ordem constitucional a exigir-lhe que respeite os "princípios fundamentais do Estado de direito democrático" português[71]. Caso em que estaremos irremediavelmente "perante um verdadeiro *conflito de legalidades*, isto é, um conflito de pretensões de validade, em si mesmo insolúvel, porque não há um terceiro *super partes*"[72]. Enfim, um conflito para o qual não temos qualquer solução jurídica.

---

[71] V. o nosso relatório «Constituição fiscal europeia e constituição fiscal português», apresentado no *Convegno di Studio*: "Per una Costituzione Fiscale Europea", 28 e 29 de Outubro de 2005, Bologna, entretanto publicado em ADRIANO DI PIETRO (A cura di), *Per una Costituzione Fiscale Europea*, CEDAM, Padova, 2008, p. 380 e ss.

[72] MIGUEL GALVÃO TELES, «O Artigo 8.°, n.° 4, da Constituição Portuguesa e o Direito da União Europeia», p. 10.

2. POLÍTICA FISCAL, DESENVOLVIMENTO SUSTENTÁVEL E LUTA CONTRA A POBREZA *

Sumário

I. A política fiscal
    1. Ideia de política fiscal
    2. Pressuposto da política fiscal
    3. Política fiscal e extrafiscal

II. Política fiscal e desenvolvimento sustentável
    4. Desenvolvimento económico e desenvolvimento sustentável
    5. Política fiscal e desenvolvimento sustentável

III. Política fiscal e luta contra a pobreza
    6. O imposto negativo de rendimento

IV. Em jeito de conclusão.

Atendendo ao título que nos foi sugerido e a que, por conseguinte, vamos subordinar esta nossa despretensiosa conversa, é bom que comecemos por dar uma ideia, ainda que apenas aproximada, até porque é manifesto que não nos encontrarmos à altura para mais, de cada um dos termos que compõem esse título. Pois só assim poderemos dizer alguma coisa, e alguma coisa que se revele minimamente útil para os propósitos deste fórum, relativamente a tão amplo quanto ambicioso tema.

---

* Texto da conferência no Fórum Parlamentar *«Políticas Fiscais, Desenvolvimento Sustentável e Luta contra a Pobreza»*, promovido pela Assembleia Nacional de Cabo Verde nos dias 12 e 13 de Abril de 2007, com o patrocínio da Fundação Friedrich Ebert, texto entretanto publicado na *Ciência e Técnica Fiscal*, n.° 419, Janeiro-Junho de 2007.

Por outras palavras, há que dar uma resposta, por mais modesta que seja, à questão de saber se e em que medida a política fiscal, traduzida na actividade de transferência de riqueza concretizada pela criação e arrecadação de impostos, se pode configurar como um instrumento ou revelar-se como um contributo de realização de um desenvolvimento económico que seja sustentável, de um lado, e como um meio de luta contra a pobreza, de outro. Daí que comecemos por saber em que consiste a política fiscal, referindo-nos, a tal propósito, ao pressuposto de uma tal política, o qual, como é bom de ver, reside na existência de um do estado fiscal, de um estado financeiramente suportado por impostos, e, bem assim, aos modos como essa política se efectiva, distinguindo na utilização do instrumento fiscal, em que esta se concretiza, consoante o seu objectivo primordial seja a obtenção de receitas ou a modelação de comportamentos económicos ou sociais.

Depois, vamos, a seu modo, enfrentar os verdadeiros problemas que se colocam à política fiscal em cada um desses referidos sectores. De um lado, saber que contributo a política fiscal pode fornecer a um desenvolvimento económico sustentável, de modo a que o desenvolvimento e crescimento económicos actuais não tramem a sustentabilidade futura, ou seja, a qualidade de uma vida digna de ser vivida pelas gerações futuras. De outro lado, interrogarmo-nos acerca dos préstimos que podemos pedir e é legítimo esperar dos impostos na luta contra a pobreza, ou melhor, em termos mais realistas, no sentido de limitar ou reduzir a pobreza.

Enfim, terminaremos esta pequena comunicação procurando extrair algumas conclusões do que vamos dizer sobre a política fiscal, o desenvolvimento sustentável e a luta contra a pobreza. Vejamos então.

I. A POLÍTICA FISCAL

E, a respeito da política fiscal, importa, antes de mais, referir em que é que ela se traduz, para, depois, aludirmos ao seu pressuposto, isto é, ao estado fiscal e, enfim, recensear os tipos de objectivos que podem servir os impostos, pois se estes, em geral, têm por finalidade primordial a obtenção de receitas, excepcionalmente podem gravitar em torno de outros objectivos, modelando comportamentos económicos ou sociais.

1. Ideia sobre a política fiscal

Comecemos, então, por tentar dizer, de algum modo, o que é a política fiscal. Pois bem, a política fiscal, como é óbvio, diz respeito ou tem por objecto a figura dos impostos. Pelo que tem a ver com a criação ou instituição de impostos. Mais especificamente, tem a ver, em termos micro, com que impostos podem ser criados e cobrados e, em termos macro, com que quantidade ou parte do PIB pode ser exigida em impostos numa economia de mercado ou economia descentralizada, de modo a obter, por essa via, os meios de financiamento necessários à realização dos objectivos que os poderes públicos fixaram.

Por outras palavras, a política fiscal é o conjunto de decisões relativas à instituição, organização e aplicação dos impostos em conformidade com os objectivos fixados pelos poderes públicos. O que, como resulta do que vimos de dizer, implica proceder a algumas precisões.

Assim e de um lado, é de sublinhar que, em rigor, não se trata de política fiscal, mas antes de políticas fiscais, pois aquela expressão, embora exprimindo um singular refere-se verdadeiramente a um colectivo. Efectivamente, reporta-se a um conjunto de políticas fiscais relativas aos objectivos a fixar e a prosseguir pelos poderes públicos em diversos sectores da sua actividade[1]. Muito embora aqui, como se compreende, nos limitemos a versar a política fiscal em sede do desenvolvimento sustentável, de um lado, e da luta contra a pobreza, de outro.

Depois, é de assinalar que a política fiscal está intimamente ligada à política financeira ou política orçamental[2]. Em rigor, a política fiscal

---

[1] Uma ideia presente de resto no título dado a este Fórum Parlamentar, que é: «Políticas fiscais, desenvolvimento sustentável e luta contra a pobreza». V. sobre estes aspectos, P. BELTRAME/L. MEHL, *Techniques, Politiques et Institutions Fiscales Comparées*, 2.ª ed., Puf, 1997, p. 28 e s. Cf. também M. LAURÉ, *Traité de Politique Fiscale*, Puf, 1956, e *Science Fiscal*, Puf, 1993; e STEPHEN G. UTZ, *Tax Policy. An Introduction and Survey of the Principal Debates*, West Publishing, St. Pual Minn., 1993; e «Política fiscal», em *Debates sobre Portugal. Seminários da Presidência da República*, Casa das Letras, 2005, p. 77 e ss.

[2] A qual, com as políticas económica, monetária e cambial, forma o conhecido universo das políticas económicas *lato sensu* do Estado. Políticas económica, monetária e cambial de que abriram mão os 13 países membros da União Europeia que integram a União Económica e Monetária, isto é, os chamados países de Eurolândia, cabendo a sua definição, por conseguinte, ao Banco Central Europeu. Políticas essas, em relação às quais

começa onde a política financeira ou orçamental termina, pois pressupõe que ao nível desta se decida por uma cobertura das despesas assente na figura dos impostos. Com efeito, reportando-se às despesas a decidir e às receitas públicas a arrecadar, a política orçamental tem por objecto decidir que despesas vão realizar-se e determinar qual o modo de cobertura dessas mesmas despesas, entrando em cena a política fiscal apenas se e na medida em que o modo de cobertura das despesas seja constituído por impostos.

Daí que, no que constitui mais uma precisão, a política fiscal se situe entre a política orçamental, a que acabamos de referir-nos, e a técnica fiscal, que se concretiza na fixação das modalidades de incidência, controlo e cobrança dos impostos. O que não significa que a política fiscal e a política orçamental não se cruzem tanto no domínio económico como no domínio social.

Com efeito, considerando que a política orçamental tem por objecto decidir sobre as despesas públicas a realizar e determinar o modo de cobertura dessas mesmas despesas, e sendo esse modo constituído principalmente pelos impostos, como acontece na generalidade das países, há evidentes pontos de contacto, ou melhor de cruzamento, entre uma e outra dessas esferas de actuação. Pois, em sede económica, os responsáveis pela política fiscal não podem deixar de ter em devida conta as implicações ou os efeitos que cada um dos impostos e, bem assim, o seu conjunto ou o sistema fiscal têm sobre a economia em geral e, de modo muito particular, sobre os preços tanto dos factores de produção como dos bens e serviços fixados pelo mercado como é próprio de uma economia descentralizada[3].

Nessa conformidade, na elaboração da política orçamental, ou seja, na determinação das despesas públicas a realizar e na escolha dos meios de financiamento dessas despesas, designadamente na opção entre recurso ao crédito ou cobrança de impostos e, dentro desta última, a opção entre

---

também Cabo Verde, por força do Acordo de Cooperação Cambial com Portugal, que o vincula a adopção de uma política económica compatível com a salvaguarda da paridade cambial escudo-euro, tem, a seu modo, uma margem de manobra limitada.

[3] Aliás, devemos sublinhar que é o quadro económico o que vem polarizando os debates que, um pouco por toda a parte, se travam em torno da chamada reforma fiscal, no dizer de P. BELTRAME/L. MEHL, *ob. cit.*, p. 648 e s., um dos mais visíveis e persistentes mitos do nosso tempo.

os diversos impostos disponíveis no sistema fiscal, há que ter em conta as incidências que essas opções orçamentais têm sobre o desenvolvimento da actividade económica.

De outro lado, em sede social, a política fiscal encontra-se com a política orçamental na medida em que existem duas vias de propiciar vantagens ou atribuir benefícios a categorias sociais que, de um ponto de vista do interesse geral, sejam dignas dos mesmos. Uma, que releva da política fiscal, traduz-se na concessão a determinadas categorias sociais de vantagens ou desagravamentos fiscais, dentro dos quais se destacam pela sua importância, os chamados benefícios fiscais. A outra, que integra a política orçamental, consiste na instituição de um sistema de subvenções directas ou subvenções financeiras a favor dessas categorias sociais. O que significa que os responsáveis pela política social, que pretendam prossegui-la através de ajudas aos extractos economicamente menos favorecidos, têm duas vias, a seu modo alternativas, para concretizar essa política: a via orçamental ou financeira, através de despesas activas e a via fiscal através de despesas passivas[4].

2. **Pressuposto da política fiscal**

Como já referimos, a existência de uma política fiscal requer a existência prévia de um *estado fiscal*. Pois se o financiamento do estado não assentar primordialmente na figura dos impostos, então não haverá lugar para uma de política fiscal, ao menos com real significado. Daí que se imponham algumas considerações a tal respeito.

Ora bem, como afirmámos em diversos locais[5], olhando para o suporte financeiro do estado contemporâneo, o que vemos é um estado que tem nos impostos o seu principal suporte financeiro. O que, atenta a razão de ser do estado, na nossa maneira de ver, que é a realização da pessoa

---

[4] Muito embora, como vamos ver no ponto III, a via fiscal esteja longe, muito longe mesmo, de se revelar um instrumento minimamente adequado a esse desiderato de luta contra a pobreza.

[5] V. por todos, o nossos livros, *Contratos Fiscais. (Reflexões acerca da sua Admissibilidade)*, n.º 5 da série *Studia Iuridica*, Coimbra Editora, Coimbra, 1994, p. 109 e s., 154 e ss.; *O Dever Fundamental de Pagar Impostos. Contributo para a compreensão constitucional do estado fiscal contemporâneo*, Almedina, Coimbra, 1998, p. 191 e ss.; e *Direito Fiscal*, 4.ª ed., Almedina, Coimbra, 2006, p. 129 e ss.

humana, o estado fiscal não pode deixar de se configurar como um instrumento dessa realização.

Mas, falar em estado fiscal, é falar de impostos. Pelo que, numa formulação negativa, a ideia de estado fiscal exclui tanto o estado patrimonial como rejeita a falsa alternativa de um puro estado tributário, um estado cujo financiamento assente na figura das taxas.

A este respeito é de sublinhar que o estado fiscal tem sido e é a forma da generalidade dos estados, mormente dos desenvolvidos. Todavia, o estado nem sempre se tem apresentado como um estado fiscal, havendo estados que claramente configuraram (ou configuram ainda) verdadeiros estados proprietários, produtores ou empresariais, assim como é possível, ao menos em abstracto, pensar na instituição de um estado basicamente assente em tributos de natureza bilateral ou taxas.

Um estado de tipo patrimonial consubstanciou, desde logo, a primeira forma de estado (moderno) – o estado absoluto do iluminismo – que foi predominantemente um estado não fiscal. Na verdade, o seu suporte financeiro era fundamentalmente, de um lado e em continuação das instituições que o precederam, as receitas do seu património ou propriedade e, de outro, os rendimentos da actividade comercial e industrial por ele assumida em tributo justamente ao ideário iluminista.

Também os estados "socialistas" foram (ou são) estados não fiscais, pois, enquanto *productive states*, a sua base financeira assentava (ou assenta) essencialmente nos rendimentos da actividade económica produtiva por eles monopolizada ou hegemonizada, e não em impostos lançados sobre os seus cidadãos. Impostos a que faltava (ou falta), ao fim e ao cabo, o seu próprio pressuposto económico.

Enfim, há certos estados que, em virtude do grande montante de receitas provenientes da exploração de matérias-primas (petróleo, gás natural, ouro, etc.) ou até da concessão do jogo (como o Mónaco ou Macau), podem dispensar os respectivos cidadãos de serem o seu principal suporte financeiro.

Tendo em conta, porém, que as situações referidas se apresentam, a seu modo marginais, podemos concluir que o estado fiscal tem sido a característica dominante do estado (moderno). Isto não obstante a sua evolução traduzida na passagem do estado liberal para o estado social.

Pois, ao contrário do que alguma doutrina actual afirma, não se deve identificar o estado fiscal com o estado liberal, uma vez que o estado fiscal conheceu duas modalidades ao longo da sua evolução: o estado fis-

Política fiscal, desenvolvimento sustentável e luta contra a pobreza   47

cal liberal, movido pela preocupação de neutralidade económica e social, e o estado fiscal social economicamente interventor e socialmente conformador.

Podemos dizer que a «estadualidade fiscal» significa, uma separação fundamental entre o estado e a economia e a consequente sustentação financeira daquele através da sua participação nas receitas da economia produtiva pela via do imposto. Só essa separação permite que o estado e a economia actuem segundo critérios próprios ou autónomos.

O estado orienta-se pelo interesse geral de realização da justiça, critério que pode falhar uma vez que nem sempre o mesmo é suficientemente claro, para além de as vias de efectivação não estarem totalmente isentas de conduzir a avaliações erradas ou à confusão do interesse geral com os interesses particulares. Já a economia guia-se pelo critério do lucro, ou seja, pela existência de uma relação positiva entre os proveitos e ganhos, de um lado, e os custos e perdas, de outro.

O que tem um importante significado, um profundo alcance, que podemos ver salientado, por exemplo, em *Olivier Wendell Holmes*, quando afirmou que «os impostos são o que pagamos por uma sociedade civilizada». Pelo que os impostos são um preço: o preço que pagamos por termos a sociedade que temos, ou seja, por dispormos de uma sociedade assente na ideia de liberdade[6].

Mas, se o estado fiscal exclui um estado patrimonial ou empresarial, a exclusão de um estado desse tipo não implica necessariamente um estado fiscal. Com efeito, idêntico desiderato se pode conseguir através da instituição de um estado tributário, isto é, de um estado predominantemente assente em termos financeiros, não em tributos unilaterais (impostos), mas em tributos bilaterais (taxas).

Todavia, uma tal possibilidade é mais aparente do que real. De um lado, um bom número de tarefas do estado, que constituem o núcleo clássico da estadualidade, têm a natureza de «bens públicos». É o que acontece com as tarefas estaduais relativas à polícia e às políticas externa, económica, de defesa, etc., as quais, porque satisfazem apenas necessidades colectivas, sendo insusceptíveis de individualização nas suas vantagens ou

---

[6] Sobre o carácter liberal da técnica assente no imposto, v., por todos, GABRIEL ARDANT, *Théorie Sociologique de l'Impôt*, vols. I e II, Paris, 1965, e *Histoire de l'Impôt*, vols. I e II, Fayard, Paris, 1972.

benefícios e de divisão dos correspondentes custos, têm de ser financiadas através de impostos.

De outro lado, há tarefas estaduais que, embora satisfaçam necessidades individuais, sendo portanto os seus custos susceptíveis de ser divididos pelos cidadãos, por imperativas constitucionais, não podem, no todo ou em parte, ser financiadas senão por impostos. Assim ocorre na generalidade dos actuais estados sociais, em que a realização de um determinado nível dos direitos económicos, sociais e culturais tem por exclusivo suporte financeiro os impostos.

Pois bem, em casos deste tipo, que podemos considerar de «bens públicos por imposição constitucional», deparamo-nos com tarefas estaduais que hão-de ser financeiramente suportadas por impostos. Daí que seja fácil concluir que a grande maioria das tarefas do estado dos nossos dias tem de ser coberta por impostos.

O que significa que o problema da actual dimensão do estado apenas se pode solucionar (ou atenuar) através da moderação do intervencionismo estadual, o que implicará quer o recuo na assunção das modernas tarefas sociais, traduzidas na realização dos direitos económicos, sociais e culturais, quer mesmo o abandono parcial de algumas tarefas tradicionais. Com efeito a crise do actual estado passa sobretudo pela redefinição do papel e das funções do estado. Não com a pretensão de o fazer regredir ao estado mínimo do liberalismo oitocentista, mas para o compatibilizar com os princípios da liberdade dos indivíduos e da operacionalidade do sistema económico.

3. Política fiscal e extrafiscal

Dissemos que a política fiscal se traduz na instituição, organização e cobrança de impostos. Pelo que o qualificativo «fiscal» que acompanha a palavra «política» se reporta exclusivamente ao facto de a mesma se traduzir em impostos, nada nos dizendo sobre o objectivo ou objectivos prosseguidos através desse instrumento. Mas, como também referimos, esse instrumento, embora tenha como objectivo primordial, como não pode deixar de ser, a obtenção de receitas, excepcionalmente pode ter por objectivo a modelação de comportamentos económicos ou sociais. Assim, se no primeiro caso, a política é fiscal tanto pelo instrumento utilizado quanto pelo objectivo prosseguido, já no segundo, embora seja fis-

Política fiscal, desenvolvimento sustentável e luta contra a pobreza 49

cal pelo instrumento em que se concretiza, revela-se extrafiscal pelos objectivos que serve.

Daí que se imponham algumas palavras a respeito da utilização dos impostos com finalidades extrafiscais. Por outras palavras, há que mencionar alguns aspectos que se prendem com o fenómeno e a problemática da extrafiscalidade. Mais especificamente, vamos aludir à dimensão e às vias pelas quais opera esse fenómeno, bem como à inserção do mesmo no direito dos impostos.

Pois bem, a respeito do primeiro aspecto, é de referir que toda a fiscalidade tem inerente uma certa dose de extrafiscalidade. Isto mesmo quando a extrafiscalidade está de todo ausente dos propósitos do legislador ao moldar a disciplina dos impostos. Com efeito e ao contrário do que se chegou a pensar no século XIX, os impostos, quaisquer que eles sejam, não são inteiramente neutros do ponto de vista económico e social. Pois, mesmo que o legislador se tenha preocupado exclusivamente com a obtenção de receitas públicas, ainda assim os impostos não são assépticos face à realidade económica e social que tributam[7].

Há, assim, uma «extrafiscalidade em sentido impróprio», uma «extrafiscalidade imanente», que acompanha as normas de direito fiscal, sejam estas normas de tributação ou normas de não tributação, que se revela quer na presença de efeitos económicos e sociais na generalidade de tais normas, quer no relevo que o legislador fiscal frequentemente atribui às finalidades extrafiscais secundárias ou acessórias. Ora, é neste domínio das normas fiscais, em que o legislador fiscal tem presente, embora em medida desigual, simultaneamente objectivos fiscais e objectivos extrafiscais, que temos um sector, que presentemente começa a ter algum protagonismo.

Trata-se do que nos propomos designar por fiscalidade ou «extrafiscalidade concorrente», em que justamente se assiste a um certo equilíbrio entre os objectivos fiscais e extrafiscais, cujo exemplo mais paradigmático

---

[7] Pelo que não se pode falar mais de neutralidade fiscal nos termos em que dela se falava no século XIX. Por isso, o princípio da neutralidade fiscal, construído no actual quadro de uma economia aberta por influência sobretudo do direito da União Europeia, tem outro sentido, o sentido de impedir que os estados provoquem distorções significativas à concorrência por via fiscal. V. sobre este princípio o nosso estudo «Alguns aspectos da tributação das empresas», no livro *Por um Estado Fiscal Suportável – Estudos de Direito Fiscal*, Almedina, Coimbra, 2005, p. 382 e ss.

50 Estudos de Direito Fiscal

nos é dado pelo direito fiscal ecológico, isto é, pelo direito relativo aos ecotributos, em que a obtenção de receitas se conjuga, por igual medida, com a modelação dos comportamentos ecológicos dos indivíduos e das empresas, seja penalizando os comportamentos anti-ecológicos, seja favorecendo os comportamentos filo-ambientais[8].

E, como resulta do que vimos de dizer, a extrafiscalidade opera por duas vias, a saber: a via dos impostos ou agravamentos extrafiscais de impostos e a via dos benefícios fiscais. É de assinalar, todavia, que o segmento mais operacional da extrafiscalidade é, sem dúvida, o dos benefícios fiscais. E, dentro destes, o dos chamados incentivos ou estímulos fiscais, os quais, dado o seu carácter dinâmico, frequentemente são objecto de contratação, como acontece no quadro dos contratos de investimento[9]. Uma realidade que, para além, de ser fácil de verificar, se revela consentânea com o próprio entendimento actual do direito que, no dizer de *Norberto Bobbio*, tem hoje uma cada vez mais uma função promocional.

Em conformidade com o exposto, não surpreenderá que, em sede da utilização do instrumento fiscal com vista à prossecução dos objectivos em apreciação, o desenvolvimento sustentável e a luta contra a pobreza, se possa lançar a mão de qualquer uma dessas vias de acção. Muito embora seja de acrescentar que, também em relação a esses objectivos, o recurso a impostos e a benefícios fiscais com esses objectivos extrafiscais terá necessariamente um carácter excepcional.

O que bem se compreende, pois decorre do próprio quadro geral em que se move a extrafiscalidade. Na verdade, não podemos esquecer que a extrafiscalidade, porque integra o direito económico e não o direito fiscal (*tout court*), apresenta-se dominada por ideias tais como as de flexibilidade e selecção, o que tem por consequência não poder a mesma ser objecto dos exigentes limites constitucionais próprios do direito fiscal. É que a sua disciplina jurídica não se pauta pela constituição fiscal, mas antes pela constituição económica[10].

---

[8] Sobre alguns aspectos dessa tributação e beneficiação fiscal, v. *infra*, ponto II.

[9] Incentivos ou estímulos que, ao implicarem para os beneficiários um contraprestação, não raro contratual, estão menos expostos às legítimas críticas de que é alvo o intervencionismo económico e social por via fiscal. Para uma severa crítica do intervencionismo fiscal, v. M. LAURÉ, *Traité de Politique Fiscale*, cit., p. 320 e ss., e *Science Fiscale*, Puf, 1993, p. 37 e ss.

[10] O que conduz, de um lado, a que a mesma escape em larga medida à reserva parlamentar, sendo com frequência deixada mesmo à ampla margem de liberdade da admi-

Política fiscal, desenvolvimento sustentável e luta contra a pobreza   51

Ideias estas que, de uma maneira ou de outra, não deixam de estar presentes nas disposições fiscais das actuais constituições, como é o caso da Constituição de Cabo Verde, em cujo artigo 93.º expressamente se prescreve no seu n.º 1: «O sistema fiscal é estruturado com vista a satisfazer as necessidades financeiras do Estado e demais entidades públicas, realizar os objectivos da política económica e social do Estado e garantir uma justa repartição dos rendimentos e da riqueza»[11].

II. POLÍTICA FISCAL E DESENVOLVIMENTO SUSTENTÁVEL

Vejamos agora como a política fiscal, ou seja, como os instrumentos acabados de referir podem contribuir para o desenvolvimento sustentável. O que implica começar por dizer em que é que se traduz o desenvolvimento sustentável. Pois bem, o desenvolvimento sustentável é o desenvolvimento económico, concretizado em larga medida no crescimento económico ou crescimento do produto, que tenha em conta ou esteja comprometido com o futuro, isto é, com as necessidades das futuras gerações.

Por outras palavras, um desenvolvimento que não ponha em causa os deveres que temos para com as gerações futuras de modo a estas tenham uma vida digna de ser vivida. Um desenvolvimento económico e social que, enfim, tenha futuro, porque sustentável do ponto de vista ambiental. Mas para termos uma ideia do que está em causa, impõe-se confrontar desenvolvimento económico e desenvolvimento sustentável.

---

nistração típica do direito económico e, de outro, a que as medidas de intervenção económico-social, em que se concretiza, tenham por limites materiais os princípios da proibição do excesso, na medida em que afectem posições jusfundamentais dos particulares (sejam estes contribuintes, beneficiários ou terceiros, mormente concorrentes), e da proibição do arbítrio e não o princípio da igualdade fiscal a aferir pela capacidade contributiva. Para maiores desenvolvimentos, v. os nossos livros *O Dever Fundamental de Pagar Impostos*, p. 654 e ss., e *Direito Fiscal*, cit., p. 419 e ss.

[11] Numa formulação em tudo idêntica à do actual art. 103.º, n.º 1, da Constituição da República Portuguesa (correspondente ao art. 106.º da versão originária).

4. Desenvolvimento económico e desenvolvimento sustentável

Pois bem, a exigência de um desenvolvimento económico e social sustentável não pode ser, pela própria natureza das coisas, igual para todos os países, dependendo a mesma, como bem se compreende, do grau de desenvolvimento que estes tenham atingido. Pois antes da sustentabilidade ambiental está, obviamente, a sustentabilidade económica, pelo menos enquanto esta não tiver alcançado um patamar correspondente ao dos países ditos desenvolvidos. Com efeito, é preciso ter presente que *primum vivere deinde planeta salvare*, uma vez que se um país for colocado em risco de sobrevivência, tornando-se inviável, por falta de sustentabilidade económica, deixa de ter sentido falar na sua sustentabilidade ecológica. Ou, noutros termos, os países em vias de desenvolvimento não podem ser condenados a permanecer nesse estado a pretexto de que é preciso salvar o planeta.

A este respeito é bom termos consciência de que se o presente não pode tramar o futuro, também este não pode tramar aquele, pois sem presente não terá, de resto, lugar o futuro[12]. Num tal quadro, em que cada comunidade, cada país constitui um elo de uma cadeia de gerações cuja identidade e sobrevivência se reporta a essa cadeia e não cada um dos elos que a integram, é de nos interrogarmos sobre se o Protocolo de Quioto, subscrito por um conjunto de países responsáveis por bem menos de metade de poluição, não constitui uma fraude, na medida em que engendra uma concorrência económica de todo desleal entre esses países e os países que se mantiveram à margem desse tratado internacional, nos quais, é preciso não esquecer, se encontram os maiores poluidores[13].

O que não significa, como é óbvio, que todos os países, incluindo também os que se encontram em vias de desenvolvimento, não devam fazer todos os possíveis para promover um desenvolvimento económico

---

[12] O que vale naturalmente também para o passado, pois igualmente este não pode tramar o presente nem o futuro, do mesmo modo que este não podem tramar aqueles. Por outras palavras cada geração está vinculada ao respeito tanto das gerações anteriores como das gerações futuras. A este propósito, v. o nosso livro *Introdução ao Direito do Património Cultural*, Almedina, Coimbra, 2004, p. 19 e ss., assim com o estudo «Considerações sobre o quadro jurídico do património cultural», *Direito* e *Cidadania*, ano VII (2005), 23, p. 161 e ss.

[13] V., no sentido apontado no texto, João Pacheco de Oliveira, «A fraude de Quioto», *Diário Económico*, 8 de Março de 2007, p. 53.

Política fiscal, desenvolvimento sustentável e luta contra a pobreza   53

que seja ecologicamente sustentável. Significa antes que essa sustentabilidade ecológica não tem de se impor a todo o custo a esses países.

Mais especificamente, implica tão só que, na medida em que a sustentabilidade económica e a sustentabilidade ecológica de um país divirjam, não tenha de se dar primazia ou prevalência à sustentabilidade económica face à sustentabilidade ecológica. Uma situação de divergência que ocorrerá, de acordo com a conhecida curva de *Simon Kuznets* aplicada ao ambiente[14], enquanto o desenvolvimento económico desse país não atingir um certo nível[15].

Uma visão das coisas que, por outras palavras, mais não é do que dar primazia ou prevalência ao direito fundamental dos povos ao desenvolvimento económico e social, reconhecido de resto em diversos instrumentos internacionais. Um direito que, nesses países, deve ter prioridade sobre o dever de zelar pela qualidade de vida ecológica tanto da geração presente como das gerações futuras[16].

5. Política fiscal e desenvolvimento sustentável

Mas, então, em que medida é que a política fiscal pode contribuir para o desenvolvimento sustentável? Que a política fiscal deve ser um instrumento do desenvolvimento sustentável é algo que presentemente ninguém põe em causa.

---

[14] A chamada *Curva de Kuznets Ambiental* Uma curva em forma de ∩ que correlaciona o crescimento económico com a poluição, segundo a qual, numa primeira fase, a poluição tenderia a crescer mais rapidamente do que o nível da produção, por exemplo numa fase de industrialização intensa, até se chegar ao cume a partir do qual a poluição decresceria até chegar mesmo, numa fase de máximo desenvolvimento, traduzida, por exemplo na evolução da industrialização para uma economia de serviços, a níveis de poluição inferiores aos existentes na fase inicial de maior pobreza – v., por todos, FERNANDO ARAÚJO, *Introdução à Economia*, 3.ª ed., Almedina, Coimbra, 2005, p. 598 e ss.

[15] Refira-se que a *Curva de Simon Kuznets* foi inicialmente pensada para estabelecer uma correlação entre o desenvolvimento económico e a desigualdade (na distribuição dos rendimentos e da riqueza), a qual tenderia a cresce numa fase inicial, estabilizando mais tarde e diminuindo quando se atingissem níveis elevados de prosperidade – cf. FERNANDO ARAÚJO, *ob. e loc. cits.*

[16] Uma ideia cuja rejeição ou aceitação tem, de certo modo, estado patente na contraposição entre o Fórum (económico) de Davos e o Fórum (social) de Porto Alegre.

54   *Estudos de Direito Fiscal*

Uma maneira de ver as coisas que esteve na base, por exemplo, do aditamento no art. 66.º da Constituição Portuguesa, na Revisão Constitucional de 1997, entre outras disposições, da que estabelece como incumbência do Estado Português «no quadro de um desenvolvimento sustentável», «assegurar que a política fiscal compatibilize desenvolvimento com protecção do ambiente e qualidade de vida»[17].

O que não deixa de estar presente, mesmo que não haja uma específica referência à política fiscal, no n.º 2 do art. 72.º da Constituição de Cabo Verde, ao dispor que, para garantir o direito ao ambiente, incumbe aos poderes públicos, «elaborar e executar políticas adequadas de ordenamento do território, de defesa e preservação do ambiente e de promoção e aproveitamento racional de todos os recursos naturais, salvaguardando a sua capacidade de renovação e a estabilidade ecológica».

Muito embora seja de sublinhar, a tal respeito, que toda a actuação económica do estado, portanto toda a política económica do estado, incluindo a intervenção fiscal aqui em consideração, tem um alcance limitado. Ou seja, por outras palavras, mais do que a acção de intervenção económica do estado releva a existência e a garantia de um mercado dinâmico e eficiente. Para o que contribuíram os acontecimentos das décadas de oitenta e noventa do século passado, traduzidos na implosão dos regimes de economia centralizada e na entrada em crise dos estados providência ou, mais em geral, dos estados sociais avançados.

Todavia, procurando responder à pergunta que formulámos, podemos dizer que a política fiscal pode contribuir tanto para o desenvolvimento económico como para um desenvolvimento ecologicamente sustentável. Ou, noutra terminologia, tanto para a sustentabilidade económica como para a sustentabilidade ecológica.

Assim e no que tange ao contributo da política fiscal para o desenvolvimento económico, deriva o mesmo seja do peso de cada um dos impostos do sistema fiscal, seja do peso do conjunto dos impostos, isto é, do sistema fiscal. Pois se um dado imposto tiver uma taxa ou alíquota, proporcional ou progressiva, muito elevada, ou se o sistema fiscal conduzir a uma pesada carga fiscal, por certo que o crescimento económico

---

[17] Disposição essa constante da alínea *h*) do n.º 2 desse art. 66.º. Para além dessa alínea, foram igualmente aditadas nessa Revisão Constitucional, também as alíneas *e*), *f*) e *g*), todas elas reportadas ao desenvolvimento sustentável.

correrá sérios riscos[18]. Com efeito, numa tal situação, a política fiscal apresentar-se-á como um entrave ao crescimento e desenvolvimento económicos.

E a respeito da carga fiscal é de assinalar que o seu peso não pode ser devidamente ponderado se, alinhando com uma visão linear e simplista, nos ativermos apenas ao seu valor face ao PIB. Assim, tendo em conta, por exemplo, o que se verifica em Portugal, o que não deixará de ser aplicável, *mutatis mutandis*, a Cabo Verde[19], a carga fiscal é ainda relativamente baixa, como é referido em geral pelas organizações internacionais com destaque para a OCDE, uma vez que, tendo em conta os dados relativos a 2005, a mesma se situa ma casa dos 36%, correspondendo assim a pouco mais 90% da média europeia[20]. Todavia, se tivermos em conta o nível de rendimentos revelado pelo PIB *per capita*, que nesse ano se situou na casa dos 64% da média europeia, chegamos a uma carga fiscal para 2005 correspondente a 140% da média europeia[21].

Passando agora do sistema fiscal para os seus componentes, para os impostos singularmente considerados, podemos dizer que, como facilmente se compreende, é em sede da tributação das empresas, os suportes institucionais por excelência da actividade económica numa economia descentralizada, que o desenvolvimento económico pode ser tido em conta em termos mais eficientes. O que tem expressão clara no tratamento fiscal favorável ou mesmo muito favorável que, em geral, é dispensado aos investimentos, mormente aos de origem estrangeira, por via de regra objecto de disciplina jurídica própria em diploma legal geralmente designado por "código de investimento" ou "código de investimento estrangeiro".

Mas vejamos agora o contributo da política fiscal para a protecção ambiental ou, em termos mais específicos, na luta contra a poluição. Pois bem, a este respeito, como dissemos mais acima, duas são as vias através

---

[18] O que terá reflexos negativos também em sede da política financeira, já que as receitas fiscais podem diminuir em vez de aumentarem. O que ocorrerá quando o nível atingido pelas taxas ou alíquotas dos impostos corresponder ao ramo descendente da conhecida curva em forma de ∩ de ARTHUR LAFFER.

[19] Cuja carga fiscal se situou, em 2005, nos 21% do PIB, quando o PIB *per capita* atingiu, nesse mesmo ano, os 1.915 dólares.

[20] Referimos que, por simplificação, trabalhamos com percentagens arredondadas por baixo e tendo em conta a União Europeia a 15 (portanto UE – 15 = 100).

[21] Pois que 90% / 64% = 140%.

das quais o estado pode combater as actuações que afectem o ambiente, sobretudo a poluição: a via dos ecotributos e a via dos benefícios fiscais[22]. Vias que se integram nas vias mais gerais de tutela ambiental ou de luta contra a poluição traduzidas nas duas seguintes actuações públicas: ou a comunidade faz pagar os poluidores pela poluição que produzem, impondo sanções ou tributos; ou a comunidade paga aos poluidores para não poluírem, concedendo benefícios ou estímulos sejam financeiros ou tributários.

Duas considerações muito rápidas sobre estas vias de tutela ambiental: uma a respeito dos ecotributos, outra relativa aos benefícios fiscais. Ambas têm a ver com a seguinte pergunta: que tipo de tributos e que tipo de benefícios fiscais se apresentam mais adequados à prossecução desse objectivo?

Assim e a respeito dos tributos ambientais, devemos dizer que, *prima facie*, os tributos bilaterais ou taxas apresentam-se mais propícios à internalização dos custos ambientais, como prescreve o *princípio do poluidor-pagador*, do que os tributos unilaterais ou impostos. Pois a essa internalização é inerente uma ideia de causa que só a figura das taxas está em condições de exprimir através da sua aptidão para imputar, de modo directo e rigoroso, um gravame à responsabilidade pela produção de custos externos susceptíveis de ser individualizados.

Todavia, embora teoricamente sejam os tributos bilaterais ou taxas os tributos mais adequados à aplicação do referido princípio, na prática há obstáculos que impedem que assim seja. É que a divisibilidade do benefício proporcionado pelo estado e demais entes públicos, que permitiria apurar a grandeza do pagamento a realizar pelo poluidor que dele beneficia, tendo em conta justamente a proporção em que esse benefício por ele é auferido, nem sempre se verifica quando estamos no domínio da protecção ou tutela do ambiente.

De um lado, aponta-se a dificuldade em encontrar ou identificar o responsável pela poluição, uma vez que, pela própria natureza de muitos dos danos ambientais, a sua fonte apresenta-se particularmente difusa, sendo a mesma fruto da interacção causal de um elevado número de agentes. O que impossibilita, na prática, a divisibilidade desses custos ambientais pelos seus causadores, através de tributos bilaterais ou taxas. E isto,

---

[22] V. *supra* ponto I.3.

Política fiscal, desenvolvimento sustentável e luta contra a pobreza 57

naturalmente, quando os danos já foram causados, o que evidentemente não ocorre quando se trata de prevenir os mencionados danos, situação em que estamos perante típicos custos de prevenção.

De outro lado, no que constitui uma dificuldade ainda maior, não há, na grande maioria dos casos de custos ambientais, qualquer possibilidade prática de medir, com um mínimo de rigor ou, mais exactamente, com o rigor exigido pela proporcionalidade taxa/contraprestação específica, os custos ambientais de molde a constituírem a exacta medida dos correspondentes tributos. Ou seja, a quantificação dos custos ambientais torna-se impraticável[23].

Daí que, um pouco por toda a parte, os tributos ambientais assumam preferentemente a configuração de tributos unilaterais ou impostos e não a de tributos bilaterais ou taxas. O que ocorreu com a proposta da União Europeia de 1997 de um imposto comunitário sobre as emissões CO_2 e a energia[24], que não chegou a concretizar-se, e com os impostos que sobre a energia ou sobre emissões têm vindo a ser instituídos em diversos países[25].

Por seu turno, no concernente aos benefícios fiscais a conceder aos poluidores ambientais a observação tem a ver com a distinção a fazer em sede dos benefícios fiscais, separando os benefícios fiscais estáticos ou benefícios fiscais *stricto sensu*, dos benefícios fiscais dinâmicos, incentivos ou estímulos fiscais. Os primeiros dirigem-se, em termos estáticos, a situações que, ou porque já se verificaram (encontrando-se esgotadas), ou porque, ainda que não se tenham verificado ou verificado totalmente, não visam, ao menos directamente, incentivar ou estimular, mas tão-só beneficiar por superiores razões de política geral de defesa, externa, económica, social, cultural, religiosa, etc. Já os segundos visam incentivar ou

---

[23] Cf. CLÁUDIA SOARES, *Imposto Ecológico* versus *Subsídio Ambiental?*, tese de doutoramento defendida na Universidade de Santiago de Compostela, 2002, p. 57.

[24] É de assinalar que a primeira tributação proposta sobre a energia, um imposto geral sobre o consumo de energia, não tinha por base qualquer preocupação ambiental. Proposto por Eugène Schuller, fundador da l'Oréal, no quadro da discussão da reforma da tributação do consumo em França, no início dos anos cinquenta do século passado, foi o mesmo rejeitado em 1954 em favor da *Taxe sur la Valeur Ajoutée* (TVA = IVA), uma criação de Maurice Lauré. V. o relato da história da criação e adopção desse imposto, feito pelo próprio M. LAURÉ, *Science Fiscale*, cit., p. 284 e ss.

[25] Cf. GLORIA ALRCÓN GARCIA, *Manual del Sistema Fiscal Español*, Thomson, Madrid, 2005, p. 406 e ss.

58 *Estudos de Direito Fiscal*

estimular determinadas actividades, estabelecendo uma relação entre as vantagens atribuídas e as actividades estimuladas em termos de causa--efeito.

Enquanto naqueles a causa do benefício é a situação ou actividade em si mesma, nestes a causa é a adopção (futura) do comportamento beneficiado ou o exercício (futuro) da actividade fomentada. Compreende-se assim que os incentivos fiscais, que não raro assumem carácter selectivo ou mesmo altamente selectivo, tenham carácter temporário, bem como a liberdade do legislador, mormente para conceder uma margem de livre decisão à administração tributária, tenha necessariamente de ser maior do que aquela de que dispõe em sede dos benefícios fiscais estáticos[26].

Dentro dos benefícios fiscais são de destacar os incentivos ou estímulos fiscais, em que o estado, em troca da concessão de determinados benefícios fiscais, obtém das empresas compromissos relativamente a níveis de produção a atingir, a investimentos a realizar, a postos de trabalho a criar, à diminuição dos níveis de emissões poluentes, etc.

Como bem se compreende é relativamente a estes benefícios fiscais que a administração tributária não pode deixar de gozar de uma razoável margem de livre decisão, de uma margem de livre decisão que seja adequada ao doseamento a que deve proceder em função, designadamente, das contrapartidas assumidas pelas empresas ou do montante de receita fiscal que é previsível perder. Margem de livre decisão que pode inclusive ser exercida através da celebração de contratos entre a administração tributária e as empresas que se proponham fazer grandes investimentos, como é o caso dos contratos fiscais previstos no direito português[27].

---

[26] V., sobre estes aspectos, o nosso livro *O Dever Fundamental de Pagar Impostos*, cit., p. 645 e ss. e 648 e s., e o nosso estudo «Direito fiscal e tutela do ambiente em Portugal», em *Por um Estado Fiscal Suportável – Estudos de Direito Fiscal*, cit., p. 325 e ss.

[27] A concessão de benefícios fiscais em regime contratual consta do art. 39.º do Estatuto dos Benefícios Fiscais, estando o seu procedimento regulado no Decreto-Lei n.º 409/99, de 15 de Outubro. De acordo como seu regime, trata-se de benefícios fiscais integrados em contratos fiscais, os quais, por sua vez, são incluídos em contratos de investimento respeitantes a projectos de investimento de montante igual ou superior a € 4.987.978,97, a realizar até 31 de Dezembro do ano de 2010 – v. o nosso estudo «Investimento estrangeiro e contratos fiscais», em *Por um Estado Fiscal Suportável – Estudos de Direito Fiscal*, cit., p. 407 e ss.

Política fiscal, desenvolvimento sustentável e luta contra a pobreza   59

De resto e para concluir estas despretensiosas considerações sobre a utilização dos instrumentos fiscais com objectivos ambientais, é preciso dizer que nem sempre esses instrumentos são utilizados no sentido correcto. Assim, tendo em conta o que se passa em Portugal, ao lado de impostos e benefícios fiscais em que é visível uma preocupação ecológica muito forte, temos encargos fiscais que constituem verdadeiras intervenções ecologicamente penalizantes.

Como exemplo da primeira situação, podemos apontar, em sede de impostos: a «taxa» sobre as lâmpadas de baixa eficiência energética com vista a compensar os custos que a utilização dessas lâmpadas imputam ao ambiente[28]; e a reforma em curso da tributação automóvel, no quadro da qual vão ser adoptados dois impostos – o Imposto sobre Veículos (ISV) e o Imposto Único de Circulação (IUC) – em que, de um lado, se desloca a tributação da fase da aquisição dos veículos para a fase da sua utilização e, de outro lado, a base de incidência passará a ser em 60% baseada nas emissões de CO_2[29].

Por seu turno, no domínio dos benefícios fiscais, podemos referir: as provisões para reconstituição de jazigos e recuperação paisagística de terrenos – arts. 34.º/1/*f*, 37.º e 38.º do Código do Imposto sobre o Rendimento das Pessoas Colectivas; a dedução à colecta do Imposto sobre o Rendimento das Pessoas Singulares 30% das importâncias despendidas com a aquisição de equipamentos novos para utilização de energias renováveis e de equipamentos para a produção de energia eléctrica ou térmica (co-geração) por microturbinas, com potência até 100 kW, que consumam gás natural – art. 85.º/2, do respectivo Código; a isenção em Imposto sobre os Produtos Petrolíferos dos biocombustíveis ou combustíveis alternativos[30].

Mas, como dissemos, não deixa de haver situações em que, paradoxalmente, acabam por se penalizar fiscalmente actividades ou comportamentos amigos do ambiente. É o que ocorre, a nosso ver, com as chamadas «rendas» pagas aos municípios pelas empresas detentoras de

---

[28] Criada pelo Decreto-Lei n.º 108/2007, de 12 de Abril, tal taxa, bem vistas as coisas, configura-se como um imposto sobre o consumo dessas lâmpadas, que é cobrado aos produtores e importadores.

[29] Que presentemente é de 10%, passando a 30% em 1 de Julho de 2007 e a 60% em 1 de Janeiro de 2008.

[30] Nos termos do Decreto-Lei n.º 66/2006, de 22 de Março.

licenças de exploração de parques eólicos, as quais não passam de verdadeiros impostos municipais sobre o consumo de energia, muito embora sejam pagas pelos produtores de energia eólica[31].

O que vale, a seu modo, também para as «rendas» pagas aos municípios pelas concessionárias das redes municipais de distribuição de electricidade. Um encargo que, ao onerar a actividade de distribuição em baixa tensão da energia eléctrica e ao ter por base o volume de vendas dessa energia, se afigura como um imposto sobre o consumo da energia eléctrica. Todavia, como os municípios isentam essas empresas concessionárias da taxa pela ocupação do domínio público municipal afecto às linhas de distribuição de electricidade, aquele encargo pode considerar-se, a seu modo, uma contraprestação substitutiva daquela taxa, configurando-se assim como uma taxa pela ocupação do domínio público municipal, muito embora baseada no volume da energia fornecida aos consumidores[32].

III. POLÍTICA FISCAL E LUTA CONTRA A POBREZA

Vejamos, finalmente, em conformidade com o título que encima estes texto, se e em que medida a política fiscal pode contribuir para a luta contra a pobreza. Pois bem, a este propósito, podemos adiantar que quer os impostos individualmente considerados quer o próprio sistema fiscal constituem fraco instrumento de realização desse objectivo social. Por outras palavras, os impostos têm modesto papel em sede da política redistributiva de rendimentos e, por conseguinte, no combate á pobreza que a mesma pode suportar.

Como é sabido, argumenta-se a favor de uma política redistributiva dos rendimentos erigida em luta contra a pobreza com a circunstância de esta, enquanto carência de bens tidos por essenciais à vida, ser aten-

---

[31] V. no respeitante às «rendas» por licenças de exploração de parques eólicos, o ponto 27 do Anexo II ao Decreto-Lei n.° 33-A/2005, de 16 e Fevereiro.

[32] V. no referente às «rendas» pela concessão da distribuição de electricidade, o art. 6.°, n.° 2, do Decreto-Lei n.° 344-B/82, de 1 de Setembro, na redacção do Decreto-Lei n.° 17/92, de 5 de Fevereiro, a Portaria n.° 437/2001, de 28 de Abril, bem como o art. 44.° do Decreto-Lei n.° 172/2006, de 23 de Agosto.

Política fiscal, desenvolvimento sustentável e luta contra a pobreza 61

tatória da dignidade da pessoa humana e, bem assim, ameaçadora da ordem social. A que acresce o facto de, embora a redistribuição de rendimentos não ser propícia ao desenvolvimento económico, poder o estado valorizar, para efeitos do aumento do bem estar, mais a redistribuição de rendimentos do que o acréscimo do PIB. Para além de o estado dispor de poderes para intervir no sentido de neutralizar, no todo ou em parte, os inconvenientes da redistribuição de rendimentos para o aumento do PIB[33].

Por isso, não admira que diversos autores tenham imputado à redistribuição de rendimentos o objectivo de combate à pobreza, o qual passa pelo fornecimento aos pobres dos bens que lhes fazem falta ou pela concessão de subsídios com os quais possam comprar esses bens. Ora bem, foi no quadro de uma opção por esta segunda via que foi construída uma figura com o intuito de combate à pobreza pela via fiscal. Estamos a referir-nos ao chamado "imposto negativo de rendimento", sobre o qual se impõem algumas palavras.

6. O imposto negativo de rendimento

Uma maneira de lutar contra a pobreza pela via fiscal, pela via do imposto, seria, assim, a instituição de um imposto negativo sobre o rendimento. Em termos algo simples, podemos dizer que o imposto negativo traduz, de alguma forma, a integração da política social na política fiscal.

Pois bem, o imposto negativo é o inverso do imposto positivo. Por isso tem lugar quando os contribuintes tenham rendimento inferior ao mínimo de existência, caso em que recebem uma prestação pecuniária proporcional à diferença negativa entre esse mínimo e o rendimento de que dispõem. Pelo que, enquanto os contribuintes com um rendimento superior a esse mínimo têm de realizar a correspondente prestação, pagando o imposto positivo, os contribuintes com um rendimento inferior recebem a correspondente prestação, isto é, o imposto negativo[34].

---

[33] Cf. J. J. TEIXEIRA RIBEIRO, *Lições de Finanças Públicas*, 5.ª ed., Coimbra Editora, Coimbra, 1995, p. 400 e ss, esp. p. 408 e s.

[34] Como se pode ver, seguimos aqui de perto J. J. TEIXEIRA RIBEIRO, *Lições de Finanças Públicas*, cit., p. 408 e ss.

Assim, o imposto negativo pressupõe três elementos, a saber: a fixação de um rendimento mínimo garantido, uma importância paga pelo estado aos indivíduos ou famílias; o rendimento de equilíbrio, em que não se paga imposto positivo nem se recebe imposto negativo, correspondente ao mínimo de existência; e a taxa de imposto negativo, que será um taxa proporcional e não superior a 50%. Pois se esta atingisse ou se situasse perto dos 100%, garantindo assim o mínimo de existência a todos os titulares de pequenos rendimentos, estaríamos perante um imposto não só altamente desincentivador do trabalho, como também demasiado dispendioso mesmo para os países ricos e longe de atingir os 100%[35].

Todavia, como vamos ver, um tal imposto mesmo com uma taxa proporcional moderada é inexequível exactamente naqueles países onde fazia mais sentido a sua criação, ou seja, nos países menos desenvolvidos e, por conseguinte, com maiores percentagens de população pobre. Dois obstáculos se apresentam aí como intransponíveis. De um lado, temos o volume de encargos financeiros que o imposto negativo originaria, o qual seria insusceptível de ser coberto pelos impostos dado o reduzido número de contribuintes das classes ricas. De outro lado, verificam-se as maiores dificuldades na avaliação dos rendimentos das pessoas pobres, não só por ser muito deficiente a Administração Fiscal nesses países, mas também por grande parte dos rendimentos das pessoas pobres serem rendimentos em natura. Em suma, seria praticamente impossível medir a capacidade contributiva negativa dos destinatários do imposto negativo.

Esses obstáculos à exequibilidade de um imposto negativo já se não colocam, ou colocam-se em termos totalmente diversos, nos países desenvolvidos. Porém, o certo é que também nestes se não assistiu à instituição de um imposto negativo, mesmo moderado de modo a obviar às objecções apontadas a um imposto negativo com uma taxa próxima de 100%, que referimos mais acima e que igualmente são válidas para os países desenvolvidos.

Com efeito, esses países, partindo da ideia de que o imposto negativo consiste em subsídios concedidos para os beneficiários adquirirem bens essenciais, e que estes não ficam obrigados a adquirir esses bens, podendo mesmo adquirir bens supérfluos ou até bens prejudiciais à saúde, têm orien-

---

[35] V., por todos, J. J. Teixeira Ribeiro, *Lições de Finanças Públicas*, cit., p. 411 e s.

Política fiscal, desenvolvimento sustentável e luta contra a pobreza   63

tado a sua preferência para alternativa fornecida pela segurança social[36]. Sendo assim, não podemos concluir senão que a luta contra a pobreza não encontra na política fiscal um instrumento adequado[37].

Por isso, é que se vem assistindo em diversos países à criação de específicos programas de luta conta a pobreza, ou, no que ao fim e ao cabo é a mesma coisa, de luta contra a exclusão social, a visão ou versão pós--moderna da pobreza. Programas esses com os quais se visa, obviamente, não eliminar, mas reduzir ou atenuar a pobreza. Pois, não tenhamos ilusões, como se diz no Evangelho, pobres sempre os teremos connosco. É claro que nos fica bem ter por ideal eliminar a pobreza, mas, por certo, que os pobres ficar-nos-ão bem mais gratos se, com os pés bem assentes na terra, conseguirmos reduzir efectivamente a pobreza. Um objectivo que, mesmo nesta versão mais modesta, os países desenvolvidos estão a sentir as maiores dificuldades em conseguir.

IV. EM JEITO DE CONCLUSÃO

Por quanto vimos de dizer, podemos extrair, de uma maneira muito sintética, as seguintes conclusões. Em primeiro lugar, a política fiscal pressupõe a existência e o funcionamento de um estado fiscal. Um estado cujo suporte financeiro seja constituído principalmente por tributos unilaterais ou impostos, o qual, ao longo da história, não tem tido alternativa aceitável.

Depois, a finalidade dos impostos, tanto singularmente considerados como no seu conjunto, como sistema fiscal, em total conformidade com o que prescreve, de resto, o art. 93.º da Constituição de Cabo Verde, é a obtenção de receitas para fazer face às despesas públicas. Por isso, a sua utilização com finalidades extrafiscais, quaisquer que elas sejam, quer

---

[36] Sobre a segurança social entre nós, v. o nosso estudo «O financiamento da segurança social em Portugal», em *Estudos em Memória do Conselheiro Luís Nunes de Almeida*, Tribunal Constitucional, Coimbra Editora, 2007, p. 623 e ss.

[37] Sobre o imposto negativo, v. também Xavier de Basto, «O imposto negativo de rendimento», *Boletim de Ciências Económicas*, vol. XVI (1973), p. 11 e ss.; P. Beltrame/ /L. Mehl, *Techniques, Politiques et Institutions Fiscales Comparées*, cit., p. 641; e o nosso livro, *O Dever Fundamental de Pagar Impostos*, cit., p. 588 e ss.

através de impostos, quer através de benefícios fiscais, há-de ter sempre carácter excepcional. O que, devemos acrescentar, não significa que a extrafiscalidade seja tida por um fenómeno anómalo, como foi ideia corrente no século XIX.

Em terceiro lugar, quanto ao contributo que a política fiscal pode fornecer para o desenvolvimento sustentável, o desenvolvimento comprometido com uma vida digna de ser vivida das gerações futuras, é de sublinhar que é uma problemática que apenas se coloca se e na medida em que desenvolvimento sustentável, quando em conflito com o desenvolvimento económico, o que ocorre por via de regra na fase de industrialização dos países, deva prevalecer. Pois é de todo ilegítimo condenar ao subdesenvolvimento povos inteiros a pretexto da promoção de um desenvolvimento sustentável.

Todavia, o contributo da política fiscal para o desenvolvimento sustentável, que não pode deixar de constituir um imperativo nos países desenvolvidos, tem vindo a crescer significativamente. O que se fica a dever, de um lado, à utilização frequente, pela via claramente extrafiscal, de benefícios fiscais incentivadores de comportamentos amigos do ambiente, e, de outro lado, à criação de impostos que, embora principalmente preocupados com a obtenção de receitas, têm por base de incidência, no todo ou em parte, actividades ou comportamentos causadores de danos ao ambiente que, assim, visam penalizar.

Enfim, já em sede da luta contra a pobreza, o contributo da política fiscal é bem mais modesto. Com efeito à figura do imposto negativo de rendimento, que poderia contribuir para atingir esse objectivo, deparam-se obstáculos intransponíveis, pois é inexequível exactamente naqueles países em que fazia mais sentido a sua criação, nos países menos desenvolvidos e, por conseguinte, com maiores percentagens de população pobre. Por seu turno nos países desenvolvidos, com base na ideia de que não está garantido que os subsídios, em que consubstancia o imposto negativo de rendimento, sejam para adquirir bens essenciais, podendo ser gastos em bens supérfluos ou até prejudiciais à saúde, tem-se optado por mobilizar na luta contra a pobreza o sistema de segurança social ao lado de específicos programas com esse objectivo.

Uma ideia com a qual não podemos deixar de concordar em termos gerais, pois estamos convictos de que os problemas da pobreza estão longe de ser solucionáveis como se de simples problemas de dinheiro se tratasse. Na verdade, como dissemos noutro local, não podemos esquecer que alguns dos múltiplos problemas que coloca a pobreza ou, mais em geral, as múltiplas exclusões sociais do nosso tempo, requerem, mais do que prestações pecuniárias ou mesmo em espécie do estado ou de outras instituições, o contacto e o calor humanos que promovam a recuperação do sentido útil da vida, reconduzindo os excluídos ao seio da família, ao mundo do trabalho, ou ao exercício duma actividade socialmente útil[38].

---

[38] V. o nosso estudo «Algumas considerações sobre a solidariedade e a cidadania», no nosso livro *Por uma Liberdade com Responsabilidade – Estudos sobre Direitos e Deveres Fundamentais*, Coimbra Editora, Coimbra, 2007, p. 131 e ss. (140).

3. REFORMA TRIBUTÁRIA NUM ESTADO FISCAL SUPORTÁVEL *

Sumário

I. O estado fiscal
   1. A ideia de estado fiscal
     1.1. A exclusão do estado patrimonial
     1.2. A exclusão do estado empresarial
   2. A falsa alternativa de um estado taxador
     2.1. Em sede do estado em geral
     2.2. Em sede da protecção ambiental
     2.3. Em sede da actual regulação

II. O sistema fiscal do século XX
   1. O século XX político e jurídico
   2. A construção do sistema fiscal do estado social
   3. A evolução do sistema fiscal em Portugal
     3.1. A ilusão prematura da modernidade
     3.2. O realismo de Salazar
     3.3. O bom senso na reforma de Teixeira Ribeiro
     3.4. O programa de reforma fiscal da Constituição de 1976
     3.5. A reforma fiscal do estado social

III. A reforma tributária no século XXI
   1. A internacionalização, integração e globalização económicas
   2. A manifesta complexidade fiscal dos estados
   3. A sustentabilidade do estado social em concorrência fiscal

---

* Texto que, tirando um ou outro pormenor, corresponde ao escrito para o encontro de professores de direito do Brasil e de Coimbra – o VII Encontro Cainã, subordinado ao título *O Direito e o Futuro. O Futuro do Direito*, que teve lugar nos dia 21, 22 e 23 de Janeiro de 2008 no Bussaco Palace Hotel, a aguardar publicação nas respectivas Actas.

4. A administração ou gestão privada dos impostos
5. A (nova) estrutura dos sistemas fiscais
   5.1. Os impostos aduaneiros
   5.2. A tributação do rendimento pessoal
   5.3. Os princípios clássicos da tributação
   5.4. A necessidade de simplificação
   5.5. A *flat tax revolution*
   5.6. Um estado fiscal em duplicado?

Como decorre do título que propusemos para esta nossa intervenção – "a reforma tributária num estado fiscal suportável" – neste importante encontro científico subordinado ao expressivo tema "O Direito e o Futuro. O Futuro do Direito", vamos fazer algumas considerações tendo presente o quadro mais amplo que é o da reforma previsível do estado neste século que iniciámos vai em oito anos. O que significa que estamos conscientes de que a reforma do estado e a reforma fiscal não podem deixar de andar a par uma da outra. Uma ideia que não surpreende, se tivermos presente que historicamente se encontra demonstrado que a "domesticação jurídica", se assim nos podemos exprimir, do poder do estado, arrancou da necessidade sentida de domesticar um dos poderes mais visível e omnipresente nas sociedades praticamente de todos os tempos, o poder de angariar os meios financeiros de suporte do estado, ou seja, o poder de instituir e arrecadar impostos.

De resto, é sabido como a ideia de estado de direito, que viria a triunfar e a alastrar com as revoluções liberais (inglesa, americana e francesa) e com o constitucionalismo, ficou a dever imenso à forma como a mesma foi ensaiada nos conhecidos domínios em que o poder do estado sobre os cidadãos sempre se fez sentir de maneira indelével – os domínios das sanções penais e dos impostos. Daí que, desde há algum tempo, venhamos insistido que o direito penal e do direito fiscal são efectivamente dois irmãos gémeos. Não obstante, assinalemo-lo desde já, o segundo estar longe de obter os sucessos jurídicos e académicos do seu irmão.

Significa isto, para sermos mais precisos, que vamos tratar de alguns dos problemas que se colocam a uma reforma fiscal que se enquadre num estado fiscal que seja suportável para os contribuintes, isto é, para os cidadãos, nos cada vez mais conturbados dias de hoje, em que os estados já não são, como acontecia no passado, livres para estabelecer e configurar os sistemas fiscais que bem entenderem. Daí que estejamos tentados a precisar que mais do que um *estado suportável*, como figura no título, se trata, ao fim e ao cabo, de conseguirmos, mais modestamente, um *estado viável*. É que, muitas vezes, não nos damos conta de que apenas podemos pugnar por aquilo que é viável, frequentemente longe, muito longe mesmo, do que, à primeira vista, na ingenuidade das nossas utopias e na generosidade dos nossos ideais, nos parece possível.

Procuremos, então, dizer alguma coisa sobre alguns dos problemas que as reformas fiscais podem enfrentar no quadro de um estado que seja suportável para os contribuintes. O que implica começarmos por algumas considerações sobre a própria ideia de estado fiscal, como a forma de sustentação financeira do estado melhor conseguida até aos dias de hoje, prosseguindo depois com algumas reflexões sobre o sentido dos sistemas fiscais do século XX e terminando com as interrogações que se colocam às reformas fiscais neste século, de modo a podermo-nos pronunciar sobre o sentido que as mesmas poderão tomar.

I. O ESTADO FISCAL

E o primeiro problema que se coloca é o do *financiamento do Estado*. O problema que temos é, assim: como financiar o estado?

1. A ideia de estado fiscal

Pois bem, a resposta actual a essa pergunta é simples: o estado financia-se através de impostos ou, em termos mais rigorosos, o estado financia-se basicamente ou predominantemente através de impostos ou tributos unilaterais. Pelo que, face a uma tal resposta, deparamo-nos com um verdadeiro *estado fiscal*[1].

Mas é óbvio que não foi sempre assim. E não foi assim, naturalmente, durante muito tempo no passado. E, em alguma medida, muito pequena é certo, continua a não ser assim, como vamos referir.

---

[1] V. sobre este nosso livro *O Dever Fundamental de Pagar Impostos. Contributo para a compreensão constitucional do estado fiscal contemporâneo*, Almedina, Coimbra, 1998, p. 191 e ss.

1.1. *A exclusão do estado patrimonial*

Bem, em rigor, devemos dizer que, num passado relativamente longínquo, até já foi mais ou menos assim. Efectivamente, temos hoje dados históricos que vão no sentido de que, por exemplo, o Império Romano foi um bom estado fiscal. A esse facto atribuem, de resto, alguns autores, entre os quais se destaca *Charles Adams*, o sucesso desse Império que, não nos podemos esquecer, durou diversos séculos e significou um tremendo progresso civilizacional, do qual continuamos a beneficiar ainda hoje, sobretudo no domínio do direito.

Todavia, durante a Idade Média e, depois, durante todo o período em que se desenrola o processo relativamente lento e moroso do centralismo e absolutismo do poder monárquico, que haveria de constituir o suporte daquilo a que *Machiavel* designou por *lo stato*, o estado moderno, o financiamento do estado tinha basicamente um suporte patrimonial. Pelo que, desse ponto de vista, tínhamos um *estado patrimonial*, em que o Estado, ou melhor a Coroa, era titular de um conjunto significativo de rendimentos provenientes do seu património e direitos realengos. Rendimentos que, à medida em que se começa a afirmar a nova realidade constituída pelo estado, integram também os provenientes da actividade económica ou actividade empresarial que começou a assumir. Daí que os impostos, que durante a Idade Média foram preferentemente designados por contribuições, não tivessem o papel e o significado que têm no que designamos por estado fiscal.

Aliás o próprio Estado Português foi financiado dessa maneira: primeiramente com base nos rendimentos provenientes da propriedade imobiliária e dos direitos realengos da Coroa e, depois da expansão ultramarina, também com base nos direitos de concessão da exploração do comércio e dos territórios coloniais. Não era, portanto, um estado que tinha o seu suporte principal em impostos, embora estes também existissem, se bem que com um peso e significado diversos dos que têm hoje[2].

Podemos, porém, dizer que esse tipo de estado, o estado patrimonial, está hoje ultrapassado. Trata-se, pois, de um estado que não existe mais.

---

[2] O que não quer dizer que esses impostos não fossem considerados pesados, até muito pesados, por quem os suportava, que eram apenas os integrantes do terceiro estado ou o povo, encontrando-se o clero e a nobreza excluídos da tributação com base na ideia estes já contribuíam para o bem comum enquanto *oratores* e *bellatores*, respectivamente.

Efectivamente, o suporte financeiro do estado não é mais dominado pelas receitas patrimoniais ou por receitas patrimoniais e empresariais, tendo tais receitas um carácter manifestamente residual ou mesmo marginal.

1.2. *A exclusão do estado empresarial*

Mas, ao lado do que designamos por estado patrimonial, houve outras experiências históricas. Temos o que podemos designar por *estado empresarial*, em que o estado se assume como agente económico, que produz e distribui primariamente bens e serviços, como foi (ou é, na medida em que ainda subsiste) o estado socialista. Pois, embora os acontecimentos que afectaram esta forma de estado se tenham verificado no século e milénio passados, somos suficientemente velhos para já termos assistido ao colapso duma tal forma de estado, após a queda do Muro de Berlim.

Uma forma de estado que, devemos assinalar, relativamente a economias atrasadas, como era indiscutivelmente a russa quando caiu a monarquia czarista em 1917, não deixou de ter algum êxito, pois conseguiu industrializar países, muito embora, depois, não tenha conseguido dar o salto para sociedades de bem-estar, como prometera. Um êxito em relação ao qual não podemos deixar de dizer e de sublinhar que o mesmo foi conseguido com custos humanos tremendos[3].

Não admira, por isso, que o *estado fiscal* tenha triunfado em toda a linha, alastrando aos antigos países socialistas dominados e doutrinados pela então União Soviética. Daí que hoje tenhamos por toda parte um estado fiscal. Um estado que é financiado predominantemente através de tributos unilaterais, isto é, através de impostos.

2. A falsa alternativa de um estado taxador

Porém, a exclusão de um estado patrimonial ou empresarial, como os existentes no passado, não impõe como única solução um estado fiscal, um estado financiado exclusiva ou predominantemente por impostos. Pois, podemos perguntar se não é possível conceber um estado que seja finan-

---

[3] Uma afirmação que não é posta em causa pelo facto de todos os processos históricos de industrialização terem tidos os seus altos custos em sede dos direitos humanos.

ciado predominantemente através de tributos bilaterais, isto é, através da figura das taxas. Um estado em que, em vez de serem todos os cidadãos a pagar e suportar o conjunto dos serviços públicos, ser cada um a pagar a sua parte, a pagar a parte dos serviços públicos de que beneficia ou cujos custos causa. O que levaria a um estado predominantemente assente na figura tributária das taxas, o qual, devido à tradicional falta de um adjectivo correspondente ao substantivo taxas, vimos designando por *estado tributário*[4], muito embora recentemente tenha sido sugerida para o designar a expressão *estado taxador*, a qual acabámos, de resto, por utilizar na epígrafe deste ponto[5].

Uma ideia que vem, aliás, entusiasmando alguns autores, não para a aplicar ao conjunto dos impostos e ao conjunto das despesas do estado, mas no respeitante a certos sectores ou segmentos da mais recente actuação do estado, como é o relativo à tutela ou protecção do ambiente e, a seu modo, o domínio da actual regulação económica e social. De facto, no chamado domínio da protecção ambiental, há quem defenda que as despesas ambientais podem e devem ser financiadas através de tributos bilaterais, através portanto de eco-taxas, em vez de eco-impostos. Por seu lado, em sede do financiamento das múltiplas agências de regulação, que o actual estado regulador vem engendrando, procura-se a todo o custo apelar a tributos ou contribuições que, ao menos aparentemente, não se configurem como impostos.

Mas, respondendo mais especificamente a essa questão, devemos adiantar que, nem em sede do financiamento geral do estado, nem em sede do específico financiamento da protecção do ambiente ou da regulação económica e social, a figura das taxas está em condições de se apresentar como suporte financeiro principal do estado nos tempos que correm.

2.1. *Em sede do estado em geral*

Assim, será viável o estado, em geral, ser financiado principalmente por tributos bilaterais, por taxas, em vez de o ser por tributos unilaterais ou impostos? Respondemos facilmente a esta questão dizendo que não,

---

[4] V., por todos, o nosso livro *O Dever Fundamental de Pagar Impostos*, cit., p. 199 e ss.

[5] V. nesse sentido, Sérgio Vasques, *O Princípio da Equivalência como Critério de Igualdade Tributária*, Tese de Doutoramento, Faculdade de Direito de Lisboa, 2007, p. 15 e ss. Uma expressão que assim corresponderá à de *Gebührenstaat* utilizada na Alemanha.

Reforma tributária num estado fiscal suportável   73

porque há todo um conjunto de bens, os bens públicos, cujos custos não podem ser repartidos pelos utentes, antes têm de ser suportados pelo conjunto dos cidadãos, por todos os contribuintes.

Entre esses bens temos, de um lado, um conjunto de bens, correspondentes às funções clássicas do estado, às funções do estado *tout court*, como os bens públicos constituídos pela defesa nacional, pela política externa, pela política económica, pela política financeira, pela segurança e protecção policiais, etc., os quais, porque se trata de bens públicos por natureza, bens insusceptíveis de divisão nos seus custos pelos que deles beneficiam, não podem ser financiados por tributos bilaterais ou taxas, antes têm de ser suportados por tributos unilaterais ou impostos. Portanto esses bens públicos, porque se apresentam como *bens públicos por natureza*, não podem ser financiados senão por impostos.

Para além disso, no estado social, que as actuais constituições consagram, há um conjunto de bens públicos, que embora os seus custos possam ser repartidos pelos correspondentes utentes, como os relativos à saúde, à educação, à habitação, à segurança social, ou seja, os relativos aos direitos que designamos por direitos sociais, o certo é que, por exigência das próprias constituições, esses direitos devem ser estendidos a todos os cidadãos, mesmo àqueles que não têm condições de os realizar através do funcionamento do mercado. Portanto àqueles aos quais o mercado não oferece condições de saúde, educação, habitação, previdência social, etc.

Todo um conjunto de bens, que não constituem bens públicos por natureza como os integrantes daquele primeiro grupo, mas apresentam-se antes como *bens públicos por imposição constitucional*. De facto é, por força de uma estrita exigência constitucional, que os custos com esses bens têm de ser suportados por todos os contribuintes, e não apenas por quem é seu destinatário[6].

2.2. *Em sede da protecção ambiental*

Mas, se em geral, como acabamos de ver, está excluído um estado principalmente financiado através de taxas, será viável ao menos um

---

[6] Cf. os nosso textos *O Dever Fundamental de Pagar Impostos*, cit., p. 210 e ss., e «A face oculta dos direitos fundamentais: os deveres e os custos dos direitos», agora em *Por uma Liberdade com Responsabilidade – Estudos sobre Direitos e Deveres Fundamentais*, Coimbra Editora, Coimbra, 2007, p. 163 e ss. (186 e ss.).

estado tributário no domínio do direito ao ambiente, um estado financiado através de taxas ambientais?

À primeira vista, parece que sim. Há até um princípio estruturante do direito ambiental que parece ir claramente nesse sentido, que é o *princípio do poluidor-pagador*. Então, à primeira vista, parece que um tal caminho poderia ser facilmente trilhado, concretizando a ideia de cada um suportar, pagar a poluição que produz, financiando-se as correspondentes despesas públicas através de eco-taxas, em vez de eco-impostos.

Mas essa é uma maneira apenas superficial de ver a realidade. E notem que não estou falando de todo o direito ambiental, mas apenas do seu segmento mais visível, que é o segmento das emissões poluentes. O problema é que à realização desse princípio do poluidor-pagador se deparam alguns obstáculos praticamente inultrapassáveis.

Desde logo, cabe-nos perguntar: quem é o poluidor? Muitas vezes não se sabe. A poluição é difusa ou mesmo muito difusa. Portanto, como vamos conseguir que seja o poluidor a pagar, se não sabemos, à partida, quem é o responsável pelas emissões poluentes.

É certo que, em muitos casos, sabemos, ou podemos saber sem dificuldade de maior, quem é o responsável pelas emissões poluentes. Todavia, mesmo num tal caso, é muito difícil proceder ao *teste da proporcionalidade* em que assentam todos os tributos bilaterais ou taxas, isto é, estabelecer a proporção entre as emissões e os correspondentes custos, a fim de os imputar a cada um dos poluidores através de taxas ambientais. Efectivamente, verificam-se as maiores dificuldades na concretização da ideia de proporcionalidade entre a prestação e a correspondente contraprestação específica, ou seja, na medição ou mensuração da taxa a pagar em função da poluição provocada.

Pelo que, mesmo nesse sector mais restrito do direito do ambiente, em que, pelo menos *prima facie*, parecia fácil socorrermo-nos da figura das taxas, chegamos à conclusão de que não é viável que o estado seja suportado maioritariamente por tributos bilaterais ou taxas, em vez de tributos unilaterais ou impostos.

Pelo que, tendo em conta o que vimos de dizer, o suporte financeiro do estado não dispõe em hoje em dia de verdadeira e real alternativa à concretizada no estado fiscal, ou seja, o suporte financeiro do estado não pode ser outro senão o proporcionado pelos impostos.

2.3. *Em sede da actual regulação*

O que, devemos acrescentar, não quer dizer que a figura tributária das taxas ou de outras contribuições financeiras a favor de entidades públicas, para utilizarmos a expressão mais que criticável introduzida na nossa Constituição com a Revisão Constitucional de 1997, a qual foi depois repetida nos arts. 3.º e 4.º da Lei Geral Tributária (LGT) de 1999[7], não venham procurando ganhar o seu espaço, designadamente no quadro do que vimos designando por *estado regulático*. O qual, devemos sublinhá-lo, para os cidadãos, ou melhor para os contribuintes, não se revela um grande progresso, uma vez que a conta que temos de pagar, ou seja, a carga fiscal que temos de suportar, não dá quaisquer sinais de abrandar e, menos ainda, de diminuir, tendo, bem pelo contrário, vindo a aumentar constantemente nos últimos anos[8].

Com efeito, as múltiplas e diversificadas agências de regulação que este vem engendrando, muitas delas de discutível justificação (que não seja a de manter o estado economicamente intervencionista agora por vias diversas das do passado), tendem a ser financiadas fundamentalmente por tributos designados por taxas, muito embora a maioria delas não passe de verdadeiros impostos, de verdadeiros impostos de repartição cuja particularidade maior reside no facto de se apresentarem como impostos com receita consignada à respectiva agência reguladora sectorial ou geral. Pois, na sua criação, tem-se seguido invariavelmente sempre o mesmo processo, qual seja o de calcularem antecipadamente os custos financeiros que a criação e estruturação de determinada agência reguladora originam para, depois, repartirem integralmente esses custo pelos conjuntos dos regulados, independentemente de um qualquer teste de proporcionalidade entre o serviço prestado pela agência reguladora e o benefício proporcionado ao ou custo provocado pelo respectivo regulado[9].

Uma solução que se inscreve, devemos dizê-lo sem temores nem complexos, de um lado, no fenómeno do crescente esgotamento da figura

---

[7] Cujo regime remete para lei especial (n.º 3 do art. 3.º), considerando de resto as clássicas contribuições especiais impostos (n.º 3 do art. 4.º) – v. o que dizemos *infra* na nota 39.

[8] O que patenteia, de um tal ponto de vista, um estado tão ou mais opressivo do que o seu antecessor que, afinal de contas, se pretende desmantelar – v. o nosso livro, *A Autonomia Financeira das Autarquias Locais*, Almedina, Coimbra, 2007, p. 75 e ss. (83).

[9] V. o que dizemos *infra*, no ponto III.5.6.

dos tributos unilaterais ou impostos como meio de financiamento destas novas formas de actuação económica e social do estado e, de outro lado, na dificuldade visível em esse financiamento se poder obter através da figura dos tributos bilaterais ou taxas, uma vez que se verifica uma verdadeira impossibilidade prática relativamente à realização do correspondente teste da proporcionalidade[10].

II. O SISTEMA FISCAL DO SÉCULO XX

Descrita a realidade em que se consubstancia o estado fiscal, impõe-se agora questionarmo-nos sobre como organizar o conjunto dos impostos ou, em termos mais amplos, dos tributos, nos tempos que correm. Trata-se, como é fácil de ver, do problema de qual será a evolução previsível e desejável para os sistemas tributários, em relação aos quais podemos perguntar como é que estes sistemas foram evoluindo durante o século XX, que foram basicamente sistemas fiscais, bem como das perspectivas que se perfilam para a evolução dos mesmos no século XXI, em que ao lado dos impostos parecem ganhar terreno os tributos bilaterais.

Todavia, antes de analisarmos a evolução e as perspectivas de evolução dos sistemas fiscais, permitam-me uma consideração prévia sobre a questão de saber o que entendemos por século XX, enquanto suporte duma certa compreensão em termos políticos e jurídicos do mundo, uma vez que o mesmo está longe de coincidir com o que cronologicamente foi o século XX.

1. O século XX político e jurídico

Ora bem, a este respeito, temos para nós que o século XX foi um século muito curto, cronologicamente falando. Embora tenha sido muito

---

[10] V. neste sentido e por todos, CARLOS BAPTISTA LOBO, «Reflexões sobre a (necessária) equivalência económica das taxas», *Estudos Jurídicos e Económicos em Homenagem ao Prof. Doutor António de Sousa Franco*, Coimbra Editora, 2006, p. 409 e ss.

longo do ponto de vista dos acontecimentos dramáticos que nele tiveram lugar, o século XX foi, contudo, do ponto de vista da duração dos quadros de compreensão política e jurídica da sociedade e do estado, da duração das concepções políticas e jurídicas em que apoiou, um século relativamente curto, pois começou em 1919, mais precisamente com a Constituição de Weimar, e terminou rigorosamente no ano de 1989, com a queda do muro de Berlim e a consequente implosão da União Soviética. Afinal um século de 70 anos, durante o qual houve tempo para destruir e reconstruir a Europa e construir o actual estado social que, é bom lembrar e sublinhar, permitiu a maior prosperidade e bem-estar alguma vez antes alcançados pela humanidade.

Efectivamente, foi no século XX que os estados construíram e consolidaram o actual estado social, tendo, num tal quadro, criado e desenvolvido sistemas fiscais que continuam a ser o paradigma do progresso do estado moderno. Um estado social que, em rigor, começou a ser erguido no fim da Primeira Guerra Mundial. Pois, como se sabe, os estados, por força do próprio conflito, tiveram que intervir e intervir fortemente na economia, a qual, em certa medida, foi mesmo objecto de uma verdadeira militarização.

Assim, quando se chegou ao fim do conflito, em 1918, pôs-se o problema de saber o que fazer: voltar ao estado liberal anterior ou continuar com o intervencionismo de guerra, o qual, entretanto, deixara de fazer qualquer sentido. Ora, nenhuma das soluções era viável. Retornar ao estado liberal anterior era muito difícil, pois havia muitas actividades que o estado assumira, que não podia mais abandonar. Por sua vez, continuar como estavam, era continuar desnecessariamente uma economia de guerra quando o que era preciso era uma economia de paz voltada para o crescimento e desenvolvimento económicos ao serviço do bem-estar dos cidadãos.

Além disso, faltava um suporte teórico para a intervenção económica do estado fora do cenário de guerra, um suporte que só viria a surgir em 1936, com a publicação por *J. M. Keynes* do seu célebre livro *General Theory of Empoyment, Interest and Money*. Daí a hesitação entre o regresso ao liberalismo anterior e a manutenção do intervencionismo económico que havia sido imposto pela guerra, sendo certo que este era facilmente associado pelo pensamento liberal a regimes autoritários ou ditatoriais. O que não deixou, a seu modo, de se verificar, pois os estados, que optaram por manter o intervencionismo, assumiram, em sede económica, uma feição dirigista e, em sede política, um carácter autoritário ou totalitário, como aconteceu em diversos países europeus nos anos vinte e trinta do século passado[11].

Foi, todavia, depois da Segunda Guerra Mundial, que se conseguiu assumir positivamente o intervencionismo económico do estado, compatibilizando-o com o estado de direito e com o estado democrático. O que conduziu ao estado social de direito ou, para nos referirmos à União Europeia, ao chamado *modelo social europeu*, que tanto êxito teve, embora presentemente comece a revelar sinais de crise.

2. A construção do sistema fiscal do estado social

Mas, como é que as coisas se passaram em sede do direito fiscal ou, por outras palavras, no domínio do conjunto dos impostos? Naturalmente que o sistema fiscal, como não podia deixar de ser, foi chamado a contribuir para a realização deste novo modelo de estado, contribuindo para a referida intervenção na economia. Aceitou-se, portanto, que o sistema de impostos, o sistema fiscal, pudesse ser colocado pelo estado ao serviço da intervenção económica e social, contribuindo, dessa forma, para moldar a própria comunidade. O que foi feito por diversas vias.

Por um lado, o sistema fiscal evoluiu para um sistema que comportasse esse intervencionismo económico e social. O que conduziu a uma tributação mais diversificada e intensa de modo a obter as receitas acrescidas que o estado intervencionista exigia, tendo, por conseguinte, aumentado significativamente o nível da fiscalidade ou da carga fiscal.

Por outro lado, o sistema fiscal, quer no seu conjunto, quer sobretudo através dos impostos sobre o rendimento, é convocado para ser suporte de uma empenhada redistribuição do rendimento. O que significou a defesa da evolução dos sistemas fiscais no sentido de deslocar a carga fiscal dos impostos indirectos, sobretudo dos impostos sobre o consumo, para os impostos sobre o rendimento e, dentro destes, para os impostos de natureza pessoal caracterizados sobretudo por serem impostos de taxa ou alíquota progressiva. Por isso, nas reformas fiscais levadas a cabo nesse período,

---

[11] Cf. o nosso livro *Contratos Fiscais (reflexões acerca da sua admissibilidade)*, Coimbra Editora, Coimbra, 1994, p. 148 e ss.

pretendeu-se sempre que o sistema fiscal assentasse cada vez mais em impostos directos e impostos de natureza pessoal, diminuindo, em contrapartida, progressivamente o tradicional peso dos impostos indirectos.

Enfim, para os impostos indirectos, os impostos sobre o consumo, que todavia não podiam ser de todo eliminados e substituídos por impostos directos, impostos sobre rendimento ou o património, defendia-se que os mesmos fossem substituídos por um imposto geral sobre o consumo de bens e prestações de serviços, acabando assim com os múltiplos impostos especiais que tradicionalmente oneravam o consumo. O que praticamente foi conseguido na Comunidade Económica Europeia, actual União Europeia, em que, por razões que se prendem com existência e o funcionamento do próprio mercado interno, foi instituída a harmonização da tributação do consumo, tendo sido imposta aos Estados membros a adopção do Imposto sobre o Valor Acrescentado (IVA), e a harmonização da legislação dos impostos especiais sobre o consumo que subsistiram, os impostos sobre consumos específicos como são o imposto sobre o tabaco, o imposto sobre o álcool e as bebida alcoólicas e o imposto sobre os óleos minerais.

De resto, o IVA, pelas características que tem, veio a revelar-se uma verdadeira estrela, uma verdadeira história de sucesso, o que é extremamente raro sobretudo em matéria de impostos. De facto, inventado em 1954 pelo francês *Maurice Lauré*, foi adoptado primeiramente em França e, depois, na então Comunidade Económica Europeia e em mais de cem países, com diverso grau de desenvolvimento económico[12].

A razão do seu sucesso prende-se com as suas características. De um lado, com a neutralidade económica, pois não prejudica a actividade económica, como em geral acontece com os outros tipos de tributação do consumo. De outro lado, com o facto de assentar numa técnica tributária que obsta à fraude, já que tanto os vendedores como os compradores de bens

---

[12] Sobre a história da adopção do IVA, v. o próprio M. LAURÉ, *Science Fiscale*, Puf, 1993, p. 248 e ss. É de assinalar que, no quadro da discussão da reforma da tributação do consumo travada em França no início dos anos cinquenta do século passado, estiveram em disputa duas propostas de tributação geral do consumo, pois ao lado da concretizada no imposto tipo IVA de Maurice Lauré, esteve a apresentada por Eugène Schueller, fundador da l'Oréal, baseada num imposto geral sobre o consumo de energia, imposto que, acrescente-se, não tinha na altura por base qualquer preocupação de natureza ambiental. V. também TÚLIO ROSEMBUJ, *Los Tributos y la Protección del Médio Ambiente*, Marcial Pons, Madrid, 1995, p. 109 e s.

têm todo o interesse em facturar o IVA nas vendas e compras que efectuam, a fim de poderem deduzir o IVA que suportaram[13].

Por sua vez, em sede dos impostos directos, os impostos sobre o rendimento, estes deviam ser objecto de uma personalização tão grande quanto possível. Um desiderato que se obteria através do alargamento da base tributável e de taxas ou alíquotas progressivas. Pois uma evolução no sentido dessa personalização seria um importante factor de justiça.

E de facto, os sistemas fiscais foram evoluindo nesse quadro até à década de oitenta do século passado, o que levou praticamente a um contínuo aumento do nível da fiscalidade ou da carga fiscal. Aumento esse que foi o preço a pagar para termos um estado fiscal social, um estado fiscal comprometido com determinado tipo de sociedade, uma sociedade em que se garantem não só os clássicos direitos de liberdade, mas também os mais modernos direitos sociais.

3. A evolução do sistema fiscal em Portugal

Mas vejamos, de uma maneira naturalmente muito sumária, como as coisas evoluíram nesse domínio no nosso país.

3.1. *A ilusão prematura da modernidade*

Pois bem, relativamente a Portugal, podemos dizer que a ideia de um sistema fiscal com cariz redistributivo teve uma expressão precoce, na reforma fiscal levada a cabo em 1922[14]. Uma reforma fiscal que tentou

---

[13] Pois todo o IVA deve ser suportado pelos consumidores finais, apresentando-se os sujeitos passivos do IVA como meros intermediários na cobrança do imposto. Por isso, estão obrigados apenas a entregar ao Estado diferença positiva entre o IVA que facturaram e cobraram nas vendas (*outputs*) e o IVA que lhes foi facturado e que suportaram nas aquisições (*inputs*). Em contrapartida têm direito à compensação ou reembolso do IVA que suportaram nas aquisições e não foi recuperado nas vendas.

[14] Uma precocidade revelada já noutras fases da nossa história, como bem o demonstra a criação em 1641 do primeiro imposto moderno, a décima militar, o primeiro imposto geral sobre o rendimento de que há notícia. Cf. o nosso *Direito Fiscal*, 4.ª ed., Almedina Coimbra, 2007, p. 469 e ss. e J. G. Xavier de Basto, *IRS. Incidência Real e Determinação dos Rendimentos Líquidos*, Coimbra Editora, Coimbra, 2007, p. 13 e ss.

alinhar por uma tributação pessoal do rendimento baseada em taxas ou alíquotas progressivas.

Todavia, os autores dessa reforma esqueceram-se que a nossa estrutura económica, própria de um país rural e atrasado, não comportava na altura tão arrojada reforma. Pois, em virtude da inexistência de um assalariado próprio de um país industrializado, os destinatários de um tal imposto sobre o rendimento eram maioritariamente os funcionários públicos. Por isso, esse imposto sobre o rendimento não se encontrava minimamente apto a proporcionar uma qualquer receita significativa.

3.2. *O realismo de Salazar*

Depois, veio o *Professor Oliveira Salazar*, o qual, numa reforma aprovada em 1929, veio pôr termo às utopias alimentadas em 1922, estabelecendo, com grande realismo, uma tributação do rendimento assente numa tributação cedular, normal e com taxa ou alíquota proporcional. Uma reforma que nos legou um sistema fiscal que, na época, funcionou razoavelmente até à década de sessenta, em que foi aprovada a reforma fiscal gradualmente concretizada entre os anos de 1958 e 1966.

O que se ficou a dever, basicamente, ao facto de o sistema fiscal, assim pensado e construído, ter acabado por corresponder ao grau de desenvolvimento económico e social que Portugal tinha na altura. Pois demonstrou, para além do mais, uma razoável dose de bom senso de que jamais se pode prescindir. Justamente por isso, compreende-se que o sistema fiscal tenha começado a revelar-se desadequado ao sistema económico e social quando este, sobretudo a partir dos finais dos anos cinquenta, começou a experimentar um certo grau de desenvolvimento decorrente de uma pequena abertura da economia portuguesa a que, por certo, não foi alheio a nossa participação em organizações económicas internacionais como a OCDE e a EFTA.

3.3. *O bom senso na reforma de Teixeira Ribeiro*

Por isso, na reforma fiscal gradualmente concretizada entre os anos de 1958 e 1966, que foi uma reforma global e profunda do sistema fiscal, com particular destaque para a tributação do rendimento, procurou adaptar-se o sistema fiscal português ao grau de desenvolvimento económico intermédio que a nossa economia então vinha experimentando. Por isso, nessa reforma, a cuja Comissão presidiu o *Professor Teixeira Ribeiro* (que estava longe, bastante longe mesmo, de ser um apoiante do regime político de Salazar), tentou-se um razoável equilíbrio, combinando, em sede da tributação do rendimento, a tributação pessoal com a tributação real e a tributação cedular com a tributação complementar e, em sede mais geral, um equilíbrio da tributação do consumo com a tributação do rendimento.

Um sistema fiscal que, não obstante o retrocesso que a implementação dessa reforma acabou por experimentar no terreno[15], funcionou, apesar de tudo, moderadamente bem até à Revolução de 25 de Abril de 1974, como um sistema fiscal intermédio, próprio de um país em vias de desenvolvimento, situado entre os sistemas mais avançados dos países desenvolvidos e os sistemas mais atrasados dos países não desenvolvidos. Todavia, com processo revolucionário que se seguiu, o sistema fiscal em causa, como o sistema económico em que se inseria, entrou praticamente em colapso, muito embora a sua reforma só nos anos oitenta venha a ser levada a cabo.

3.4. *O programa de reforma fiscal da Constituição de 1976*

Todavia, na Constituição aprovada em 1976 figurava um relativamente ambicioso programa de reforma fiscal, o qual propunha para Portugal um sistema fiscal cuja estrutura se aproximasse da dos sistemas fiscais então vigentes na generalidade dos países desenvolvidos. Programa esse que, com a reforma fiscal levada a cabo posteriormente (em 1985/86, 1988/89 e 2003/04), passou estar concretizado na lei, deixando de ser um programa de reforma fiscal para ser o quadro constitucional do sistema fiscal.

Pois bem, a nossa Constituição recorta o desenho do sistema fiscal português em dois momentos. Num primeiro momento, quando fixa as finalidades do sistema fiscal, estabelecendo no art. 103.º, n.º 1, que o sistema fiscal tem, em primeiro lugar, uma finalidade financeira, pois "visa a satisfação das necessidades financeiras do Estado e outras entidades pú-

---

[15] Denunciada de resto pelo próprio *Professor Teixeira Ribeiro* num artigo expressivamente intitulado a contra-reforma fiscal – J. J. Teixeira Ribeiro, «A contra-reforma fiscal», *Boletim de Ciências Económicas*, XI, 1968, p. 115 e ss.

blicas" e, em segundo lugar, uma finalidade de carácter extrafiscal, já que visa também "uma repartição justa dos rendimentos e da riqueza".

E, num segundo momento, quando recorta, mais em pormenor, os exactos contornos do nosso sistema fiscal no art. 104.°, em que se prevê 1) um imposto único e progressivo sobre o rendimento pessoal[16], 2) a tributação pelo lucro real como regra da tributação do rendimento das empresas, 3) uma tributação do património que contribua para a igualdade dos cidadãos, ou melhor, para a atenuação das desigualdades, e 4) uma tributação do consumo adaptada ao desenvolvimento económico e à justiça social.

3.5. *A reforma fiscal do estado social*

Foi porém, com a reforma fiscal da década de oitenta, mais precisamente de 1985/86 para a tributação do consumo (criação do Imposto sobre o Valor Acrescentado = IVA), e de 1988/89 para a tributação do rendimento (criação do Imposto sobre o Rendimento das Pessoas Singulares = IRS, e do Imposto sobre o Rendimento das Pessoas Colectivas = IRC), a qual foi adoptada já sob o signo da nossa adesão à Comunidade Económica Europeia, que se verificou em 1986, que apanhámos o comboio dos sistemas fiscais desenvolvidos da Europa Ocidental.

Mas, como é fácil de ver, apanhámos esse comboio justamente nos últimos anos em que esse comboio circulava. De facto, depois da queda do Muro de Berlim, as relações económicas começam a ser pensadas de outra maneira, ou seja, nos termos reclamados por uma economia tendencialmente aberta a nível mundial, suportada no conhecido fenómeno da globalização económica que atinge todos os domínios da acção estadual, incluindo também o dos impostos. De resto, é de sublinhar, como já referimos, Portugal chegou atrasado à instituição de um sistema fiscal correspondente ao estado social. O que sucedeu de resto, ou está ainda a suceder, com os países menos desenvolvidos. Pois só em 1988-89 adoptámos uma tributação do rendimento consentânea com esse tipo de estado. Portanto, num momento em que nos estados mais desenvolvidos se começava a questionar esse tipo de sistema fiscal.

---

[16] Características estas que jamais se concretizaram, uma vez que a tributação dos rendimentos de capitais tiveram sempre em sede do IRS uma tributação separada e proporcional – cf. *infra*, ponto III.5.3.

Por isso mesmo, o sentido da evolução dos sistemas fiscais, que vinha sendo trilhado desde o segundo conflito mundial, que se julgava no caminho do sentido da história, começa a ser seriamente questionado e mesmo a inverter-se. Com efeito, aos fenómenos da internacionalização e integração económicas, iniciados efectivamente de imediato à Segunda Guerra Mundial e que alcançaram um significativo progresso durante o século passado, veio juntar-se o fenómeno bem conhecido da globalização suporte de uma integração económica (e mesmo política) verdadeiramente forçada que atinge todos os domínios da acção estadual, a que não ficou imune o próprio campo dos impostos.

III. A REFORMA TRIBUTÁRIA NO SÉCULO XXI

1. A internacionalização, integração e globalização económicas

Mas a internacionalização e integração regional económicas, de um lado, e a crescente globalização económica, de outro, vieram questionar, e questionar muito seriamente, a evolução do estado social e, por conseguinte, trazer problemas em sede dos sistemas fiscais. Do ponto de vista da estrutura vertical, o sistema tornou-se muito complexo. Com efeito, à complexidade horizontal, espelhada na existência de diversos impostos sobre o rendimento, sobre o consumo e sobre o património, veio juntar-se a complexidade da sua estrutura vertical.

Pois, mesmo em estados de feição unitária, como o português, temos diversos níveis de poder tributário e, por conseguinte, diversos níveis de impostos. Assim, ao lado dos impostos estaduais, passou a haver também impostos regionais e impostos municipais. O que significa que os tradicionais estados unitários passaram a ter problemas de algum modo idênticos aos dos estados com estrutura federal. Por conseguinte o sistema fiscal tornou-se mais complexo e, por isso mesmo, aumentaram as dificuldades.

Mas o problema maior que começámos a sentir nos finais do século XX, mais precisamente nos finais dos anos setenta e oitenta, não tem a ver com essa complexidade do estado, mas antes com o financiamento do estado encontre-se ele desdobrado ou não por essas estruturas verticais. Efectivamente o problema fiscal tem antes a ver com o excessivo peso dos impostos, com a excessiva carga fiscal. Ou seja, trata-se de saber qual é o *limite superior* da tributação.

Um limite da tributação que, durante os anos oitenta do século passado, foi objecto de discussão em dois planos, o que conduziu naturalmente a dois tipos de solução. De facto, nos países mais desenvolvidos onde o problema dos limites da carga fiscal mais se fazia sentir, tanto na literatura jurídica e económica, como na arena política, encontramos dois planos de discussão para o excesso da carga fiscal.

Uma discussão *jurídica*, que procurava uma solução jurídica, a qual, em geral, foi no sentido de introduzir na própria Constituição alguns limites à tributação. Limites que comportavam uma diversidade de propostas ou manifestações, tais como as concretizadas em limites à despesa pública, ao número de servidores públicos, à taxa ou alíquota de certos impostos, com destaque para o imposto sobre o rendimento pessoal, etc.

E uma discussão *política*, na qual se pugnou por uma solução política a encontrar na arena democrática do estado, traduzida em os partidos políticos, através de seus candidatos ao governo, apresentarem programas de redução ou de limitação dos impostos. Foi por este caminho que enveredaram os Estados Unidos da América, com a eleição de *Ronald Reagan*, o Reino Unido, com a eleição de *Margaret Thatcher*, e a Suécia, com a eleição de um governo conservador. De facto, todas as forças políticas, que ganharam as eleições nesses países, apresentaram ao eleitorado programas de redução muito significativa da carga fiscal.

O que demonstra que o problema do aumento contínuo da carga fiscal, reclamado sobretudo por uma certa concretização prática do estado social, cujo traço mais visível começava a ser o da sua crescente ineficiência, teve resposta. E uma resposta, devemos sublinhar, cujo teste, como tem sido largamente reconhecido, revelou um significativo êxito.

Um problema que o fenómeno da globalização, que vem engendrando a nível mundial uma liberdade de circulação para os capitais, para os bens e até, embora menor grau, para as pessoas[17], veio modificar por completo, já que começou a haver uma verdadeira concorrência entre os estados em diversos domínios, entre os quais se inclui o domínio da tributação. Em consequência disso, os estados estão a perder parte da sua

---

[17] Pois há uma visível diferença entre a mobilidade do capital e o factor de produção constituído pelo trabalho, uma vez que este, a menos quando seja altamente qualificado, tem fraca mobilidade.

soberania fiscal, não podendo mais, se quiserem conservar uma economia aberta, instituir ou manter os impostos que bem entenderem.

Daí que o problema que está surgindo seja justamente o problema contrário. Vejam como as coisas mudaram. Agora é o problema do *limite inferior da tributação*, que a concorrência fiscal entre os estados está a colocar. Efectivamente, cada estado, para atrair as empresas estrangeiras, os investimentos estrangeiros, oferece cada vez mais uma tributação atractiva, uma tributação portanto menor. Temos assim uma competitividade, uma concorrência entre sistemas fiscais que leva os estados a reduzir sobretudo a tributação das empresas.

Assim, ao contrário do que sucedeu até ao fim do século XX, em que o problema fiscal era o do excessivo peso dos impostos, da excessiva carga fiscal, ou seja, o do *limite superior* da tributação, agora começa a encarar-se a hipótese inversa, a da eventual insuficiência das receitas fiscais para o estado poder desempenhar as suas funções, sejam as funções do estado *tout court*, sejam sobretudo as funções mais exigentes do estado social[18].

Pelo que podemos dizer que do problema do limite superior, acima do qual o sistema fiscal poderia assumir-se como confiscatório, passou-se, a seu modo, para o problema do limite inferior, abaixo do qual o sistema fiscal pode não assegurar o mínimo de meios necessários ao exercício das funções estaduais. Ou seja, a concorrência fiscal entre os estados, sem regras nem limites, pode levantar a questão da sustentabilidade financeira do estado. O que, devemos sublinhar, mais do que afastar o problema do limite máximo do estado fiscal, pode justamente recolocar esse problema enquanto suporte dum sistema fiscal com carácter confiscatório reportado aos contribuintes sem efectivas hipóteses de deslocar para outras jurisdições as suas manifestações de capacidade contributiva[19].

---

[18] Para além de muitas outras consequências, entre as quais se conta a de pôr à prova a tributação com base no princípio da capacidade contributiva – v., a este respeito, JOÃO RICARDO CATARINO, «Globalização e capacidade fiscal contributiva», *Cultura – Revista de História e Teoria das Ideias*, vol. 16/17, 2003, p. 473 e ss., e GÖTZ BLANKENBURG, *Globalisierung und Besteuerung. Krise des Leistungsfähigkeisprinzip?*, Hamburg, 2004.

[19] O que configura um *apartheid* fiscal que, diversamente do decorrente da evasão e fraude fiscais, não dispõe de qualquer via de solução no plano exclusivamente nacional cf. o que dizemos *infra*, nos pontos III.5.2 e III.5.6.

2. A manifesta complexidade fiscal dos estados

Por sua vez, na Europa, na velha Europa, os tradicionais estados unitários estão a perder poder de muitas maneiras para diversas estruturas. Na verdade, estão a perder poder tanto na sua distribuição vertical (para as estruturas supra-estaduais e estruturas infra-estaduais) como na sua distribuição horizontal (para corporações ou grupos de interesses). Assim, naquele primeiro segmento, os estados estão a perder poder quer para estruturas colocadas a montante do estado, como vem acontecendo em geral com todos os estados, enquanto membros da OMC, e em particular com os que encetaram processos de integração económica e política, como é o caso paradigmático da União Europeia, quer para estruturas a jusante do estado, como são as regiões em Itália e as comunidades autónomas em Espanha, e os municípios na generalidade dos países.

Por seu turno, no segundo segmento de redistribuição do poder do estado, temos a concretização na reivindicação e obtenção de parcelas de poder do estado por parte de corporações ou grupos de interesses, sejam as corporações antigas, como são as ordens profissionais, sejam os grupos de interesses mais recentes, das quais são exemplo paradigmático os eco-grupos (frequentemente transnacionais) centrados na defesa, não raro fundamentalista, dos mais diversos interesses nem sempre genuinamente ecológicos.

Aliás, a propósito dos grupos ecologistas, é de sublinhar que estes vêm exercendo cada vez mais significativas parcelas do poder do estado, decidindo importantíssimos assuntos da comunidade sem que ninguém lhes tenha conferido mandato para tal, sem se sujeitarem, portanto, a qualquer escrutínio democrático. O que põe em causa não só a perda do poder do estado através dessa "extorsão", mas também a base democrática do poder e do seu exercício, subvertendo o funcionamento democrático das actuais comunidades estaduais.

Perante esta situação, de um estado acossado no seu poder por estruturas internacionais e supranacionais, regionais e municipais, e poderosos grupos corporativos, bem assim minado nas suas receitas não só por essas estruturas com as quais tem de repartir as receitas, mas também com a necessidade de baixar o nível de fiscalidade em virtude do fenómeno da globalização e da concorrência fiscal, perguntamos se o estado não se encontra à beira da falência, sobretudo o estado social.

3. A sustentabilidade do estado social em concorrência fiscal

Mas, como estamos vendo, esse problema, isto é, o problema da sustentabilidade do estado social está na ordem do dia. Certamente que se a concorrência com países como, por exemplo, a China ou a Índia for praticamente total, o que acontece já em alguns domínios presentemente, em que se paga várias vezes menos pela hora de trabalho, do que nos Estados Unidos ou na Europa, é evidente que será insustentável não apenas o estado social, mas até o próprio estado *tout court*.

Pelo que nos interrogamos sobre se não será necessário o estabelecimento de alguma regulação no plano internacional, isto é, não tenhamos medo das palavras, de algum proteccionismo, reportado não a cada estado, como ocorria no passado, mas a cada bloco que a integração económica e política vão engendrando, como são a União Europeia, o NAFTA, o Mercosul, etc. Na verdade, só num tal quadro se nos afigura ser possível salvar o estado social ou, na versão comunitária, o *modelo social europeu*, uma forma de estado moderno que, ainda assim, terá de ser objecto de alguma cura de emagrecimento.

Assim a manutenção do estado social, mesmo nessa versão mais modesta, implica para o sistema fiscal, mais especificamente para o sistema de tributação do rendimento pessoal, que efectivamente o suporta, importantes limitações quanto ao desenvolvimento que hoje em dia vem sendo proposto. Designadamente não pode dispensar a existência de impostos com taxas ou alíquotas progressivas que permitam a redistribuição do rendimento em que o estado social assenta. Daí que a subsistência deste modelo de estado não se apresente compatível com a proposta, presentemente na mesa e já adoptada por diversos países, de uma reforma da tributação do rendimento segundo o modelo protagonizado pela *flat tax revolution*[20].

4. A administração ou gestão privada dos impostos

Uma outra alteração que veio modificar significativamente os sistemas fiscais, agora em sede da aplicação dos impostos, tem a ver com a actividade de *administração* ou *gestão dos impostos*. Uma alteração da

---

[20] Cf. o que dizemos *infra*, no ponto III.5.5.

Reforma tributária num estado fiscal suportável 89

qual podemos dar conta através desta pergunta: como eram administrados ou geridos os impostos no passado e como são administrados ou geridos hoje em dia?

Pois bem, respondendo à questão tendo em conta o que se passa em Portugal, podemos dizer que actualmente a maior parte dos impostos, o que equivale a mais de noventa por cento das receitas provenientes de impostos, são administrados ou geridos pelas empresas.

São as empresas que lançam, liquidam e cobram o Imposto sobre o Valor Acrescentado, que é o que maior receita proporciona ao Estado, mais de um terço das receitas fiscais previstas no Orçamento. São elas que lançam, liquidam e cobram os impostos especiais sobre consumo, como são o imposto sobre o álcool e bebidas alcoólicas, o imposto sobre o tabaco e o imposto sobre produtos petrolíferos. Imposto este que proporciona uma receita praticamente igual à do imposto sobre o rendimento das sociedades (o Imposto sobre o Rendimento das Pessoas Colectivas). Assim como são elas que lançam, liquidam e cobram as quotizações dos trabalhadores por conta de outrem (os assalariados) para a segurança social.

Mais, mesmo o imposto em que não há autoliquidação, que é o imposto sobre o rendimento pessoal (o Imposto sobre o Rendimento das Pessoas Singulares), o segundo imposto mais importante em termos de receita (logo a seguir ao Imposto sobre o Valor Acrescentado), pois é lançado, liquidado e cobrado pela Administração Fiscal, pela Direcção-Geral dos Impostos, não há quaisquer dúvidas de que o papel mais importante é, todavia, desempenhado pelos próprios contribuintes e não pela Administração Fiscal. De facto, num tal imposto, a Administração Fiscal limita-se a fazer uma mera operação matemática inteiramente baseada nos elementos fornecidos pela declaração anual de rendimento do contribuinte, socorrendo-se para o efeito, de resto, de meios informáticos.

O que revela uma profunda alteração nas funções da Administração Fiscal. Pois, enquanto tradicionalmente tinha uma função activa, competindo-lhe lançar, liquidar e cobrar a generalidade dos impostos do sistema fiscal, presentemente essa função é uma função residual complementar da dos particulares e, sobretudo, da actividade de administração ou gestão dos impostos realizada pelas empresas. Na verdade, a sua função principal reside actualmente na fiscalização e controlo da actividade de administração ou gestão fiscal realizada pelas empresas, pois, em larguíssima medida, limita-se a fiscalizar e controlar as declarações anuais de rendi-

90 Estudos de Direito Fiscal

mentos feitas pelos contribuintes e, bem assim, a referida actividade de administração ou gestão fiscal levada a cabo pelas empresas.

5. A (nova) estrutura dos sistemas fiscais

Olhando agora para a estrutura que a necessidade de reforma do sistema fiscal reclama, alinhemos algumas notas, naturalmente, muito genéricas. Vejamos então.

5.1. *Os impostos aduaneiros*

Pois bem, começando pelos direitos aduaneiros, é de referir que esses impostos tiveram, em geral, muita importância no passado[21]. Todavia, hoje em dia, não têm, praticamente, qualquer significado. Desde logo, os direitos aduaneiros para os 27 Estados membros da União Europeia passaram, no quadro da união aduaneira que formam, a ser impostos próprios da União, os quais integram a conhecida Pauta Aduaneira Comum.

Por isso, embora cobrados por cada uma das administrações aduaneiras dos 27 Estados membros, constitui uma receita da União Europeia. Uma receita que, devemos acrescentar, não tem praticamente significado no conjunto das receitas da União. O que bem se compreende no quadro de economia aberta em que actualmente vivemos, o qual levou a que tais impostos não sejam mais vistos como instrumentos de política fiscal, que continua a pertencer aos Estados membros, mas antes como instrumentos de política comercial da União[22].

5.2. *A tributação do rendimento pessoal*

Por seu lado, no respeitante à tributação do rendimento pessoal, esta está enfrentando grandes problemas. De facto, hoje em dia, a tributação

---

[21] O que continua a acontecer nos países menos desenvolvidos. Em Portugal, podemos dizer que os impostos aduaneiros tiveram grande importância praticamente até meados do século passado.

[22] V. nesse sentido o nosso *Direito Fiscal*, cit., p. 80 e ss. Sobre alguns aspectos da política fiscal v. o nosso estudo «Política fiscal, desenvolvimento sustentável e luta contra a pobreza», *Ciência e Técnica Fiscal*, 419, Janeiro-Junho de 2007, p. 89 e ss.

progressiva do rendimento pessoal é praticamente uma tributação progressiva apenas do rendimento dos trabalhadores por conta de outrem. Na verdade, aquela ideia, que se foi consolidando no estado fiscal social, de tributar o rendimento global, proveniente do trabalho e do capital, e de tributar o rendimento de todos os residentes, com taxas ou alíquotas altas e progressivas, de modo a obter uma forte redistribuição do rendimento, não é mais do que uma piedosa intenção, uma verdadeira ficção. Na verdade, pretender tributar os juros, os *royalties*, os dividendos e outros rendimentos provenientes do capital com taxas ou alíquotas progressivas, é convidar à deslocalização dos capitais. E o mesmo vale, a seu modo, para os trabalhadores e profissionais altamente qualificados, os quais também se podem deslocalizar facilmente. É que, tanto num caso como no outro, estamos justamente perante um verdadeiro mercado mundial.

Daí que, sobretudo em sede da tributação do rendimento, venhamos assistindo à emergência de um verdadeiro fenómeno de *apartheid* fiscal, engendrado a uma escala efectivamente global entre os detentores de factores de produção ou suportes de actividades com elevada mobilidade e aqueloutros que proporcionam factores de produção ou se dedicam a actividades com nula ou muito escassa mobilidade. Ou seja, por outras palavras entre os "fugitivos" fiscais, que praticamente não pagam impostos, e os "cativos" fiscais, que acabam por arcar com os impostos deles e dos outros, sendo estes basicamente os trabalhadores, que assim assumem o amargo papel dos "estúpidos" que sobram para pagar os impostos[23].

Por isso e em termos mais gerais, podemos dizer que não é mais possível tentar tributar pesadamente o rendimento dos muito ricos ou mesmo dos ricos, uma vez que, perante tributações pesadas vão-se embora, votando assim com os pés, na célebre expressão de *Charles Tibeout*. Daí que os autores comecem a olhar com simpatia, de novo, para a tributação do consumo, tradicionalmente mal vista pelo seu carácter regressivo. É que, se os muito ricos ou mesmo ricos escapam facilmente à tributação do rendimento, não pagando pelo que ganham, então, ao menos, que paguem pelo que consomem, sendo certo que sempre consomem mais do que os pobres.

---

[23] Sobre esse carácter de impostos sobre "estúpidos", v. K. TIPKE/J. LANG, *Steuerrecht*, 18.ª ed., Köln, 2005, p. 16 e s., 188 e s., 217, 268 e s. e 372. Quanto ao *apartheid* fiscal, v. o nosso livro, *Direito Fiscal*, cit., p. 503 e ss.

5.3. *Os princípios clássicos da tributação*

Um outro problema que se coloca aqui diz respeito aos princípios clássicos da tributação, como os princípios da legalidade fiscal, da igualdade fiscal, da não retroactividade dos impostos, etc., que são princípios que se foram afirmando e consolidando enquanto limites da Administração Fiscal, quando esta tinha por missão lançar, liquidar e cobrar a generalidade dos impostos.

Mas, como vimos, isto não é mais assim, uma vez que quem administra ou gere a generalidade dos impostos, hoje em dia, são as empresas. Pelo que, limitando-nos apenas a considerar aqui o princípio da legalidade fiscal, é de perguntar: ainda fará sentido um tal princípio com o entendimento que dele conhecemos? É que são as empresas que fazem todo o trabalho de lançamento, liquidação e cobrança da generalidade dos impostos, afectando a essa tarefa importantes meios humanos e materiais. Por isso, pergunto se as empresas não deveriam ter um papel muito importante na definição de regime de administração dos impostos, pois são elas as destinatárias das normas que integram esse regime.

É curioso, porém, registar que as empresas não têm apresentado grandes reivindicações neste domínio. Pelo que respeita a Portugal, com alguma surpresa nossa, não temos visto os sectores empresariais fazerem reivindicações no sentido de as empresas participarem activamente no desenho do modelo jurídico de administração dos impostos. Pelo contrário, as suas reivindicações vão quase sempre no sentido da baixa das taxas ou alíquotas do imposto sobre as sociedades ou de mais incentivos fiscais. Ora, é de perguntar, se elas não ganhariam mais, não poupariam mais, se conseguissem uma maior eficiência na administração dos impostos e, por conseguinte, incorressem em menos custos no desempenho dessa tarefa.

5.4. *A necessidade de simplificação*

Todavia, o que presentemente se apresenta como mais visível no que respeita aos sistemas fiscais e à sua reforma, está numa palavra, numa palavra de ordem, que é: simplificar, simplificar, simplificar... Sobretudo simplificar a tributação das empresas, para que elas paguem menos e de uma maneira mais fácil, pois a concorrência económica, que se desenvolve

Reforma tributária num estado fiscal suportável 93

à escala global, não se compadece com sistemas fiscais ultracomplexos como são os actuais[24].

O que implica não apenas reduzir e simplificar significativamente a tributação das empresas, mas também simplificar, e muito, a tarefa que estas desempenham como administradoras ou gestoras do sistema fiscal. Assim, a tributação com base na contabilidade organizada, deve ser reservada apenas para as grandes empresas. Por outro lado, há que eliminar umas e simplificar outras das muitas obrigações acessórias que impendem sobre as empresas enquanto administradoras ou gestoras de impostos alheios[25].

Depois, deve ser simplificado a tributação do rendimento pessoal. Tanto mais que a complexidade dessa tributação está intimamente ligada à sua personalização, a qual, como vimos, enfrenta hoje as maiores dificuldades. Efectivamente, não vemos qualquer razão para uma complexidade do sistema fiscal própria da personalização deste, quando essa personalização se reporta hoje em dia, ao fim e ao cabo, apenas à tributação do rendimento dos trabalhadores por conta de outrem.

Pois que, como referimos mais acima, a actual tributação do rendimento apresenta-se como uma tributação dual ou dualista, uma vez que,

---

[24] Uma necessidade bem conhecido da doutrina – v., por todos, MINISTÉRIO DAS FINANÇAS, *Estruturar o Sistema Fiscal Desenvolvido*, Almedina, Coimbra, 1998, p. 125 e s., e *Simplificação do Sistema Fiscal Português*, Relatório do Grupo de Trabalho, Cadernos de Ciência e Técnica Fiscal, Centro de Estudos Fiscais, 2007, p. 13 e ss. Quanto A simplificação do ordenamento fiscal como exigência constitucional, v. J. ISENSEE, «Vom Beruf unserer Zeit für Steuervereinfachung», *Steuer und Witschaft*, 24 (1994), p. 3 e ss., reproduzido em «Sulla vocazione del nostro tempo per la simplificazione fiscale», *Rivista di Diritto Finanziario e Scienza delle Finanze*, LV (1996), p. 294 e ss.; A. M. CUBERO TRUYO, *La Simplificación del Ordenamiento Tributario (desde la Perspectiva Constitucional)*, Madrid, 1997; e o nosso texto «Avaliação indirecta e manifestações de fortuna na luta contra a evasão fiscal», a publicar nos *Estudos em Homenagem ao Prof. Doutor Manuel Henrique Mesquita*, pontos 9 e 10.

[25] Simplificação que, no que respeita à definição/determinação da sua matéria colectável ou tributável, devia ser se estamos perante micro-empresas, a tributar com base num rendimento normal, perante pequenas e médias empresas, a tributar com base num rendimento real a apurar fundamentalmente através de elementos de natureza objectiva, ou perante grandes empresas, a tributar com base no rendimento real revelado pela contabilidade organizada – v. o nosso estudo «Alguns aspectos da tributação das empresas», em *Por um Estado Fiscal Suportável – Estudos de Direito Fiscal*, Almedina, Coimbra, 2005, p. 403 e ss.

em rigor, no imposto sobre o rendimento pessoal, temos dois impostos completamente diferentes. Um, que tem tendencialmente as características de imposto pessoal exigidas pelo n.° 1 do art. 104.° da Constituição, traduzidas designadamente na taxa ou alíquota progressiva e nas deduções pessoais à colecta, incidente basicamente sobre o rendimento do trabalho dependente de hoje, correspondente à categoria A do IRS, e sobre o rendimento do trabalho dependente de ontem, as pensões, integradas na categoria H do IRS. Outro, que se apresenta claramente como um imposto real, já que tem uma taxa ou alíquota proporcional e não tem em consideração a situação pessoal do contribuinte, incidente fundamentalmente sobre os rendimentos do capital[26].

Um fenómeno que, devemos acrescentar, embora sem ser assim designado, não deixa de se assemelhar, quanto aos seus resultados, a experiências como a adoptada nos países nórdicos, conhecida pela designação de *dual income tax*, em que os rendimentos de capital (incluindo ganhos de capital) são objecto de uma tributação separada e proporcional[27].

5.5. A *"flat tax revolution"*

Neste quadro de reforma dos sistemas fiscais no sentido da sua significativa simplificação, não podemos deixar de aludir ao fenómeno da *flat tax revolution*, traduzido na substituição dos actuais impostos sobre o rendimento por um imposto proporcional, simples e com uma taxa ou alíquota relativamente baixa. Uma ideia que tem sido seguida com razoável êxito nos países anteriormente integrantes da União Soviética.

Assim, os países bálticos, no início da década dos anos 90 do século passado, adoptaram impostos sobre o rendimento e impostos sobre as sociedades com taxas ou alíquotas proporcionais iguais para todos, entre 20 e 30%. Todavia, os países que fizeram a sua reforma fiscal já nesta década, como a Rússia e a Ucrânia, adoptaram taxas ou alíquotas ainda mais baixas, taxas ou alíquotas de 15% ou mais baixas. Uma solução que

---

[26] Classificando o nosso IRS como integrando um sistema de tributação "semi-dual", v. J. G. Xavier de Basto, *IRS. Incidência Real e Determinação dos Rendimentos Líquidos*, cit., p. 31 e ss.

[27] Sobre a experiência da *dual income tax*, v. M. H. Freitas Pereira, *Fiscalidade*, 2.ª ed., Almedina, Coimbra, 2007, p. 90 e s., e J. G. Xavier de Basto, *IRS. Incidência Real e Determinação dos Rendimentos Líquidos*, cit., p. 25 e ss.

Reforma tributária num estado fiscal suportável 95

vem sendo adoptada também pelos demais países do Leste Europeu e estudada e discutida pela doutrina jusfiscalista de diversos outros países.

Pelo que é de perguntar se uma tal ideia poderá ser concretizada também em outros países, nomeadamente em Portugal. Portugal em que, devemos referir, a taxa ou alíquota máxima do imposto sobre o rendimento pessoal, que era de 40% desde a criação do IRS passou na LOE/2006 para 42%. Uma alteração que vai claramente no sentido inverso ao da história, pois por toda a parte se assiste à sua diminuição. E, sobretudo, revela um retrocesso, pois fomos progressistas quando, na reforma da tributação do rendimento de 1988-89, optámos por uma taxa ou alíquota marginal máxima de 40%, uma taxa ou alíquota máxima relativamente baixa comparada com a da generalidade dos países desenvolvidos que tinha taxas ou alíquotas máximas bem mais altas. Mas agora, quando por toda a parte estão a diminuir as taxas ou alíquotas, esse aumento, que vai proporcionar um acréscimo de receita sem significado, não pode deixar de ser interpretado como uma mera decisão política, como um mero sinal político dum governo socialista. Mas, o sistema fiscal é coisa demasiado séria para servir como mero sinal político[28].

Respondendo, todavia, à questão que formulámos, devemos sublinhar que Portugal não tem condições para entrar no referido movimento da *flat tax revolution* e estabelecer uma taxa ou alíquota igual para todos de 15% ou mesmo de 20%. O estado correria o risco de ir à falência, se não o estado *tout court*, pelo menos o estado social. Aliás, a defesa deste, que está consagrado na Constituição, concretizado inclusivamente pela exigência da tributação progressiva do rendimento pessoal, obsta, logo à partida, que seja adoptada uma taxa ou alíquota proporcional nesse imposto sobre o rendimento. Pelo que a sua introdução, caso se optasse por ela, apenas seria viável depois de uma revisão constitucional que eliminasse do texto constitucional essa exigência. Para além de ser presentemente visível que, mesmo com as actuais taxas ou alíquotas, o estado enfrenta bastantes dificuldades financeiras.

Por outro lado, é preciso não esquecer que a *flat tax* tem sido adoptada em países que, por antes terem sido estados empresariais ou estados muito escassamente fiscais, não dispunham de um verdadeiro sistema de

---

[28] No sentido da redução do número de escalões e de taxas ou alíquotas do IRS, v. a recomendação constante do relatório *Simplificação do Sistema Fiscal Português*, cit., p. 216.

tributação do rendimento. Daí que a sua introdução, como um limiar relativamente baixo de tributação, não tenha sido difícil nem tenha levantado problemas de maior, pois tratou-se de substituir um sistema fiscal praticamente inexistente por um verdadeiro sistema fiscal. Num tal contexto não se andou para trás, como se teme que aconteça se esse sistema de tributação do rendimento for introduzido nos estados sociais consolidados na segunda metade do século XX. Por isso, tanto Portugal como a generalidade dos estados que, com maior ou menor sucesso, desenvolveram estados sociais não estão em condições de aderirem ao desafio que a *flat tax revolution* representa, pelo menos nos tempos mais próximos[29].

Muito embora seja de assinalar que também não podem nem têm ficado imunes às importantes consequências decorrentes da concorrência fiscal que o fenómeno da globalização vem impondo, uma vez que relativamente aos rendimentos facilmente deslocalizáveis, como são a generalidade dos rendimentos de capitais e os rendimentos do trabalho e dos serviços altamente qualificados cujo mercado é verdadeiramente mundial, não podem os estados tributá-los com altas taxas ou alíquotas como são as atingidas em impostos de natureza pessoal como o nosso IRS. Não admira assim que, como vimos, os estados estejam a voltar-se para a tributação do consumo ou mesmo, como vem acontecendo recentemente entre nós, para a presentação duma tal tributação como consubstanciando figuras diversas do imposto, erguendo, por essa via, um verdadeiro estado fiscal paralelo, em duplicação portanto do existente[30].

5.6. *Um estado fiscal em duplicado?*

Daí que, muito sinceramente, nos interroguemos sobre se, no nosso país, não se está a engendrar uma duplicação do estado fiscal, em que embora como cidadãos ou residentes[31] apenas beneficiemos de um estado,

---

[29] Para a análise e avaliação das propostas que vêm sendo feitas no quadro do movimento da *flat tax revolution*, v. por todos, J. J. AMARAL TOMAZ, «A redescoberta do imposto proporcional (*flat tax*)», em *Homenagem a José Guilherme Xavier de Basto*, Coimbra Editora, 2006, p. 351 e ss.

[30] Para uma reforma fiscal que, não sendo totalmente alheia a esse movimento (da *flat tax*), pugna por um sistema fiscal menos pesado, v. PAUL KIRCHHOF, «Die staatsrechtliche Bedeutung der Steuerreform», *Jahrbuch des Öffentlichen Rechts*, 54, 2006, p. 1 e ss.

[31] Uma vez que como vimos dizendo é hoje evidente que o decisivo, em sede da ligação dos contribuintes ao seu país, é mais o vínculo de cariz económico traduzido na

financeiramente tenhamos que suportar dois estados: um, o estado fiscal propriamente dito, expressão do contrato social suporte do estado-comunidade, que é financiado pela figura dos impostos e se encontra sujeito ao escrutínio democrático consubstanciado no funcionamento dos princípios da "constituição fiscal", especialmente do princípio da legalidade fiscal; outro, um estado fiscal paralelo mascarado de não fiscal que é financiado por impostos especiais, mormente sobre consumos específicos, com receitas consignadas, muito embora designados por taxas ou contribuições para assim escaparem à constituição financeira e fiscal e, do mesmo jeito, furtarem-se ao escrutínio económico materializado na comparabilidade internacional da efectiva carga fiscal ou nível de fiscalidade que suportamos.

Muito embora seja de sublinhar que, atento o nível relativamente baixo do nosso PIB *per capita*, a carga fiscal ou o nível da fiscalidade que suportamos já se apresenta particularmente elevada mesmo tendo em conta apenas o referido estado fiscal em singelo.

Pois, relativamente ao primeiro dos aspectos mencionados, basta referir a crescente subtracção à constituição financeira, escapando assim às exigências das normas constitucionais e legais relativas ao orçamento do estado e à contabilidade pública, de cada vez mais significativas despesas públicas, a pretexto de as mesmas passarem a ser imputadas a entidades de natureza privada seja esta resultante da transformação de entidades públicas em sociedades de capitais exclusivamente públicos, seja engendradas no quadro de parcerias público-privadas ou de outros esquemas de aparente privatização de despesas. O que tem tido como consequência o recurso a esquemas de financiamento que, invariavelmente, se traduzem quer em impostos futuros, que as futuras gerações hão-se suportar, quer na duplicação para os actuais contribuintes do sistema fiscal através da simulação nominal de verdadeiros impostos com o recurso a outras figuras tributárias.

A este respeito, seja-nos permitido referir aqui três situações de taxas ou contribuições em relação às quais temos as maiores dúvidas se não se configuram como verdadeiros impostos com outro nome, os quais,

---

residência do que o vínculo político expresso na cidadania ou nacionalidade ou, por outras palavras, é mais uma cidadania de natureza económica do que uma cidadania política – cf. o nosso estudo «Alguns aspectos da tributação das empresas», *ob. cit.*, p. 358, nota 1.

98   *Estudos de Direito Fiscal*

pelas razões que foram mencionadas, desorbitaram assim do estado fiscal. São elas, por um lado e em geral, as taxas de regulação e supervisão com receita consignada às entidades reguladoras com destaque para a taxa de regulação e supervisão destinada à ERC[32] e, de outro lado, a taxa sobre as lâmpadas de baixa eficiência energética[33] e a contribuição para o serviço rodoviário[34].

O que nos parece muito claro em relação à taxa sobre as lâmpadas de baixa eficiência energética e à contribuição para o serviço rodoviário, pois, a nosso ver, não passam em ambos os casos de impostos especiais sobre o consumo. Pois a taxa sobre as lâmpadas de baixa eficiência energética incide sobre a aquisição dessas lâmpadas, sendo cobrada aos produtores e importadores e demais agentes económicos que, com fins profissionais, as introduzam no território nacional[35], e a contribuição para o serviço rodoviário incide sobre a gasolina e o gasóleo sujeitos ao imposto sobre produtos petrolíferos, sendo devida pelos sujeitos passivos deste imposto e estando a sua receita consignada às Estradas de Portugal, EP[36].

Uma conclusão que não é abalada pelo facto de a taxa sobre as lâmpadas de baixa eficiência energética ter um claro intuito de protecção ambiental presente, de resto, na consignação da sua receita em 80% ao Fundo Português do Carbono e em 20% ao Fundo de Eficiência Energética[37]. Pois esse seu carácter extrafiscal, muito embora possa ter consequências

---

[32] Cf. a Lei n.° 53/2005, de 8 de Novembro, que criou a Entidade Reguladora para a Comunicação (ERC), em substituição da anterior Alta Autoridade para a Comunicação Social, o Decreto-Lei n.° 103/2006, de 7 de Junho, que aprovou o Regime de Taxas da ERC, e a Portaria n.° 136/2007, de 29 de Janeiro, que fixou os montantes a pagar pelas taxas devidas à ERC, nos termos do referido Regime de Taxas da ERC.

[33] Criada pelo Decreto-Lei n.° 108/2007, de 12 de Abril.

[34] Criada pela Lei n.° 55/2005, de 31 de Agosto.

[35] V o art. 2.° do Decreto-Lei n.° 108/2007.

[36] Outros exemplos de taxas que, ao fim e ao cabo, constituem impostos são a "taxa de gestão de resíduos", que tem por base o art. 58.° do Decreto-Lei n.° 178/2006, de 5 de Setembro (Regime Geral de Gestão de Resíduos), e a Portaria n.° 1407/2006, de 18 de Dezembro, e a "taxa de controlo da qualidade da água", que tem por base o art. 23.° do Decreto-Lei n.° 362/98, de 18 de Novembro (Estatuto do Instituto Regulador de Águas e Resíduos), na redacção do Decreto-Lei n.° 151/2002, de 23 de Maio, e a Portaria n.° 966/2006, publicada na II Série do *Diário da República*, de 8 de Junho. Efectivamente ambas essas taxas configuram impostos, os quais se revelam inconstitucionais, desde logo por terem na base decretos-lei que não foram objecto de qualquer autorização legislativa.

[37] V. o art. 5.° do Decreto-Lei n.° 108/2007.

Reforma tributária num estado fiscal suportável 99

em sede dos princípios da legalidade fiscal e da igualdade fiscal, não o transforma de tributo unilateral ou imposto em tributo bilateral ou taxa[38].

Ideias que, a seu modo não deixam de valer também relativamente às referidas taxas de regulação e supervisão, em relação às quais nos pareces importante, para efeitos de as considerarmos impostos ou taxas[39], ter em conta, de um lado, a quem cabe essa actividade de regulação e supervisão económica, se ao mercado se ao estado e, de outro lado, como suportar financeiramente os custos dessa actividade quando ela é assumida pelo estado[40].

Ora, quanto a quem cabe essa actividade de regulação e supervisão, se ao mercado se ao estado ou, por outras palavras, se à autoregulação se à heteroregulação estadual, é de sublinhar que vimos assistindo entre nós ao fenómeno de uma verdadeira hipertrofia da regulação económica pelo estado, aproveitando nesse sentido e, em alguma medida acelerando mesmo, os ventos que vêm de Bruxelas[41]. E, num estado regulador e

---

[38] Cf. o nosso livro *O Dever Fundamental de Pagar Impostos*, cit., p. 654 e ss.

[39] Ou mesmo a categoria constituída pelas "demais contribuições financeiras a favor de entidades públicas" introduzida na Constituição pela Revisão Constitucional de 1997, no que passou a ser com esta Revisão o art. 165.°, n.° 1, al. *i*), da Constituição. Uma figura intermédia que uma visão estritamente dicotómica dos tributos tem deixado no esquecimento, muito embora essa visão não deixe de ser fomentada pela própria Constituição que, não obstante ter introduzido essa figura, reconhece apenas dois regimes jurídico-constitucionais – o dos impostos e o das taxas e demais contribuições. Uma ideia com expressão também na Lei Geral Tributária (LGT), pois, nos termos do n.° 3 do seu art. 3.° remete para lei especial o "regime geral das taxas e demais contribuições" e, segundo o n.° 3 do seu art. 4.°, considera impostos as contribuições que tradicionalmente têm protagonizado essa figura intermédia, as "contribuições especiais", sejam as "contribuições de melhoria", sejam as "contribuições para maiores despesas". No sentido de integrar nessa nova categoria as "taxas" paras as entidades reguladoras correspondentes às antigas "taxas para os organismos de coordenação económica", v. J. M. CARDOSO DA COSTA, «Sobre o princípio da legalidade das "taxas" (e das "demais contribuições financeiras"»», *Estudos em Homenagem ao Professor Doutor Marcello Caetano no Centenário do seu Nascimento*, Coimbra Editora, 2006, p. 789 e ss.

[40] Sobre o problema da repartição da regulação entre o estado e o mercado, v., tendo em conta a os serviços de interesse económico geral, J. NUNO CALVÃO DA SILVA, *Mercado e Estado. Serviços de Interesse Geral*, Almedina, Coimbra, 2008.

[41] O que, devemos assinalar, não surpreende, pois a União Europeia, do ponto de vista da política económica, constitui sobretudo um *regulatory state*, uma vez que, dado o exíguo orçamento comunitário, são muito limitados os seus poderes no plano da redistribuição da riqueza e da estabilização macro-económica.

supervisor assim ampliado, que sugere mesmo um certo "dirigismo regulador"[42], compreende-se que se tenha tornado problemática a exigência de mais impostos para financiar essa actividade, sobretudo no actual ambiente de concorrência fiscal internacional a limitar significativamente a soberania fiscal dos estados. Daí a tentação para o estado disfarçar a necessidade de mais impostos, recorrendo às mais variadas receitas parafiscais[43] que, ao menos aparentemente, não se apresentem como impostos.

Por isso mesmo, no processo de fixação do quantitativo das ditas taxas de regulação e supervisão, como ocorre no respeitante à taxa de regulação e supervisão destinada à ERC, o que se verifica é que, num primeiro momento, se prevê e fixa a despesa pública a suportar, no caso do específico sector da regulação da comunicação social, e, num segundo momento, se estabelece a correspondente receita praticamente igual à mencionada despesa. Uma tal técnica de definição e determinação do tributo que, quando o número dos seus destinatários é limitado, como é caso dos regulados no sector em causa, assegura, à partida, o montante da receita necessário para fazer face à despesa cujo seu montante é distribuído pelos correspondentes destinatários, operando assim com uma taxa ou alíquota do tributo que seja adequada ao mencionado desiderato. O que, como é óbvio, sugere um *modus operandi* em tudo idêntico ao dos clássicos impostos de repartição.

Passando agora à carga fiscal ou nível de fiscalidade que suportamos, não há dúvidas de que ela se revela bastante elevada mesmo para um estado fiscal em singelo[44]. Pois é bom que não nos esqueçamos que, ao

---

[42] No que, de algum modo, faz lembrar o "estado dirigista" dos anos vinte e trinta do século passado. Quanto a hipertrofia reguladora que nos vem da União Europeia, v. as reflexões de PAULO DE PITTA E CUNHA, «A União Europeia e a concepção do estado regulador», *Revista da Faculdade de Direito da Universidade de Lisboa*, vol. XLVI, 2005, n.° 2, p. 1083 e ss.

[43] Uma designação que não diz respeito à estrutura do correspondente facto tributário, isto é, à sua unilateralidade ou bilateralidade, a nota objectiva que releva para saber se estamos perante um imposto ou uma taxa, mas antes à nota subjectiva relativa ao titular activo da correspondente relação jurídica e à nota teleológica concernente ao destino das respectivas receitas. V. o nosso livro *O Dever Fundamental de Pagar Impostos*, cit., p. 257.

[44] À semelhança do que ocorre frequentemente, falamos aqui de carga fiscal ou nível de fiscalidade considerando tais expressões sinónimas, muito embora tenhamos cons-

Reforma tributária num estado fiscal suportável

contrário do que frequentemente vemos afirmado com base sobretudo em informação fornecida em geral pelas organizações internacionais, com destaque para a OCDE, a nossa carga fiscal não é tão baixa quanto possa parecer. É certo que ela se apresenta relativamente baixa face aos outros países, mormente face aos que nos estão mais próximos, uma vez que, por exemplo, tendo em conta os dados relativos ao ano de 2005, a mesma se situou na casa dos 36%, correspondendo assim a pouco mais 90% da média europeia[45].

Mas é óbvio que o peso efectivo, o real significado da carga fiscal não pode ser cabalmente avaliado socorrendo-nos unicamente de tão simples quanto linear suporte. Pois é imprescindível ter em conta o correspondente PIB *per capita*, o qual nesse mesmo ano se situou entre nós na casa dos 64% da média europeia. Pelo que, comparando o peso da carga fiscal com o nível de rendimentos revelado pelo PIB *per capita*, chegamos a uma carga fiscal para o ano de 2005 correspondente na realidade a 140% da média europeia[46]. Ou seja, para um PIB *per capita* igual à média europeia, a carga fiscal portuguesa apresenta-se não abaixo, mas acima da média europeia, já que se eleva em 40% acima da carga fiscal da média europeia.

Por isso, para uma análise adequada da comunidade estadual a que pertencemos, no quadro do correspondente contrato social base do nosso estado de direito democrático, avaliando e ponderando as correspondentes prestações recíprocas, ou seja, de um lado, o que pagamos ao estado e, de outro lado, o que recebemos dele, não podemos deixar de contabilizar tudo o que pagamos, tanto em sede de fiscalidade como das múltiplas parafiscalidades que vão germinando um pouco por todo o lado neste estado de verdadeiro "dirigismo regulático". Na verdade, não podemos estar dispostos a ser cidadãos face ao estado e súbditos dos múltiplos senhores que os desdobramentos verticais (a montante e a jusante) e horizontais desse mesmo estado vêm engendrando, cujos poderes e gastos não votamos e cuja necessidade da correspondente actividade raramente se percebe.

---

ciência das diferenças que as separam – v., por todos, M. H. FREITAS PEREIRA, *Fiscalidade*, cit., p. 321 e ss., e ALBANO SANTOS, *Teoria Fiscal*, Instituto Superior de Ciências Sociais e Políticas, Lisboa, 2003, p. 448 e ss.

[45] Lembramos que, por simplificação, trabalhamos com percentagens arredondadas por baixo e tendo em conta a União Europeia a 15 (portanto UE – 15 = 100).

[46] Pois que 90%/64% = 140%.

Efectivamente, compreende-se e aceita-se facilmente que, atendendo à reforma do financiamento das despesas incorridas com as novas realidades da protecção ambiental e da regulação económica e social, se possa assistir a uma certa deslocação do estado fiscal para o estado tributário ou "estado taxador". Uma situação que até pode aceitar-se. O que, porém, já não pode ser aceitável é que, fingindo essa deslocação, se esteja praticando uma verdadeira e inadmissível acumulação do estado fiscal com o estado tributário ou "estado taxador", duplicando, ao fim e ao cabo, o estado fiscal[47]. Em suma, condição para que seja admissível uma modificação nesse sentido, uma modificação no sentido de deslocar parte da carga do estado fiscal para o "estado taxador", é que o correspondente resultado final seja, por assim dizer, de soma zero.

Por isso mesmo, se o estado fiscal, em alguma medida, for forçado a enveredar por esse caminho de duplicação, então que o faça de maneira clara e transparente de modo a que os seus destinatários, isto é, os contribuintes, o possam questionar e combater, mormente exigindo sem concessões o respeito da velha máxima suporte do autoconsentimento dos impostos: *no taxation without representation*.

---

[47] Uma preocupação que, parece-nos, não terá sido devidamente ponderada por SÉRGIO VASQUES, *O Princípio da Equivalência como Critério de Igualdade Tributária*, ob. cit., p. 15 e ss.

4. AVALIAÇÃO INDIRECTA E MANIFESTAÇÕES DE FORTUNA NA LUTA CONTRA A EVASÃO FISCAL *

Sumário

I. Considerações preliminares
   1. A evasão fiscal e o défice das contas públicas
   2. A evasão fiscal em sentido amplo
   3. A cidadania na luta contra a evasão fiscal

II. A luta contra a evasão fiscal
   4. A liberdade de gestão fiscal
   5. Os actores, os meios e os níveis da luta contra a evasão fiscal

III. Avaliação indirecta e manifestações de fortuna na luta contra a evasão fiscal
   6. A diversidade da avaliação indirecta
   7. As manifestações de fortuna

IV. A imperiosa necessidade de simplificação
   8. Os limitados préstimos desses instrumentos na luta contra a evasão fiscal
   9. A necessidade de simplificação geral
   10. A simplificação na tributação das empresas.

---

* Texto elaborado para os *Estudos em Homenagem ao Prof. Doutor Manuel Henrique Mesquita*, a aguardar publicação.

I. CONSIDERAÇÕES PRELIMINARES

Antes de entramos propriamente no tema que nos foi proposto e que, com todo o gosto vamos tratar e desenvolver, impõe-se, a nosso ver, fazer algumas considerações preliminares, a saber: uma, a respeito do ambiente que trouxe esta problemática da evasão fiscal para a ribalta; outra, sobre o sentido e o âmbito da própria expressão evasão fiscal; finalmente, uma outra respeitante ao sentido e amplitude que a luta contra a evasão fiscal presentemente devem ter.

1. A evasão fiscal e o défice das contas públicas

E no concernente à primeira consideração, podemos dizer que, de há uns tempos a esta parte, a luta conta a evasão fiscal passou a estar na moda entre nós. Por isso, não há canal de televisão, emissora de rádio ou jornal, que se preze, que não tenha aberto amplos espaços ao tema. Ora, a primeira interrogação que se nos coloca é justamente esta: porque será? Acaso trata-se de um fenómeno que era inexistente, um fenómeno que penas agora viu a luz do dia? Ou será fruto da profunda depressão nacional, em que nos encontramos, tentando ver nessa luta o remédio para todos os nossos males?[1]

Pois bem, é de começar por dizer que evasão fiscal sempre tem havido, assim como também sempre tem sido objecto de combate. Todavia, a este respeito, como a respeito de muitos outros, é importante separar o trigo do joio ou, concretizando um pouco mais a situação, separar o fenómeno da evasão fiscal em si do seu tratamento mediático, que nos últimos anos passou a estar na moda, tornando-se uma "vedeta" dos meios de

---

[1] Depressão essa que o filósofo JOSÉ GIL, *Portugal Hoje. O Medo de Existir*, Relógio D'Água, 2004, faz remontar fundamentalmente ao salazarismo, mas que, a nosso ver, é muito mais profunda e estrutural, passando designadamente pela perda da independência em 1580 (e o sebastianismo que originou), por uma restauração assumida envergonhadamente (ao ponto de as comemorações do 1.º de Dezembro terem sido deixadas à extrema direita), por comemorarmos as mudanças de regime (5 de Outubro e 25 de Abril) em vez da conquista da independência, pela independência do Brasil, pela derrota na questão do mapa cor de rosa, por uma descolonização feita tardiamente e totalmente dirigida por terceiros, etc., etc.

comunicação social. O que, devemos acrescentar, com isto não pretendemos atenuar, e menos ainda menosprezar, o facto de a evasão fiscal constituir um verdadeiro problema com que o nosso país se defronta.

Um problema que há que solucionar, combatendo a evasão fiscal com todos os meios e com eficácia, uma vez que esse fenómeno, para além de ser expressão duma violação grave da igualdade e justiça fiscais a que todos nós, contribuintes temos direito, constitui uma inadmissível perturbação do funcionamento do mercado enquanto factor de concorrência desleal entre as empresas. Um aspecto que, a seu modo, também vem contribuindo para o referido tratamento mediático, pois as empresas, por razões que justamente se prendem com a concorrência, começaram a trazer para a agenda dos órgãos do Estado a da opinião pública a necessidade de uma luta eficaz contra a evasão fiscal, sobretudo contra a evasão fiscal ilícita. Mais, a partir dum certo momento, as empresas começaram mesmo a exigir que o Estado ponha cobro a essa concorrência desleal. Uma exigência, que é de assinalar, em larga medida, decorre mesmo do direito comunitário enquanto direito de um "mercado comum" centrado fundamentalmente na defesa da concorrência.

Por isso, com aquela afirmação queremos antes dar conta e sublinhar que a evasão fiscal não é o problema maior que nos aflige. Pois, efectivamente, o problema maior, é bom que disso não nos esqueçamos, é o do desequilíbrio estrutural das nossas contas públicas. Um desequilíbrio que não é um desequilíbrio qualquer que se resolva facilmente, seja aumentando as receitas, seja diminuindo as despesas públicas, seja aumentando aquelas e diminuindo estas simultânea e articuladamente. Na verdade, estamos perante um défice público que tem lugar a um nível de despesa pública totalmente incomportável para a economia e as finanças de um país como o nosso.

Daí que o problema, o verdadeiro problema, resida, afinal de contas, no excessivo nível da nossa despesa pública. Uma despesa pública que, para além do mais, tem uma estrutura rígida, a qual deriva do facto de a mesma estar excessivamente afecta ao pagamento dos vencimentos e salários dos funcionários e agentes da Administração Pública, vencimentos e salários que, como é sabido, absorvem à volta de 15% do PIB, quando a média na União Europeia anda à roda dos 10% do PIB[2].

---

[2] Uma percentagem que se explica, nomeadamente, pela elevada despesa pública *per capita* em saúde, educação e justiça. Uma situação que, a atermo-nos apenas aos núme-

Portanto é bom que tenhamos consciência dos dois tipos de problemas com que estamos confrontados. Um, maior, o do défice das contas públicas, que não pode deixar de ser enfrentado com coragem e determinação a longo prazo através da redução efectiva e sustentada das despesas públicas. Outro, não obstante tudo, menor, o da evasão fiscal, cujo combate, não pode deixar de ser enfrentado com determinação, já que, para além de ser um imperativo de justiça fiscal e uma exigência do funcionamento da economia de mercado, sempre ajuda a resolver o problema do défice. O que, todavia, não tem, nem pode ter, o condão de ser o suporte da solução desse magno problema de desequilíbrio estrutural.

2. **A evasão fiscal em sentido amplo**

Por seu lado, quanto ao sentido e âmbito da expressão evasão fiscal, devemos assentar aqui que utilizamos esta expressão com um sentido amplo que abarca o que tradicionalmente entre nós designamos por "fraude e evasão fiscais", uma expressão que, dado a fraude fiscal constituir entre nós um dos crimes fiscais, o crime de fraude fiscal, previsto e punido nos arts. 103.° e 104.° do Regime Geral das Infracções Tributárias[3], deve ser de evitar.

Pelo que utilizamos a expressão evasão fiscal com o sentido amplo que engloba tanto a evasão lícita, isto é, a elisão fiscal que constitua um abuso da liberdade de planeamento e gestão fiscais, como a evasão ilícita, ou seja, a evasão fiscal em sentido estrito. Ou seja, por outras palavras,

---

ros atingidos por essa despesa, faria de Portugal um Estado socialista à maneira dos países escandinavos. O que, como bem sabemos, não ocorre, em virtude da altíssima ineficiência da nossa despesa pública, pois é visível a olho nu que o Estado português gasta muito e gasta mal. Ineficiência das despesas públicas que, no respeitante às do ensino superior, mostram mesmo um país à deriva, um país sem rumo, pois, para além de estarmos a investir na formação de um número de licenciados em humanidades três vezes superior ao susceptível de ser absorvido pelo mercado de trabalho e, por conseguinte, num número de licenciados nas áreas tecnológicas três vezes inferior ao dos países desenvolvidos, damonos ao luxo de, em virtude de uma verdadeira usurpação corporativa de funções e consequente demissão dos órgãos democraticamente escrutinados, estarmos a importar técnicos estrangeiros, em detrimento da formação dos nacionais, como escandalosamente vem sucedendo há décadas nas áreas da saúde.

[3] Em que temos, afinal de contas, dois tipos de crime fiscal: a fraude fiscal e a fraude fiscal qualificada, respectivamente.

Avaliação indirecta e manifestações de fortuna na luta contra a evasão fiscal 107

temos em vista a fuga aos impostos, a fuga que se concretiza num ilícito (que podemos designar por *fraude fiscal* em sentido amplo[4]) e a fuga que consubstancie um abuso da liberdade fiscal própria de um Estado fiscal (que alguma doutrina designa por *elisão fiscal*)[5].

3. A cidadania na luta contra a evasão fiscal

Enfim, no respeitante ao sentido e amplitude que a luta contra a evasão fiscal deve ter, é de sublinhar que a luta contra esse fenómeno, que aflige presentemente a generalidade dos países desenvolvidos, não se pode bastar com a actuação dos entes públicos, como alguma linguagem parece subentender, antes requer a convocação de toda a sociedade civil, despertando e activando a cidadania de todos os membros da comunidade na criação e desenvolvimento de um ambiente propício à rejeição e censura sociais dum tal fenómeno. Pois, se a fuga aos impostos continuar a beneficiar de um ambiente que, em vez de conduzir à censura e reprovação dos comportamentos que a concretizam, antes leva a louvar ou premiar a acção dos fugitivos fiscais, então os resultados dessa luta serão sempre muito limitados, por mais empenhada que se revele a acção dos diversos órgãos do Estado nesse domínio. Particularmente relevante na criação desse clima de rejeição e censura da evasão fiscal deve ser o empenhamento cívico quer dos meios de comunicação social, sobretudo dos senhores jornalistas, que tantas vezes fomentam justamente um clima contrário, quer dos parceiros sociais, com destaque para os sindicatos e associações empresariais.

Feitas estas considerações preliminares, vamos então ao problema que aqui nos traz, que é o de saber em que medida a avaliação indirecta e as manifestações de fortuna constituem meios ou instrumentos de luta contra a evasão fiscal. Antes, porém, é do maior interesse darmos uma rápida vista de olhos sobre a luta contra a evasão fiscal de modo a termos uma

---

[4] Constituindo a fraude fiscal em sentido estrito o referido crime de fraude fiscal.

[5] Cf. J. TABORDA GAMA, «Acto elisivo, acto lesivo. Notas sobre a admissibilidade do combate à elisão fiscal no ordenamento jurídico português», *Revista da Faculdade de Direito da Universidade de Lisboa*, XL, 1999, n.º 1 e 2, p. 289 e ss.; G. LOPES COURINHA, *A Cláusula Anti-Abuso no Direito Tributário. Contributo para a sua Compreensão*, Almedina, Coimbra, 2004; e MARCELO CAVALI, *Cláusulas Gerais Antielisivas: Reflexões acerca de sua Conformidade Constitucional em Portugal e no Brasil*, Almedina, Coimbra, 2006.

108   *Estudos de Direito Fiscal*

ideia, ainda que sumária, do quadro da liberdade de gestão fiscal em que a mesma se insere como seu limite, bem como dos actores, meios e níveis dessa luta.

II. A LUTA CONTRA A EVASÃO FISCAL

4. A liberdade de gestão fiscal

E a primeira verificação nesta sede é a de que a luta contra a evasão fiscal se insere nos limites à liberdade fiscal dos contribuintes ínsita na própria ideia de Estado fiscal. Pois este, que perspectivado a partir da comunidade organizada em que se concretiza nos revela um Estado suportado em termos financeiros basicamente por tributos unilaterais ou impostos, visto a partir dos destinatários que o suportam, concretiza-se no princípio da livre disponibilidade económica dos indivíduos e empresas.

O que tem como consequência, em sede do sistema económico-social (global), que o suporte financeiro do Estado não decorra da sua actuação económica positivamente assumida como agente económico, mas do seu poder tributário ou impositivo, e, em sede do (sub)sistema fiscal, o reconhecimento da livre conformação fiscal por parte dos indivíduos e empresas, que assim podem planificar a sua vida económica sem consideração das necessidades financeiras da comunidade estadual e actuar de molde a obter o melhor planeamento fiscal (*tax planning*). Sobretudo, no que as empresas diz respeito, esse planeamento não pode deixar, de resto, de constituir um *dever de boa gestão*, já que cabe ao empresário ou gestor incorrer nos menores custos em que, naturalmente, se incluem também os menores custos fiscais[6].

Nesta conformidade, tanto os indivíduos como as empresas podem, designadamente, verter a sua acção económica em actos jurídicos e actos não jurídicos de acordo com a sua autonomia privada, guiando-se mesmo por critérios de elisão aos impostos (*tax avoidance*) ou de aforro fiscal, desde que, por uma tal via, não se violem as leis fiscais, nem se abuse da

---

[6] Sobre o planeamento (ou planejamento) fiscal, v. a obra, já clássica e a todos os títulos notável, de Marco Aurélio Greco, *Planejamento Tributário*, Dialética, S. Paulo, 2004.

Avaliação indirecta e manifestações de fortuna na luta contra a evasão fiscal   109

(liberdade de) configuração jurídica dos factos tributários, provocando evasão fiscal ou fuga aos impostos através de puras manobras ou disfarces jurídicos da realidade económica (*tax evasion*)[7].

Mas se aos contribuintes cabe a liberdade fundamental de planear a sua actividade, mormente a sua actividade económica, de molde a incorrer nos menores custos fiscais, aos órgãos do Estado cabe zelar para que essa liberdade não seja objecto de abuso por parte dos seus titulares, evadindo-se ilicitamente ou fugindo aos impostos através de puras manobras ou disfarces jurídicos sem qualquer apoio na racionalidade económica própria das operações em causa. O que, como é fácil de ver, convoca a acção estadual contra a evasão fiscal. Mas quais são os actores, os instrumentos e os níveis dessa luta?

5. Os actores, os meios e os níveis da luta contra a evasão fiscal

Uma palavra muito rápida, então, sobre os actores, os meios e os níveis da luta contra a evasão fiscal. E quanto aos actores, que são o legislador, a Administração Fiscal e as empresas enquanto administram impostos[8], podemos dizer que a luta contra a evasão fiscal se modificou muito no último meio século, o que se prende com a alteração profunda que sofreu o nosso sistema fiscal. Uma alteração que se traduziu, de um lado, na radical modificação dos impostos mais paradigmáticos do sistema, com a reforma fiscal iniciada na década de oitenta do século passado e recentemente concluída com a reforma da tributação do património[9], e, de outro

---

[7] V. sobre a liberdade de gestão fiscal o nosso estudo «Alguns aspectos da tributação das empresas», aguardar publicação nos *Estudos em Homenagem ao Prof. Doutor António de Castanheira Neves*, entretanto publicado no livro *Por um Estado Fiscal Suportável – Estudos de Direito Fiscal*, Almedina, Coimbra, 2005, p. 357 e ss., bem como no nosso escrito «Liberdade de gestão fiscal e dualismo na tributação das empresas», *Estudos em Homenagem a José Guilherme José Guilherme Xavier de Basto*, Coimbra Editora, Coimbra, 2006, p. 419 e ss.

[8] A que devemos acrescentar os tribunais, os quais, embora como órgãos passivos, por via de controlo, zelam, de uma maneira muito particular, pela correcção jurídica das leis relativas aos impostos e dos correspondentes actos de aplicação.

[9] Traduzida na introdução do IVA em 1986, do IRS e do IRC em 1989 e do IMI, e do IMT e Imposto de Selo (sobre aquisições gratuitas de pessoas singulares) respectivamente, em finais de 2003 e em 2004.

lado, pela emergência do que vimos designando por "privatização" da administração ou gestão dos impostos[10].

Pois, enquanto no sistema fiscal anterior, resultado da reforma fiscal dos anos sessenta do século passado[11], tínhamos, por via de regra, uma tributação sintética, proporcional, em larga medida orientada para um rendimento normal ou um rendimento real presumido e determinada com base em dados e elementos previamente obtidos e conservados pela Administração Fiscal, com a última reforma fiscal passamos a ter uma tributação analítica, progressiva ou com diversidade de taxas, orientada para o rendimento real e determinada com base em dados e elementos fornecidos anualmente pelos particulares, contribuintes ou terceiros.

De outro lado, temos o fenómeno da "privatização" da administração ou gestão dos impostos, que se concretiza: 1) em a maior parte dos impostos actuais ser liquidada e cobrada pelos particulares, seja pelos próprios contribuintes, através do mecanismo da autoliquidação, seja por terceiros, actuando em substituição dos contribuintes; 2) no facto de, mesmo quando a liquidação permanece nas mãos da Administração Fiscal, como acontece no IRS, num sistema de declaração ou de auto-confissão do contribuinte como o nosso a Administração limita-se a realizar meras operações matemáticas, as quais, por serem de carácter automático, são mesmo levadas a cabo com o recurso a meios informáticos. O que significa que a Administração Fiscal deixou de ser a aplicadora das normas de imposição ou de tributação, para passar a ser fundamentalmente fiscalizadora do cumprimento dessas normas por parte dos particulares.

Alterações essas que conduziram, em sede da luta contra a evasão fiscal, a uma efectiva redistribuição de papéis entre o legislador e a Administração Fiscal, para além do aparecimento desse novo actor que são as empresas no papel de administradoras ou gestoras da generalidade dos impostos.

Pois foi entendido, durante muito tempo, em tributo sobretudo à preferência dada ao princípio da legalidade fiscal face ao princípio da igual-

---

[10] V., por todos, o nosso *Direito Fiscal*, 2.ª ed., Almedina, Coimbra, 2003, p. 337 e ss.

[11] A que ficou conhecida por *Reforma Teixeira Ribeiro*, por ter sido este insigne professor da Faculdade de Direito de Coimbra o presidente da comissão que a preparou.

Avaliação indirecta e manifestações de fortuna na luta contra a evasão fiscal   111

dade ou justiça fiscal, que a luta contra a evasão fiscal se devia situar na esfera do legislador e não na esfera da Administração. É que, impondo o princípio constitucional da legalidade fiscal a reserva ao legislador parlamentar ou governamental parlamentarmente autorizado da criação dos impostos e da disciplina dos seus elementos essenciais, só a um tal legislador caberia prevenir a evasão fiscal, actuando quer em sede do recorte legal dos factos tributários ou da configuração legal dos tipos tributários, quer através do recurso a presunções[12].

À Administração Fiscal estaria, por conseguinte, vedada qualquer hipótese de intervenção na luta contra a evasão aos impostos, para além naturalmente da decorrente da sua competência de estrita execução das leis fiscais. Ou seja, sobre as costas do legislador repousava o êxito ou o fracasso da luta contra a evasão fiscal, ainda que porventura o fracasso, que a partir de certo momento se começou a desenhar, se ficasse a dever à impraticabilidade das soluções legais preconizadas.

Mas a realidade da tributação actual, concretizada num sistema fiscal altamente complexo em virtude sobretudo da sua preocupação com a realização da igualdade e justiça fiscais, servido por uma Administração Fiscal com um papel manifestamente passivo relativamente à administração ou gestão dos impostos[13], não tardou a reclamar uma outra visão das coisas. Uma visão que, como bem se compreende, não só veio a alargar e desenvolver os meios ou instrumentos de luta contra a evasão fiscal, como colocar especiais exigências em sede dos meios ou instrumentos colocados à disposição da Administração.

É certo que continua a haver meios que se mantêm predominantemente nas mãos do legislador, como o traduzido no estabelecimento de regimes assentes em rendimentos normais, sejam tais regimes primários como os regimes simplificados de tributação em IRS e IRC, sejam os mesmos regimes secundários como o da tributação em IRS com base em rendimentos padrão correspondentes a manifestações de fortuna quando os

---

[12] Presunções que, atentas as exigências decorrentes do princípio da capacidade contributiva, hão-de ser sempre presunções relativas, elidíveis ou *juris tantum*, como, aliás, se prescreve no art. 73.° da Lei Geral Tributária. V. sobre o assunto, o nosso livro *O Dever Fundamental de Pagar Impostos. Contributo para a compreensão constitucional do estado fiscal contemporâneo*, Coimbra, Almedina, 1998, p. 497 e ss.

[13] Embora activa na fiscalização dessa gestão dos impostos levada a cabo pelos particulares.

rendimentos declarados pelos contribuintes se apresentem desfasados face a essas manifestações.

Assim como, pela própria natureza da matéria, que se situa na órbita do legislador, também veio a caber a este alargar e reforçar a tutela penal e contra-ordenacional no domínio dos impostos. O que entre nós teve expressão primeiro na aprovação do RJIFA e do RJIFNA[14] em finais de1989 e inícios de 1990, respectivamente, e na aprovação, mais recente, do RGIT[15] em 2001. Um alargamento e reforço desses meios em relação aos quais é bom não esquecermos que, justamente porque se trata de meios penais e contra-ordenacionais, se apresentam sempre como uma *ultima ratio*. Na verdade, num momento como este, em que a necessidade da luta contra a evasão fiscal, que é efectivamente real, atinge dimensões despro-porcionadas nos meios de comunicação social, que parece ver nela o remé-dio para todos os nosso males, não é demais insistir na ideia de que o melhor direito penal e contra-ordenacional é, afinal de contas, aquele que não precisa de ser aplicado no dia a dia.

Mas, não obstante esse papel do legislador, do que não há dúvidas é de que a actuação da maioria dos meios ou instrumentos de luta contra a evasão fiscal passa actualmente pela acção da Administração Fiscal, como são os concretizados na inspecção tributária, na aplicação da cláusula geral anti-abuso, na aplicação de normas impropriamente designadas pela dou-trina cláusulas especiais anti-abuso, como as dos arts. 58.º (preços de transferência), 59.º (pagamentos a entidades não residentes sujeitas a um regime fiscal privilegiado) 60.º (imputação de lucros a sociedades não residentes sujeitas a um regime fiscal privilegiado) e 61.º (subcapitaliza-ção) do Código do IRC[16], no levantamento administrativo do sigilo ban-cário, na aplicação dos (verdadeiros) métodos indirectos, na aplicação de uma tributação aferida por manifestações de fortuna, etc.

Finalmente, quanto aos níveis da luta contra a evasão fiscal, impõe--se referir que se trata de uma luta que já não pode ser levada a bom termo

---

[14] Regime Jurídico das Infracções Aduaneiras e Regime Jurídico das Infracções não Aduaneiras.

[15] Regime Geral das Infracções Tributárias.

[16] No sentido de tais normas não constituírem verdadeiras cláusulas especiais anti--abuso, embora tendo em conta o art. 60.º do CIRC, v. R. DUARTE MORAIS, *Imputação de Lucros de Sociedades Não Residentes Sujeitas a um Regime Fiscal Privilegiado. Con-trolled Foreign Companies. O art. 60.º do CIRC*, UCP, Porto, 2005, esp. p. 159 e ss.

Avaliação indirecta e manifestações de fortuna na luta contra a evasão fiscal   113

exclusivamente através da actuação dos órgãos nacionais, através de uma actuação a nível nacional. Pois, com a globalização económica e a concorrência fiscal por ela engendrada, a evasão fiscal internacionalizou-se, mundializou-se. Daí que a luta contra os regimes fiscais preferenciais e os chamados paraísos fiscais se tenha constituído em preocupação das organizações internacionais, entre as quais são de destacar a União Europeia e a OCDE. Preocupação essa que levou, em finais dos anos noventa do século passado, à aprovação de documentos que se inscrevem nessa luta. O que conduziu a que a União Europeia tenha aprovado o Código de Conduta no Domínio da Fiscalidade das Empresas, através do qual os Estados membros assumiram o compromisso de desmantelar os regimes fiscais preferenciais existentes, num determinado prazo, e de não autorizar o estabelecimento de novos regimes preferenciais. Por seu lado, sob a égide do o Comité dos Assuntos Fiscais a OCDE aprovou o Relatório "Concorrência fiscal prejudicial: um problema mundial", em que manifesta idênticas preocupações, tendo criado um *Forum* que vem actualizando esse Relatório[17].

Aliás, nesta sede da luta internacional contra a evasão fiscal, é importante ter presente que ela se insere num universo de preocupações bem mais amplo, ou seja, no mundo da luta contra a criminalidade internacional em que a evasão fiscal é cada vez mais um dos seus aspectos. Uma luta que, é bom que tenhamos consciência, enfrenta um enorme problema, já que à globalização do mercado do crime e do mercado da evasão fiscal, não corresponde, ao menos por enquanto, idêntica globalização na luta e menos ainda numa luta articulada contra tais fenómenos.

III. AVALIAÇÃO INDIRECTA E MANIFESTAÇÕES DE FORTUNA NA LUTA CONTRA A EVASÃO FISCAL

Fixando-nos, porém, mais especificamente no tema que consta do título destas considerações, vejamos então como a avaliação indirecta da matéria tributável ou colectável e a tributação com base nas manifes-

---

[17] V. o nosso estudo «A soberania fiscal no actual quadro de internacionalização, integração e globalização económicas», *Temas de Integração*, n.os 15 e 16, 1.º e 2.º semestres de 2003, p. 63 e ss. (81 e ss.).

tações de fortuna constituem instrumentos ou meios de luta contra a evasão fiscal.

Pois bem, a este respeito é de começar por duas observações. E a primeira ideia a reter, como de certo modo já resulta do que dissemos, é a de que estamos perante meios essencialmente administrativos, isto é, a desencadear e a aplicar pela Administração Fiscal.

Por seu lado, a segunda é para dizer que, se olharmos acriticamente para o art. 87.º da LGT, que contém a lista fechada das hipóteses em que há lugar à avaliação indirecta ou à determinação por métodos indirectos da matéria tributável ou colectável[18], então o título desta nossa exposição estaria errado, uma vez que a tributação com base em manifestações de fortuna integra duas das hipóteses das seis em que essa avaliação indirecta se concretiza. Todavia, como nesse artigo temos uma diversidade de situações, algumas das quais manifestamente se não reconduzem a qualquer avaliação indirecta, mas antes contêm a definição de rendimentos normais, então essa contraposição entre avaliação indirecta e manifestações de fortuna faz todo o sentido. Mas vejamos mais em pormenor, começando pela diversidade de situações consideradas avaliação indirecta, para nos fixarmos, depois, nas manifestações de fortuna.

6. A diversidade da avaliação indirecta

Pois bem, segundo o art. 87.º da LGT, a avaliação indirecta só pode efectuar-se em caso de: *a*) regime simplificado de tributação; *b*) impossibilidade de comprovação e de quantificação da matéria tributável de forma directa e exacta com base nos elementos da contabilidade; *c*) a matéria tributável do sujeito passivo se afastar, sem razão justificada, mais de 30% para menos ou, durante três anos seguidos, mais de 15% da que resultaria da aplicação dos indicadores objectivos da actividade de base técnico-científica previstos na lei; *d*) os rendimentos declarados em IRS se afastarem significativamente para menos, sem razão justificada, dos padrões de rendimento que razoavelmente possam permitir as manifestações de fortuna evidenciadas nos termos do art. 89.º-A da LGT;

---

[18] Pois a regra é a da avaliação directa como consta muito claramente do art. 81.º da LGT.

Avaliação indirecta e manifestações de fortuna na luta contra a evasão fiscal   115

e) os sujeitos passivos apresentarem, sem razão justificada, resultados tributáveis nulos ou prejuízos fiscais durante três anos consecutivos, salvo nos caos de início de actividade; *f)* os rendimentos declarados divergirem sem justificação em pelo menos um terço face aos acréscimos de património ou ao consumo evidenciado pelo sujeito passivo no respectivo período tributário[19].

Todavia, como logo salta à vista, estamos aqui perante situações bastante diferenciadas. Assim, podemos distinguir três tipos de situações, a saber: 1) uma tributação primária pelo rendimento normal, no caso dos regimes simplificados; 2) uma determinação da matéria colectável por métodos indirectos, no caso de impossibilidade de comprovação e quantificação directa; 3) uma tributação normal secundária das empresas imposta seja no caso de desvio significativo do lucro apurado para menos e no caso de sistemáticos resultados negativos ou nulos, seja no caso de afastamento do rendimento declarado em IRS face às manifestações de fortuna evidenciadas.

Ora, em rigor, apenas no caso de impossibilidade de comprovação e quantificação directa com base na contabilidade, estamos perante uma verdadeira situação de determinação da matéria colectável por métodos indirectos. Pois, nos outros casos, estamos, fundamentalmente, perante tributações assentes em rendimentos normais. Seja porque, logo à partida, se pretende tributar um rendimento normal, diverso portanto quer do rendimento real que venha mesmo a ser revelado pela contabilidade (como acontece com as empresas societárias que optem pelo regime simplificado, uma vez que não ficam dispensadas de ter contabilidade organizada)[20], quer do rendimento efectivamente determinado por méto-

---

[19] Sendo de esclarecer que as alíneas *d)* e *e)* foram aditadas pela Lei n.º 30-G/2000, de 29 de Dezembro, e a alínea *f)* aditada pela LOE/2005 (Lei n.º 55-B/2004, de 30 de Dezembro). V. também o nosso *Direito Fiscal*, cit., p. 305 e ss. e 359 e ss.

[20] Em que a tributação tem por base os seguintes coeficientes: 1) para as empresas individuais (que se aplica também às sociedades transparentes, por força do art. 53.º, n.º 13, do CIRC) de 0,20 do valor das vendas de mercadorias e de produtos, bem como do valor dos serviços prestados no âmbito das actividades de hotelaria, restauração e bebidas, e de 0,65 do valor dos restantes rendimentos; 2) para as empresas colectivas (com exclusão das sociedades transparentes) de 0,20 do valor das vendas de mercadorias e de produtos e de 0,45 do valor dos restantes proveitos, com exclusão da variação da produção e dos trabalhos para a própria empresa. O que, devemos acrescentar, revela um dualismo na tri-

dos indirectos[21]. Seja porque, embora se pretenda tributar rendimentos reais, os rendimentos declarados, em virtude das declarações se apresentarem desfasadas da normal racionalidade económica das empresas, de um lado, ou das manifestações de fortuna evidenciadas pelos indivíduos, de outro, se visa, caso o contribuinte não explique cabalmente esse desfasamento, um rendimento próximo do normal ou mesmo um rendimento normal[22].

Por um rendimento normal no caso das manifestações de fortuna, já que se o contribuinte não provar a origem extra rendimento dessas manifestações de fortuna, então será tributado pelo rendimento padrão constante do art. 89.°-A, o qual corresponde, para as manifestações inte-

---

butação das empresas, o qual, a nosso ver, pode levantar o problema da sua compatibilidade com as normas da constituição fiscal – v. o nossos estudos «Alguns aspectos da tributação das empresas», *cit.*, p. 394 e ss., e «Liberdade de gestão fiscal e dualismo na tributação das empresas», *cit.*, p. 430 e ss.

[21] O qual, nos termos do n.° 1 do art. 90.° da LGT, tem por base os seguintes elementos: a) as margens médias de lucro bruto ou líquido sobre as vendas e prestações de serviços ou compras e fornecimentos de serviços de terceiros; b) as taxas médias de rentabilidade do capital investido; c) os coeficientes técnicos de consumo ou utilização de matérias primas ou de outros custos directos; d) os elementos e declarações prestados à administração fiscal, incluindo os relativos a outros impostos, e, bem assim, os obtidos em empresas ou entidades que tenham relações com o contribuinte; e) a localização e dimensão da actividade; f) os custos presumidos em função das condições concretas do exercício da actividade; g) a matéria tributável do ano ou anos mais próximos que se encontre determinada pela administração tributária; h) o valor de mercado dos bens e serviços tributados; e i) uma relação congruente e justificada entre factos apurados e a situação concreta do contribuinte.

[22] Que a tributação pelo regime simplificado não se reconduz a qualquer avaliação indirecta é uma ideia amplamente subscrita, como não podia deixar de ser, pelo próprio legislador, seja da LGT, seja do CIRC. Assim a LGT, por um lado, afasta do regime simplificado os critérios e elementos próprios da determinação da matéria tributável por métodos indirectos, que constam do art. 90.° da LGT e, por outro lado, excepciona a aplicação ao regime simplificado do procedimento de revisão da matéria tributável determinada por métodos indirectos, um procedimento necessário para que esta determinação possa ser objecto de impugnação em sede da impugnação judicial da respectiva liquidação (arts. 86.°, n.° 5, e 91.°, n.° 1, da LGT). Por seu lado, o CIRC, no seu art. 54.°, aplicável também às empresas singulares por força do art. 31.° do CIRS, prescreve que a determinação do lucro tributável por métodos indirectos, salvo em caso de aplicação do regime simplificado, é efectuada pelo director de finanças da área da sede, direcção efectiva ou estabelecimento estável do sujeito passivo.

Avaliação indirecta e manifestações de fortuna na luta contra a evasão fiscal   117

grantes da alínea *d*) do art. 87.°, a 50% do valor das mesmas, e, para as manifestações integrantes da alínea *f*) do art. 87.° a toda a diferença entre o rendimento declarado e o acréscimo de património ou o consumo evidenciados.

Por um rendimento próximo do normal no caso de desvio significativo do lucro apurado para menos, de um lado, e de sistemáticos resultados negativos ou nulos, de outro. Muito embora, como resulta a seu modo desta divisão, estejamos perante duas situações de algum modo diversas.

Pois, enquanto na situação de desvio significativo para menos do lucro apurado com base na contabilidade, a determinação do lucro tributável se faz com o recurso a elementos exclusivamente objectivos, como se determina no n.° 2 do art. 90.° da LGT[23], já na situação de sistemáticos resultados negativos ou nulos[24] a determinação do lucro tributável deve fazer-se, como na situação de verdadeira avaliação indirecta, com base nos elementos objectivos e subjectivos constantes do n.° 1 do referido art. 90.° da LGT[25].

Efectivamente, em ambos estes casos, se o contribuinte não justificar o mencionado desvio do lucro para menos ou os sistemáticos resultados negativos ou nulos, acabamos por estar perante situações de tributação por um lucro (que se aproxima mais ou menos do) normal, uma vez que estamos perante entidades sujeitas a contabilidade organizada e cujas con-

---

[23] Em que se dispõe: "No caso de a matéria tributável se afastar significativamente para menos, sem razão justificada, dos indicadores objectivos de base técnico-científica, a sua determinação efectua-se de acordo com esses indicadores". Uma solução que, não obstante a crítica incisiva da doutrina, considerando-a inconstitucional, o TC julgou, embora por sete votos contra seis, não inconstitucional no seu Ac. 84/2003 – *AcTC*, vol. 55, p. 91 e ss. Para a crítica da doutrina, v., por todos, XAVIER DE BASTO, «O princípio da tributação do rendimento real e a Lei Geral Tributária», *Fiscalidade*, 5, Janeiro 2001, p. 5 e ss. (17 e ss.), e o nosso estudo «O quadro constitucional da tributação das empresas», *Nos 25 Anos da Constituição da República Portuguesa de 1976*, aafdl, Lisboa, 2001, p. 339 e ss. (371 e ss.). V. também a anotação àquele acórdão feita por SALDANHA SANCHES, «O pagamento especial por conta de IRC: questões de conformidade constitucional», *Fiscalidade*, 15, Julho de 2003, p. 5 e ss.

[24] Uma hipótese de avaliação indirecta que, como a concretizada nas manifestações de fortuna, foi acrescentada pela que ficou conhecida por "reforma fiscal" de 2000, constante da Lei n.° 30-G/2000, de 29 de Dezembro.

[25] Reproduzidos *supra* na nota 21. V. no sentido do que dizemos no texto, o nosso *Direito Fiscal*, cit., p. 305 e ss.

118   *Estudos de Direito Fiscal*

tas não merecem censura, pois se merecessem censura então estaríamos caídos na situação de impossibilidade de comprovação e quantificação directa com base na contabilidade, isto é, numa situação de verdadeira determinação da matéria tributável com base em métodos indirectos prevista na referida alínea *b*) do art. 87.° da LGT.

7. As manifestações de fortuna

Mas vamos às manifestações de fortuna previstas no art. 89.°-A da LGT[26]. E a primeira coisa a assinalar nesta sede é a de que, ao contrário do que se possa pensar, sobretudo com base na sempre excessiva exposição mediática dos meios de luta contra a evasão fiscal, estamos perante um instrumento com alcance limitado, o qual se revela num tríplice limite.

De um lado, é um instrumento que se cinge ao IRS, não dizendo respeito, por conseguinte, à generalidade dos impostos. Nem sequer respeita a toda a tributação do rendimento, já que não se aplica em sede do IRC. O que limita, desde logo, em muito o alcance que uma tal medida contra a evasão fiscal.

Depois, é preciso ter presente que o IRS proporcionado pelos rendimentos das categorias A e H, isto é pelos rendimentos do trabalho dependente de hoje (categoria A) e de ontem (categoria H), cuja tributação, atenta a técnica tributária de retenção na fonte, não dão azo a situações de evasão, atinge mais de 80% das receitas do IRS. O que significa que estamos perante um instrumento de luta basicamente contra o rendimento empresarial e profissional, o rendimento da categoria B, o qual não deixa, a seu modo, de se apresentar como um rendimento residual ou mesmo marginal.

Finalmente, temos que ter em conta a competência e o procedimento que tem de ser desencadeado para a aplicação da tributação com base nas manifestações de fortuna. Pois, nos termos do agora n.° 6 do referido art. 89.°-A da LGT[27], "a decisão de avaliação da matéria colectável pelo

---

[26] Que, como é sabido, foi aditado pela "reforma fiscal" de 2000, constante da Lei n.° 30-G/2000.

[27] Resultante da redacção que lhe foi dada pela LOE/2005.

método indirecto constante deste artigo é da exclusiva competência do director-geral dos impostos, ou seu substituto legal sem possibilidade de delegação".

A esta decisão de avaliar a matéria colectável com base nas manifestações de fortuna, que não pode deixar de ser devidamente fundamentada, como o exige o art. 77.º da LGT, segue-se um procedimento de audição do sujeito passivo destinatário da decisão, em que lhe cabe "a comprovação de que correspondem à realidade os rendimentos declarados e de que é outra a fonte das manifestações de fortuna ou o acréscimo de património ou o consumo evidenciados", como se prescreve no n.º 3 do referido art. 89.º-A[28].

Para além de que, dessa decisão de determinação da matéria colectável, nos termos do agora n.º 7 desse mesmo artigo da LGT, cabe recurso para o tribunal tributário, um recurso com efeito suspensivo e a tramitar como processo urgente, segundo a tramitação prevista no art. 146.º-B do CPPT[29].

Depois, se entrarmos mais a fundo nas manifestações de fortuna, contempladas pelo legislador, como indícios de desfasamento entre a declaração de rendimentos e os rendimentos efectivamente auferidos, verificamos que apenas algumas fortunas são as visadas, as quais, como é fácil de constatar, não constituem sequer as maiores fortunas dos dias de hoje.

Na verdade, essas manifestações são, basicamente, os imóveis e alguns bens de consumo duradouro como os automóveis, as aeronaves de turismo, os barcos de recreio e os motociclos, como se pode ver pelo quadro das manifestações de fortuna e dos correspondentes rendimentos padrão constante do n.º 4 do art. 89.º-A, em que temos:

---

[28] Na redacção da LOE/2005, uma vez que, na redacção anterior, exemplificava as fontes de manifestações de fortuna a que o contribuinte podia recorrer para provar a correspondência à realidade dos rendimentos declarados, dispondo que "… cabe ao sujeito passivo a prova de que correspondem à realidade os rendimentos declarados e de que é outra a fonte das manifestações de fortuna evidenciadas, nomeadamente, herança ou doação, rendimentos que não esteja obrigado a declarar, utilização do seu capital ou recurso ao crédito".

[29] Que é, sublinhe-se, a tramitação do processo do recurso contra as decisões da Administração Fiscal de levantamento do sigilo bancário.

	Manifestações de fortuna	Rendimento padrão
1	Imóveis de valor de aquisição igual ou superior a € 250000.	20% do valor de aquisição
2	Automóveis ligeiros de passageiros de valor igual ou superior a € 50000 e motociclos de valor igual ou superior a € 10000.	50% do valor no ano de matrícula, com o abatimento de 20% por cada um dos anos seguintes.
3	Barcos de recreio de valor igual ou superior a € 25000.	Valor no ano de registo, com o abatimento de 20% por cada um dos anos seguintes.
4	Aeronaves de turismo.	Valor no ano de registo, com o abatimento de 20% por cada um dos anos seguintes.
5	Suprimentos e empréstimos feitos no ano de valor igual ou superior a € 50000.	50% do valor anual.

É certo que na LOE/2004 foram acrescentadas a essas manifestações os suprimentos e empréstimos (integrados, como pode ver-se, nesse quadro) e na LOE/2005 os acréscimos de património e o consumo superiores em pelo menos um terço aos rendimentos declarados. Mas convenhamos que, tirando os suprimentos, que são relativamente fáceis de detectar, dado estarem os mesmos evidenciados na contabilidade das sociedades, as outras manifestações acrescentadas nos últimos anos àquela lista, mormente os referidos acréscimos de património e o consumo evidenciados, muito dificilmente conduzirão à correcção das declarações de rendimentos, já que se trata de manifestações largamente indetectáveis.

O que quer dizer que os mais afortunados, os detentores das verdadeiras fortunas de hoje, ou seja, os detentores de fortunas constituídas por valores mobiliários, obras de arte, jóias, etc., continuam a salvo. Pois, ou tais bens nem sequer são visados pelas leis relativas às manifestações de fortuna, ou, ainda que as referidas leis os tenham por objecto, como parece acontecer com a recentemente acrescentada al. *f)* do art. 87.° da LGT, efectivamente correm muito escassos ricos de serem detectados ou apanhados.

Mais duas considerações relativas às manifestações de fortuna. Uma, para sublinhar que, para o director-geral dos impostos ou seu substituto legal poder desencadear a determinação da matéria colectável com base no rendimento padrão correspondente a essas manifestações de fortuna, é necessário que se verifique o respectivo pressuposto, isto é, segundo o n.° 1

Avaliação indirecta e manifestações de fortuna na luta contra a evasão fiscal 121

do referido art. 89.°-A, que o contribuinte não tenha entregue a declaração de rendimentos e evidencie as referidas manifestações de fortuna ou declare rendimentos que mostrem uma desproporção superior a 50%, para menos, em relação ao rendimento padrão correspondente a essas manifestações.

Um pressuposto que, nos termos dos n.ºs 3 e 5 desse art. 89.°-A, não se aplica à hipótese da alínea *f)* do art. 87.°, acrescentada pela LOE/2005, uma vez que esta tem, nos termos desse preceito, um pressuposto próprio, que é a verificação de uma divergência não justificada de, pelo menos, um terço entre os rendimentos declarados e o acréscimo de património ou o consumo evidenciados pelo sujeito passivo no correspondente período de tributação.

O que significa que se verifica, nesta hipótese, uma situação agravada face aos demais casos de manifestações de fortuna. Com efeito, para além de se exigir para desencadear a correcção da matéria colectável um desfasamento menor entre o rendimento declarado e as manifestações de fortuna, bastando que estas ultrapassem em mais de um terço o rendimento declarado (em vez de essa ultrapassagem ser em mais de 50%), é considerado rendimento colectável todo o acréscimo de património ou o consumo evidenciado, que vai além do rendimento declarado, o que não acontece com a maioria das demais manifestações de fortuna, as quais, no caso de se verificar o mencionado desfasamento, é considerado rendimento colectável um rendimento padrão de 20% ou 50% da correspondente manifestação[30].

Outra consideração para dizer que os rendimentos correspondentes ao rendimento padrão ou ao acréscimo de património ou ao consumo evidenciados, constituem rendimentos que se enquadram na categoria G do IRS, isto é, nos incrementos patrimoniais, nos termos dos n.ºs 4 e 5 desse art. 89.°-A e da al. *e)* do n.° 1 e do n.° 3 do art. 9.° do CIRS. Rendimentos que, porque se trata de incrementos patrimoniais que não são mais valias, têm de característico o facto de não beneficiarem de qualquer dedução específica, sendo assim objecto de englobamento enquanto rendimentos brutos[31].

---

[30] Com excêpção, como se pode ver no quadro reproduzido, das manifestações de fortuna constituídas pelos barcos de recreio e aeronaves de turismo.

[31] Assim o prescreve o art. 42.° do CIRS.

IV. A IMPERIOSA NECESSIDADE DE SIMPLIFICAÇÃO

Chegados aqui, que concluir, então, quanto aos préstimos da avaliação da matéria colectável por métodos indirectos e do recurso a manifestações de fortuna como instrumentos de luta contra a evasão fiscal? Um pergunta cuja resposta passa por referir o alcance limitado de tais instrumentos e pela necessidade de simplificação, em particular em sede da tributação das empresas.

8. Os limitados préstimos desses instrumentos na luta contra a evasão fiscal

Pois bem, como resulta do que fomos dizendo, os préstimos que podemos pedir a tais instrumentos são relativamente limitados. Com efeito, para além de ser importante separar claramente a luta contra a evasão fiscal do problema maior com que se defronta o nosso país, o problema do desequilíbrio estrutural das contas públicas, é do maior interesse não alimentar ilusões quanto aos resultados que esses meios nos podem proporcionar em sede da luta contra a evasão fiscal. Assim e antes de mais, é bom que tomemos plena consciência de que o problema número um com que o nosso país se defronta é o problema da despesa pública, seja pelo nível incomportável que atinge, seja pela sua enorme ineficiência. Por isso, é imperioso que o Estado deixe de gastar muito e de gastar mal.

É certo que, mesmo não havendo, ao contrário do que ocorre em Espanha[32], parâmetros constitucionais de natureza material relativamente à programação e execução das despesas públicas, isso não significa que estas não tenham de obedecer a limites e critérios jurídicos, como são os que decorrem das leis relativas ao orçamento e contabilidade públicos[33].

---

[32] Em cujo art. 31.°, n.° 2, se prescreve que «as despesas públicas assegurarão uma repartição equitativa dos recursos públicos e a sua programação e execução serão feitas em função dos critérios de eficiência e de economia».

[33] Constantes entre nós sobretudo da Lei de Enquadramento do Orçamento do Estado, presentemente contida na Lei n.° 91/2001, de 20 de Agosto. Quanto ao problema de que tratamos no texto, v. o nosso *Dever Fundamental de Pagar Impostos*, cit., p. 373 e ss. e 606 e ss., e J. MARTIN QUERALT/C. LOZANO SERRANO/G. CASADO OLLERO/J. M. TEJERICO LÓPEZ, *Curso de Derecho Financiero y Tributario*, 15.ª ed. Tecnos, Madrid, 2005, p. 145 e ss.

Avaliação indirecta e manifestações de fortuna na luta contra a evasão fiscal 123

Muito embora, como vem sendo reconhecido, a falta de atenção constitucional de que têm sido objecto as despesas públicas, resultado da excessiva concentração das preocupações constitucionais em torno do poder tributário, levou ao esquecimento constitucional do poder de gastar. Um poder que, para além de estar intimamente ligado ao poder tributário, constituindo assim a outra face da mesma moeda, constituída pelo fenómeno financeiro, não raro se apresenta mesmo na veste de poder tributário, como ocorre no caso das chamadas "despesas fiscais"[34].

Depois, é importante sublinhar que neste domínio, como na generalidade da nossa ordem jurídica, temos a péssima política legislativa de estabelecer patamares, fasquias, excessivamente elevadas para as nossas reais capacidades de aplicação. O que tem tido, como consequência inevitável, o incumprimentos generalizado duma parte muito significativa do nosso ordenamento jurídico. Uma ideia bem presente, de resto, na actual disciplina, cada vez mais superlativa, da luta contra a evasão fiscal, a qual, por se ter tornado, sobretudo por pressão dos meios de comunicação social, tão obsessiva e exigente, em vez de travar efectivamente a evasão fiscal, afugenta o investimento nacional e estrangeiro. Na verdade, o carácter extremamente complexo, manifestamente labiríntico e permanentemente instável, dessa disciplina constitui mais um elevado "custo de contexto", a somar a muitos outros em que o nosso país é fértil, que afugenta quaisquer investidores mesmo os mais audaciosos e empreendedores[35].

Mas, voltando aos instrumentos de luta contra a evasão fiscal aqui em consideração, não podemos concluir senão que a luta que pode ser alvo de tais instrumentos é muito limitada. Limitada, desde logo, porque esses instrumentos ou dizem respeito fundamentalmente à tributação do rendimento, como acontece com os métodos indirectos de determinação da matéria colectável, ou respeitam mesmo apenas a parte do rendimento, como sucede com as manifestações de fortuna. Mas limitada também

---

[34] V., a respeito destas, GUILHERME WALDEMAR D'OLIVEIRA MARTINS, *A Despesa Fiscal e o Orçamento do Estado no Ordenamento Jurídico Português*, Almedina, Coimbra, 2004. Por seu lado, quanto ao actual "esquecimento do poder de gastar", v. o nosso estudo «A constituição fiscal de 1976, sua evolução e seus desafios», no livro *Por um Estado Fiscal Suportável – Estudos de Direito Fiscal*, cit., p. 142 e ss.

[35] V., quanto a estes custos de contexto, TÂNIA MEIRELES DA CUNHA, *O Investimento Directo Estrangeiro e a Fiscalidade*, Almedina, Coimbra, 2005, especialmente p. 91 e ss.

e sobretudo no quadro geral da actuação da Administração Fiscal na luta contra a evasão fiscal, já que a multiplicidade, diversidade, instabilidade e grau de complexidade da legislação fiscal no domínio da tributação das empresas, o domínio em que o fenómeno da evasão fiscal largamente se concentra, torna impraticável senão mesmo impossível essa missão.

O que não surpreende e impõe sobretudo um esforço sério de simplificação da tributação, em especial da tributação das empresas. E não surpreende porque é bom termos presente que os meios ou instrumentos de luta contra a evasão fiscal devem ser dominadas pelo bom senso, tendo, por conseguinte, uma importante função pedagógica. Pois eles assemelham-se àquele tipo de armas poderosas que valem fundamentalmente mais pela sua existência e presença no sistema do que pelas suas reais possibilidades de utilização. Ai de nós se tais meios ou instrumentos fossem objecto de uma aplicação quotidiana ou massificada, pois, numa tal situação, perderiam muita, senão mesmo a totalidade, da sua operacionalidade.

9. A necessidade de simplificação geral

Por seu turno, torna-se imperiosa a necessidade de simplificação do sistema fiscal. O que convoca, naturalmente, o legislador para que simplifique todo o complexo sistema de tributação do rendimento, sobretudo no que respeita à tributação e obrigações das empresas. Designadamente impõe-se que o legislador desonere as empresas da rede labiríntica de obrigações acessórias que crescentemente as tem vindo a manietar.

Na verdade, quase todas as alterações e modificações, que anualmente vêm sendo introduzidas na numerosíssima legislação fiscal, com destaque para as que todos os anos são inseridas ou autorizadas na lei do orçamento, se concretizam em novas e mais complexas obrigações acessórias para as empresas, num processo de produção legislativa que é sempre a somar no grau de complexidade e de dificuldade. Uma complexidade que atinge quase o paroxismo no bem conhecido domínio dos benefícios fiscais, em que não obstante a codificação constituída pelo EBF, têm vindo a proliferar a mais dispersa legislação avulsa carecida, na maior parte dos casos, da mais elementar racionalidade jurídica e/ou económica.

Particularmente grave neste domínio é a permanente instabilidade do quadro normativo dos impostos que se não compadece minimamente com a actividade empresarial que requer uma exigente planificação de médio e longo prazo, tendo em conta os custos, incluindo naturalmente os custos fiscais, nos quais é previsível incorrer. Pelo que, perante tão instáveis regras do jogo económico, que o quadro normativo dos impostos inequivocamente integra, é compreensível que os empresários, que, no actual contexto de globalização, têm praticamente todo o mundo para realizar os seus investimentos, estejam cada vez menos disponíveis para investir e exercer uma actividade económica em Portugal[36].

Impõe-se, por isso, reduzir, e reduzir significativamente, o número de leis fiscais que nos regem, bem como simplificar as restantes, de modo a que tenhamos uma legislação fiscal que não só seja susceptível de ser aplicada, mas sobretudo possa ser aplicada com custos bem menores do que aqueles que se verificam actualmente. Assim como há que fazer um esforço sério e consequente no sentido de reconduzir aos diversos códigos fiscais, gerais como a LGT, o CPPT e o RGIT, ou especiais relativos aos diversos impostos, conferindo racionalidade e estabilidade à numerosa legislação avulsa que crescentemente se tem vindo a acumular fora dessas codificações[37].

Para além de que, é importante referir e sublinhar, incumbe ao legislador, quando adoptar qualquer lei, e particularmente quando se trata de leis no domínio da luta contra a evasão fiscal, proceder à devida ponderação custos/benefícios. O que servirá, nomeadamente, para não "investir" em medidas de combate à evasão fiscal cuja complexidade e custos de aplicação se não coadunam minimamente com as receitas fiscais que as mesmas visam salvaguardar ou recuperar. Pois é reconhecido que os encargos decorrentes da complexidade do sistema fiscal são enormes mesmo em países com sistemas económicos e fiscais cuja eficiência é muito superior à que se verifica entre nós[38].

Daí que a palavra de ordem, que se ouve um pouco por toda a parte e que tende a ser repetida até à exaustão, seja de a simplificar, simplificar, simplificar... Isto se e na medida em que se não queira (ou se não possa ainda) enveredar por uma solução mais arrojada, para não dizer mais radi-

---

[36] Uma realidade em relação à qual o actual Governo começa a dar sinais de querer alterar, inscrevendo-se inequivocamente nesse sentido o recente anúncio de criação de duas comissões: uma para a simplificação e outra para a reforma dos benefícios fiscais.

[37] V., a tal respeito, o nosso *Direito Fiscal*, cit., p. 206 e ss.

[38] V. para esse problema o recente tratamento de que foi alvo no artigo «The flat-tax revolution», *The Economist*, 16 de Abril de 2005, p. 9 e 63-65.

cal, em sede da tributação do rendimento, como a que tem vindo a ser adoptada, com enorme êxito revelado nos níveis de crescimento económico atingidos, pelos países do Leste Europeu, que aderiram à que vem sendo designada por *flat-tax revolution*, concretizada na opção por uma tributação simples, proporcional e em regra relativamente baixa do rendimento pessoal e empresarial. Uma revolução que, tendo começado nos países bálticos, em meados da década de noventa do século passado, que adoptaram taxas ainda relativamente elevadas[39], vem prosseguindo neste século noutros países de Leste a optarem por taxas que se situam abaixo dos 20%[40].

O que tem conduzido a uma solução em sede da tributação do rendimento que, dada a concorrência fiscal que hoje em dia praticamente não conhece fronteiras, com particular destaque para os países que fazem parte do mercado mais integrado da União Europeia, não pode deixar de ser tida em devida conta pelos demais Estados, sobretudo por parte daqueles Estados que têm um sistema de tributação do rendimento extremamente complexo e em larga medida ineficiente como é indiscutivelmente o caso de Portugal[41]. O que tem particular incidência em sede da tributação das empresas, em relação à qual é urgente enveredar pelo caminho da simplificação.

10. A simplificação na tributação das empresas

Efectivamente, tendo em consideração a tributação das empresas, parece-nos que o legislador nacional devia, designadamente, distinguir, no respeitante ao rendimento tributável e aos métodos de determinação do mesmo, entre três tipos de empresas, ou seja, entre as micro-empresas, as pequenas e médias empresas e as grandes empresas. Uma exigência

---

[39] Assim 33% para a Lituânia, 26% para a Estónia e 25% para a Letónia – v. «The flat-tax revolution», *cit.*, p. 64.

[40] Assim a Rússia, Sérvia, Ucrânia, Eslováquia, Geórgia e Roménia – v. «The flat--tax revolution», *cit.*, p. 64. Sobre o problema v. igualmente e por todos, RICHARD A. MUSGRAVE, «Clarifyind tax reform», in IDEM, *Public Finance in a Democratic Society.* vol. III – *The Foundations of Taxation and Expenditure*, Edward Elgar, UK & USA, 2000, p. 457 e ss.

[41] V. o citado artigo «The flat-tax revolution».

Avaliação indirecta e manifestações de fortuna na luta contra a evasão fiscal 127

cuja justificação não parece difícil, bastando-nos referir que é do mais relevante interesse distinguir entre esses três tipos de empresas de modo a que as exigências que o direito dos impostos faz às empresas, mormente no que à definição e determinação da matéria tributável diz respeito, sejam devidamente pautadas pela ideia de proporcionalidade. Um princípio que, não obstante a sua permanente afirmação, está longe de ser devidamente observado pelo legislador fiscal[42].

Daí que, tendo em conta a definição/determinação da matéria colectável ou tributável das empresas, devam estas ser distribuídas por micro-empresas, a tributar com base num rendimento normal, pequenas e médias empresas, a tributar com base num rendimento real a apurar fundamentalmente através de elementos de natureza objectiva, e grandes empresas, estas sim, a tributar com base no rendimento real revelado pela contabilidade organizada.

Assim e no respeitante às micro-empresas devem as mesmas ser dispensadas, tanto quanto possível, de quaisquer burocracias empresariais ou fiscais, assentando a sua tributação num rendimento normal a definir preferentemente em concertação com as próprias empresas através das respectivas associações, prescindindo-se por conseguinte da exigência de contabilidade organizada e obtendo-se a determinação do correspondente imposto da maneira mais simples possível. Isto é, de maneira que o imposto seja um resultado apurado em termos praticamente automáticos. Um desiderato que, a nosso ver, pode ser alcançado através do aperfeiçoamento do actual regime simplificado assente nos coeficientes[43].

Por seu lado, no que concerne às pequenas e médias empresas, estas devem ser tributadas com base fundamentalmente em indicadores objectivos do tipo dos tidos em conta na nossa legislação actual, especialmente nos arts. 28.º e 31.º do CIRS e 53.º do CIRC, com a designação de "indicadores objectivos de base técnico-científica", a determinar e aprovar pelo

---

[42] O que não se verifica apenas no que à definição e determinação da matéria tributável diz respeito, mas também e de maneira superlativa no domínio dos chamados deveres acessórios que actualmente submergem as empresas, deixando-as quase sem folgo para respirar. Sobre estes múltiplos deveres acessórios e a necessidade de os mesmos serem objecto de um adequado enquadramento constitucional, v., por todos, MARIA ESTHER SÁNCHEZ LÓPEZ, *Los Deberes de Información Tributaria desde la Perspectiva Constitucional*, Centro de Estudios Políticos y Constitucionales, Madrid, 2001.

[43] Mencionados *supra*, na nota 20.

Ministro das Finanças para cada um dos diferentes sectores da actividade económica. E se a determinação desses indicadores, como vem sendo afirmado, se revela impraticável em virtude da complexidade que apresenta e das dificuldades que acarreta no respeitante à generalidade dos sectores económicos, então proceda-se a essa definição relativamente àqueles sectores económicos em que a sua determinação não apresenta grande complexidade nem acarreta dificuldades de maior. A que acresce deverem participar nessa determinação as empresas do respectivo sector, sobretudo através das suas associações, de modo a que esses indicadores se aproximem tanto quanto possível da realidade empresarial e económica em causa. Um tipo de tributação das empresas que, devemos assinalar, ao fim e ao cabo, não anda longe daquele que encontramos lá fora, com expressão, por exemplo, na "estimação objectiva" espanhola[44], na "avaliação *forfaitaire*" francesa ou na *Pauschalbesteurung* alemã.

Já as grandes empresas, essas sim, devem ser tributadas exclusivamente com base no lucro real, no lucro revelado pela contabilidade organizada. Com efeito, em relação a estas, já se não revelarão desproporcionadas as exigências implicadas na obrigatoriedade de contabilidade organizada e na sua elaboração em conformidade com os sãos princípios da contabilidade[45].

É certo que estas ideias de simplificação do sistema de tributação do rendimento das empresas nos trazem à lembrança o sistema fiscal anterior, em que as empresas eram tributadas em Contribuição Industrial com base em três grupos: o grupo C, das micro-empresas, tributadas pelo seu rendimento normal; o grupo B, das pequenas e médias empresas, tributadas pelo seu rendimento real presumido; e o grupo A, das grandes empresas, tributadas pelo seu rendimento real evidenciado na contabilidade. O que não deve surpreender, pois tais ideias inscrevem-se, ao fim e ao cabo, num quadro mais amplo de mudança dos actuais sistemas fiscais que caminham

---

[44] V. os arts. 51.º a 53.º da actual *Ley General Tributaria* e na doutrina CARMEN BANACLOCHE PALAO, *La Estimación Indirecta*, Aranzadi, Navarra, 2002, esp. p. 60 e ss. Cf. também ANTÓNIO J. SÁNCHEZ PINO e LUÍS A. MALVÁREZ PASCUAL, *La estimación Indirecta en el Âmbito de la Gestión Tributária*, Aranzadi, Navarra, 2000.

[45] Uma simplificação, que é bom sublinhar, não pode cingir-se à tributação das empresas, antes requer que abarque toda a tributação, a começar pela tributação do rendimento pessoal, como bem sendo discutido pela literatura fiscal, em consequência sobretudo da referida *flat-tax revolution* – v. sobre o problema e por todos, o citado estudo de RICHARD A. MUSGRAVE, «Clarifyind tax reform».

num sentido algo oposto àquele que vinham trilhando até ao último quartel do século XX e cuja linha evolutiva ia no sentido: 1) dos impostos indirectos (sobre o consumo) para os impostos directos (*maxime* sobre o rendimento); 2) dentro dos impostos directos, dos impostos reais e proporcionais para os impostos pessoais e progressivos; e 3) dentro dos impostos indirectos, dos impostos especiais (*acises, excises*) sobre o consumo para os impostos gerais sobre o consumo (mormente para impostos tipo IVA). Ora todo este quadro de evolução começou a ser posto em causa nos finais do século passado: primeiro, de uma maneira mais ténue, a partir dos anos oitenta[46]; depois, de uma maneira mais pronunciada, a partir dos anos noventa, esse quadro não só deixou de evoluir no sentido em que vinha evoluindo, como começou a inverter a sua marcha[47].

Por isso e em jeito de conclusão final, independentemente de sabermos se a evolução ou a revolução dos sistemas fiscais, em especial da tributação do rendimento, que aí vem, representa o regresso ao passado ou é, antes, um salto em frente, do que não temos a menor dúvida é de que a solução dos sistemas fiscais como o nosso não tem futuro. Por conseguinte, é bom que nos convençamos, e nos convençamos quanto antes, que temos de mudar de vida, mormente para que não aconteça como tem sido tradicional, desde há alguns séculos, com o nosso país a apanhar quase sempre o comboio tardiamente, ou seja, num momento em que os outros países, por via de regra, já estão em vias de apanhar o comboio seguinte. Ora, para invertermos essa nossa má sina de chegarmos sempre atrasados, bom é que um dia nos disponhamos a acordar mais cedo, surpreendendo-nos e surpreendendo os outros países com a pontualidade que se impõe...

---

[46] Pois foi a partir do início dessa década que, em países com a carga fiscal elevada, se elegeram governos conservadores que encetaram reformas fiscais no sentido oposto àquele que até aí havia sido desenvolvido, como ocorreu nos Estados Unidos da América, no Reino Unido e na Suécia – v. sobre tais reformas SVEN STEINMO, *Taxation and Democracy. Swedish, British and American Approaches to Financing the Modern State*, Yale UP, New Haven and London, 1993, esp. p. 156 e ss.

[47] Para maiores desenvolvimentos deste aspecto, v. os nossos estudos «Solidariedade social, cidadania e direito fiscal», e «Alguns aspectos da tributação das empresas», no livro *Por um Estado Fiscal Suportável – Estudos de Direito Fiscal*, cit., respectivamente, p. 114 e ss. e p. 403 e ss.

5. A REVOGAÇÃO DO ACTO TRIBUTÁRIO NA PENDÊNCIA DA IMPUGNAÇÃO JUDICIAL *

Sumário

I. O deferimento do recurso hierárquico pelo SEAF
1. O enquadramento legal
   1.1. A hierarquia administrativa
   1.2. O recurso hierárquico
   1.2. A revogação dos actos administrativos
2. A interpretação dos n.os 3 e 5 do art. 111.° do CPPT

II. A inutilidade superveniente da lide

III. Conclusões

Com o presente texto pretendemos analisar em que termos pode a Administração Fiscal revogar os actos tributários na pendência da sua impugnação judicial. Mais especificamente vamos procurar responder às duas questões seguintes:

1) Pode o Secretário de Estado dos Assuntos Fiscais (SEAF), junto de quem se interpôs recurso hierárquico de um acto tributário, proferir despacho sobre este quando já esteja pendente em juízo processo de impugnação judicial desse acto de liquidação, desig-

---

* Este texto, elaborado para os *Estudos em Homenagem ao Prof. Doutor Paulo de Pitta e Cunha*, corresponde, na sua parte substancial, a um parecer que demos em 2006, o qual aguarda publicação também na *Revista de Legislação e de Jurisprudência*, ano 137.°, 2007/08.

nadamente se ainda não decorreu o prazo para a correspondente resposta, e revogar o acto impugnado[1]?

2) Em caso de resposta afirmativa, pode concluir-se que o despacho do SEAF se traduz no provimento do correspondente recurso hierárquico, devendo determinar a obrigatoriedade para a Administração Fiscal de proceder à anulação do acto tributário objecto de impugnação judicial com as demais consequências, tanto administrativas como judiciais?

São pois estas as questões que vamos responder, pela ordem que estão formuladas, a qual, de resto, se impõe até pelo encadeamento lógico em que assentam. Sendo de esclarecer que, no respeitante à segunda das questões, a resposta se reconduz, como bem se compreende, basicamente a saber se ocorre ou não uma situação de inutilidade superveniente da lide em sede do processo de impugnação judicial por falta de objecto.

I. O DEFERIMENTO DO RECURSO HIERÁRQUICO PELO SEAF

E a primeira das questões é, recordemos: pode o SEAF, enquanto superior hierárquico a quem foi submetido recurso hierárquico, proferir despacho sobre o mesmo quando já esteja pendente em juízo processo de impugnação judicial sobre o acto de liquidação, designadamente se ainda não decorreu o prazo para a correspondente resposta, e revogar o acto impugnado?

A resposta a esta questão é, em nossa opinião, uma resposta positiva. Efectivamente, não encontramos nenhuma norma, nem no plano mais geral do direito administrativo, em que o direito fiscal se insere como direito administrativo especial[2], nem no plano mais específico do direito fiscal, a impor uma resposta negativa a tal questão. Bem pelo contrário. Se apreendemos bem o sentido que os pertinentes preceitos legais comportam, em ambos esses planos a resposta que o ordenamento jurídico nos dá vai inequivocamente no sentido de que o superior hierárquico não só tem o poder para revogar o acto tributário administrativamente impug-

---

[1] É de referir que no caso estava em causa um despacho de "concordo" do SEAF aposto num parecer do Centro de Estudos Fiscais a sustentar a revogação por ilegalidade de um acto de liquidação de IRC.

[2] Cf. o nosso *Direito Fiscal*, 4.ª ed., Almedina, Coimbra, 2006, p. 73 e ss.

A revogação do acto tributário na pendência da impugnação judicial 133

nado, como sobre ele impende, de algum modo, o dever de revogar esse acto por se tratar dum acto tributário inválido.

O que resulta, desde logo, dos próprios institutos clássicos do direito administrativo (comuns ao direito fiscal), que enquadram a questão em apreciação, isto é, a legitimidade do SEAF para proferir despacho sobre recurso hierárquico anulando o acto tributário entretanto impugnado judicialmente, a saber: a hierarquia administrativa, o recurso hierárquico e a revogação dos actos administrativos inválidos. De outro lado, há normas legais tanto no direito administrativo geral como no direito fiscal que vão claramente no sentido duma tal solução.

Uma solução que devemos adiantar, desde já, não é posta em causa pelo disposto no n.º 3 do art. 111.º do Código de Procedimento e de Processo Tributário (CPPT), enquanto aplicável *ex vi* do n.º 5 desse mesmo preceito, ao recurso hierárquico interposto contra decisão de reclamação graciosa. Isto se procedermos a uma interpretação e aplicação devidamente articulada e harmonizada deste preceito com os demais preceitos e princípios legais pertinentes.

Vejamos então os dois aspectos focados: de um lado, o enquadramento legal fornecido tanto pelos institutos clássicos do direito administrativo como por específicas disposições legais do direito administrativo e do direito fiscal que vão no sentido proposto; de outro lado, uma interpretação e aplicação devidamente articulada e harmonizada do n.º 3 (aplicável *ex vi* do n.º 5) do art. 111.º do CPPT com os preceitos e princípios legais pertinentes não se opõe à solução indicada.

1. O enquadramento legal

Analisemos, pois, com algum vagar, como não só o regime jurídico próprio dos institutos da hierarquia administrativa, do recurso hierárquico e da revogação dos actos administrativos inválidos, como também as expressas disposições legais do direito administrativo e do direito fiscal, permitem uma resposta positiva à questão que aqui enfrentamos.

1.1. Quanto ao instituto da *hierarquia administrativa*[3], para o que aqui nos interessa, basta referir que é da própria natureza da relação de hie-

---

[3] V., quanto ao referido instituto e por todos, L. C. Cunha Valente, *A Hierarquia Administrativa*, Coimbra Editora, Coimbra, 1939; D. Freitas do Amaral, *Conceito e*

rarquia que os superiores tenham competência para revogar os actos praticados pelos seus subalternos, sobretudo se tais actos forem inválidos. Pois a relação hierárquica, enquanto relação hierárquica externa, isto é, hierarquia entre órgãos administrativos, mesmo que não se traduza ou reconduza à velha fórmula concretizada na regra segundo a qual "a competência dos superiores abrange sempre a dos subalternos"[4], invocada para suportar um certo entendimento dos poderes em que se analisa a hierarquia, mais especificamente o poder de substituição, continua a materializar-se num conjunto de poderes dos superiores hierárquicos sobre os respectivos subalternos.

Ou, por outras palavras, a hierarquia mantém como seu conteúdo específico um conjunto de poderes dos superiores sobre os subalternos, entre os quais se conta, como um dos mais típicos, o poder de supervisão, isto é, o poder de revogar ou suspender os actos dos órgãos subalternos. Revogação ou suspensão dos actos dos órgãos subalternos que tanto pode ser levada a cabo ou exercida por iniciativa do próprio superior hierárquico, avocando a si a decisão ou resolução do caso, como por iniciativa do administrado ou interessado concretizada através do correspondente recurso hierárquico.

Ora, a hierarquia é uma das formas de estruturar e organizar a Administração Pública não só reconhecida, antes em alguma medida até imposta pela própria Constituição. Mais especificamente impõem a hierarquia as disposições constantes do art. 6.°, enquanto consagram o carácter unitário do Estado Português[5], da alínea *d*) do art. 199.°, em que, ao con-

---

Natureza do Recurso Hierárquico, Coimbra, vol. I, 1981; e *Curso de Direito Administrativo*, vol. I, 3.ª ed., Coimbra, 2006, p. 806 e ss.; e PAULO OTERO, *Conceito e Fundamento da Hierarquia Administrativa*, Coimbra, 1992.

[4] Que assim apenas pode valer em sede da chamada hierarquia interna (ou hierarquia entre agentes administrativos), tendo assim a ver com a existência e a medida do poder de substituição dos agentes superiores face aos agentes subalternos – v. D. FREITAS DO AMARAL, *Curso de Direito Administrativo*, vol. I, cit., p. 819. V. também ROBIN DE ANDRADE, *A Revogação do Acto Administrativo*, 2.ª ed., Coimbra Editora, Coimbra, 1985, p. 211 e ss.

[5] Sem prejuízo da autonomia regional insular e da descentralização democrática da administração pública. Sobre o sentido e alcance do carácter unitário do Estado e das limitações decorrentes da autonomia insular e da descentralização da administração pública, v. o nosso estudo «A autonomia local (Alguns aspectos gerais)», número especial do *Boletim da Faculdade de Direito de Coimbra – Estudos em Homenagem ao Prof. Doutor Afonso Rodrigues Queiró*, vol. II, Coimbra, 1993, p. 107 e ss. (155 e ss.).

A revogação do acto tributário na pendência da impugnação judicial 135

cretizar a competência administrativa do Governo, estabelece que lhe compete, no exercício de funções administrativas, "dirigir os serviços e a actividade da administração directa do Estado..."[6], bem como dos números 1 e 2 do art. 267.º, em que se dispõe que a Administração Pública será estruturada de modo a evitar a burocratização, a aproximar os serviços das populações e a assegurar a participação dos interessados, para o que estabelecerá adequadas formas descentralização e desconcentração administrativas[7], sem prejuízo da necessária eficácia e unidade de acção da Administração e dos poderes de direcção dos órgãos competentes[8].

Assim, na medida em que as exigências impostas pela necessária eficácia e unidade de acção administrativa, bem como pelo reconhecimento e exercício dos poderes de direcção dos órgãos administrativos (que essa eficácia e unidade de acção implicam), reclamem ou imponham uma adequada estruturação hierárquica da Administração Pública, parece óbvio que a hierarquia constitui uma exigência constitucional, uma verdadeira imposição constitucional.

O que tem como consequência integrarem os poderes que materializam o conteúdo da relação hierárquica uma exigência constitucional que não podemos deixar de convocar aqui. Por outras palavras, os diversos

---

6 Esclareça-se que a Constituição, ao estabelecer que compete ao Governo, no exercício de funções administrativas, *dirigir* os serviços e a actividade da administração directa do Estado, contrapondo esse poder aos poderes de *superintender* na administração indirecta e de *exercer a tutela* sobre a administração indirecta e sobre a administração autónoma, bem como ao prescrever que as adequadas formas descentralização e desconcentração administrativas hão-de operar sem prejuízo dos *poderes de direcção* dos órgãos competentes (como dispõe no n.º 2 do art. 267.º), não se está a referir a um dos concretos poderes em que se analisa a relação de hierarquia ou o instituto da hierarquia, isto é, ao *poder de direcção*, mas ao conjunto desses poderes, ou seja, aos poderes de direcção (ou poder de direcção em sentido lato), de modo a contrapô-lo em bloco ao conjunto de poderes de superintendência e ao conjunto de poderes de tutela. Em suma, está a referir-se ao conjunto dos poderes que Governo tem sobre os órgãos que integram a administração directa do Estado.

7 Sobre os conceitos de desconcentração e de descentralização administrativas, conceitos com que operamos também a nível político, v. o nosso estudo «A autonomia local (Alguns aspectos gerais)», *cit.*, p. 177 e ss.

8 Sobre o princípio da unidade da acção administrativa, ligando-o, de resto, ao carácter unitário do Estado, v. MARCELO REBELO DE SOUSA/ANDRÉ SALGADO DE MATOS, *Direito Administrativo Geral*: Tomo I – *Introdução e Princípios Fundamentais*, 2.ª ed., Dom Quixote, Lisboa, 2006, p. 149 e s.

poderes em que a doutrina analisa o conteúdo da relação de hierarquia, entre os quais se salienta o poder de supervisão, não é algo que esteja na inteira liberdade do legislador, já que, na medida em que este opte por formas de administração directa do Estado, designadamente por essas serem as formas de organização administrativa mais adequadas a assegurar a necessária eficácia e unidade de acção administrativa, não deixa de constituir uma exigência constitucional. O que significa que a consagração e o exercício do poder de supervisão, em que o poder de revogação se destaca, dos superiores sobre os actos dos subalternos hierárquicos, não tem por suporte apenas as leis de organização administrativa do Estado, mas a própria Constituição[9].

Mais, essa base constitucional não se reconduz apenas aos preceitos constitucionais acabados de mencionar, que suportam a organização administrativa enquanto estruturada de uma determinada forma, no caso segundo o princípio da hierarquia administrativa, antes se reconduz também aos princípios e preceitos constitucionais que estabelecem o quadro de limites em que a Administração exerce os seus poderes, incluindo naturalmente o mencionado poder de supervisão. Estamos obviamente a referir-nos aos princípios constitucionais que limitam o exercício dos poderes da administração, entre os quais se contam, segundo o disposto no n.º 2 do art. 266.º da Constituição, os da sua subordinação à Constituição e à lei, pelo que a Administração Fiscal está sujeita ao respeito do princípio da legalidade fiscal, o qual, atendendo à sua caracterização como princípio de reserva material ou conteudística de lei formal, implica para a actividade administrativa fiscal uma vinculação muito exigente ou estrita[10].

Por conseguinte a defesa da legalidade, evitando praticar actos ilegais ou repondo a legalidade revogando os actos que considere ilegais, não constitui qualquer competência estranha ou alheia aos órgãos da Administração. Antes bem pelo contrário, uma vez que, nessa sede, como já disse-

---

[9] V. a Lei n.º 4/2004, de 15 de Janeiro, que estabelece os princípios e normas a que deve obedecer a organização da administração directa do Estado, nomeadamente os seus arts.: 3.º, no que respeita ao princípio da unidade e eficácia da acção da Administração pública; e 20.º e 21.º, relativos à estrutura hierarquizada da Administração.

[10] V. sobre o princípio da legalidade fiscal os nossos livros: *Contratos Fiscais. (Reflexões acerca da sua Admissibilidade)*, n.º 5 da série *Studia Iuridica*, Coimbra Editora, Coimbra, 1994, p. 215 e ss., *O Dever Fundamental de Pagar Impostos. Contributo para a compreensão constitucional do estado fiscal contemporâneo*, Almedina, Coimbra, 1998, p. 321 e ss., e *Direito Fiscal*, cit., p. 137 e ss.

mos, a Administração não dispõe apenas de um poder, mas de um verdadeiro dever de revogação[11].

1.2. Igualmente o instituto do *recurso hierárquico* vai no sentido da resposta positiva que propomos. Também o entendimento correcto do recurso hierárquico que, de um lado, mais não é do que um meio de reacção contra os actos administrativos inerente à própria relação hierárquica, traduzindo um dos instrumentos mais típicos do funcionamento da hierarquia e, de outro lado, constitui uma impugnação administrativa, aliás uma das mais importantes garantias impugnatórias administrativas dos administrados, contribui, a nosso ver, para o entendimento que perfilhamos.

Enquanto instrumento ou mecanismo inerente à relação de hierarquia, compreende-se que, em caso de o administrado não concordar com um dado acto administrativo que o tenha por destinatário, praticado por um órgão administrativo subalterno, nomeadamente por o considerar ilegal, que, antes de poder ou querer levar a questão perante os tribunais, tenha ou, ao menos, possa impugnar esse acto perante o competente superior hierárquico. Com efeito, justamente porque se trata de um acto praticado por um subalterno hierárquico, mesmo que já não se exija, por via de regra, a impugnação administrativa necessária dos actos dos subalternos, como ocorria no passado, mais especificamente até à entrada em vigor do CPTA, ainda assim compreende-se bem que continue a haver casos em que a impugnação administrativa dos actos dos subalternos se mantenha necessária, por a mesma estar expressamente prevista em lei especial, quer sobretudo que o destinatário de actos administrativos de subalternos possa impugna-los administrativamente perante o respectivo superior hierárquico. Ou seja, compreende-se bem tanto os recursos hierárquicos necessários que continuam a persistir, como os recursos hierárquicos facultativos[12].

---

[11] Como vem sendo defendido pela doutrina – v., por todos, M. ESTEVES DE OLIVEIRA, PEDRO C. GONÇALVES e J. PACHECO DE AMORIM, *Código do Procedimento Administrativo Comentado*, 2.ª ed., Almedina, Coimbra, 1997, p. 673; e D. FREITAS DO AMARAL, *Curso de Direito Administrativo*, vol. II, Almedina, Coimbra, 2001, p. 449 e ss. (463 e ss.).

[12] Sobre o recurso hierárquico, em que a doutrina continua a ver vantagens, v. J. C. VIEIRA DE ANDRADE, *Justiça Administrativa (Lições)*, 8.ª ed., Almedina, Coimbra, 2006, p. 313 e ss., bem assim A. SALGADO DE MATOS, «Recurso hierárquico necessário e regime dos direitos liberdades e garantias», *Scientia Iuridica*, 289, 2001, p. 77 e ss.

Por seu turno, enquanto meio impugnatório, traduz ele um meio económico e relativamente célere de promover a paz jurídica, que assim pode ser reposta em sede da própria Administração, dando a esta a possibilidade de anular os actos inválidos reparando a ilegalidade praticada sem os incómodos e os custos que naturalmente provocam o recurso à justiça, ou seja, aos tribunais.

O que vai muito claramente no sentido de prevenir, evitando os litígios, ou, uma vez estes surgidos, solucioná-los segundo uma via rápida e célere, o que ocorrerá se a sua solução se obtiver em sede da própria Administração Fiscal. Uma maneira de ver as coisas que é a que mais frequentemente observamos lá fora, na generalidade dos países desenvolvidos com Estados de direito há muito consolidados.

O que, naturalmente, não se cinge ao peculiar mundo integrado pelo sistema jurídico anglo-saxónico, em que a solução dos litígios jurídicos em geral, e por conseguinte também dos litígios jurídicos fiscais, tem a sua sede, por via de regra, fora dos tribunais, o que tem como consequência desse entendimento e do correspondente *modus operandi*, que sejam fortemente penalizados em custas as partes – Administração Fiscal e contribuintes – que insistam em recorrer ao poder judicial para solucionar os litígios emergentes das relações jurídicas tributárias. Pois, igualmente em países como a Alemanha, a França, a Itália ou mesmo a Espanha (através da actuação dos tribunais económicos administrativos), encontramos essa preocupação muito vincada tanto a nível da legislação como dos poderes por esta deixados à Administração Fiscal, o que leva a que uma parte muito significativa de litígios seja solucionada por via administrativa[13].

1.3. Enfim, também encarando a questão a partir do instituto da *revogação dos actos administrativos* (em que o acto tributário ou de liquidação em sentido amplo dos tributos se insere), no caso da revogação dos actos administrativos inválidos[14], não podemos concluir senão pela com-

---

[13] V. nesse sentido FERREIRO LAPATZA (Dir.), *La Justicia Tributaria en España. Informe sobre las relaciones entre la Administración y los contribuyentes y la resolución de conflitos entre ellos*, Marcial Pons, Madrid, 2005, esp. p. 153 e ss.

[14] Ou, em termos dogmaticamente mais exactos, de anulação administrativa, como defende a Escola de Coimbra, que distingue a *revogação* da *anulação administrativa* consoante tenha por base a inconveniência ou a ilegalidade do acto administrativo, muito embora o CPA (arts. 138.º e segs.), seguindo a Escola de Lisboa, fale de revogação em

A *revogação do acto tributário na pendência da impugnação judicial* 139

petência do SEAF para proferir despacho sobre o recurso hierárquico que lhe seja submetido, mesmo quando já esteja pendente em juízo processo de impugnação judicial sobre o acto de liquidação. Senão vejamos com mais vagar.

Pois bem, como já dissemos, o poder de revogação dos actos administrativos integra um dos poderes mais importantes e típicos dos órgãos da Administração Pública seja do próprio autor do acto como dos correspondentes superiores hierárquicos. Um poder cujo exercício apenas poderá ser limitado ou posto em causa se e na medida em que perturbe ou obste ao exercício dos outros poderes estaduais, mormente, como ocorre no caso em apreciação, do poder judicial, ao qual, no domínio da justiça administrativa e fiscal, cabe, nos termos do n.° 3 do art. 212.° da Constituição, "dirimir os litígios emergentes das relações jurídicas administrativas e fiscais".

Pelo que apenas será constitucional e legalmente legítimo travar o poder de revogação dos actos administrativos inválidos por parte da Administração quando o exercício desse poder, no caso concreto, brigue com aquela reserva do poder judicial de dirimir os litígios emergentes das relações jurídicas administrativas e fiscais. O que há-de pressupor que, antes de mais, estejamos perante um litígio, ou seja, um litígio que as partes, ambas as partes, já tenham assumido, levando a questão perante o poder judicial, perante um tribunal.

E, depois, exige-se que, em sede do tribunal, se verifique a manutenção do referido litígio, expressa no facto de cada uma das partes insistir no diverso entendimento em que o litígio se consubstancia ou concretiza. Pelo que, sempre que um dado litígio tenha sido devidamente apresentado por ambas as partes, seja través dum comportamento activo, seja mesmo através dum comportamento de omissão, no tribunal, poder-se-á dizer que as partes já não poderão obstar a que a questão seja conhecida pelo tribu-

---

ambas as situações (estejamos face a actos válidos ou face a actos inválidos), reservando a expressão anulação para a *anulação judicial*. Para uma crítica consequente da solução legal, com base na radical diferença em termos estruturais e em termos funcionais entre a revogação e anulação administrativa, v. J. C. Vieira de Andrade, «A 'revisão' dos actos administrativos no direito português», *Cadernos de Ciência de Legislação*, 9/10, Janeiro-Junho de 1994, p. 185 e ss., e «Revogação do acto administrativo», *Revista Direito e Justiça*, VI, 1992, p. 53 e ss. Cf. também M. Esteves de Oliveira, Pedro C. Gonçalves e J. Pacheco de Amorim, *Código do Procedimento Administrativo Comentado*, cit., p. 667 e ss.

140 Estudos de Direito Fiscal

nal, ainda que este conhecimento se limite, nos casos ou situações em que isso se possa legalmente verificar, a homologar um acordo através do qual as partes ponham termo ao litígio.

Assim, uma lei que venha a sufragar a ideia de que numa situação dessas, isto é, numa situação em que o litígio se encontre devidamente assumido pelas partes no tribunal, a solução do litígio possa ser excluída da competência dos tribunais dificilmente se encontraria a salvo de inconstitucionalidade originada pelo desrespeito do princípio da separação e interdependência dos poderes estaduais constante do art. 111.º da Constituição. Com efeito, numa situação em que o litígio se apresentasse com a referida configuração e, ainda assim, se permitisse à Administração Fiscal (que, não podemos esquecer, é, a seu modo, uma das partes do litígio enquanto autora do acto objecto de impugnação judicial) pôr termo ao mesmo, designadamente mediante o exercício do seu poder de revogação, neutralizando dessa feita o poder judicial já convocado pelos litigantes e subtraindo essa competência ao tribunal, então seria de perguntar se um tal entendimento das coisas não põe em causa o respeito que o legislador deve ao mencionado princípio constitucional da separação e interdependência de poderes. Por outras palavras, seria de questionar se a solução suportada nessa compreensão não corre o risco de brigar com esse princípio constitucional, afectando, a seu modo, o conteúdo essencial que a Constituição imputa à função jurisdicional.

É que, neste domínio, não podemos deixar de ter em devida conta duas distinções importantes: de um lado, entre prevenir ou evitar o litígio e solucionar esse mesmo litígio; de outro lado, entre solucionar o litígio num momento em que, em rigor, ainda não foi verdadeiramente convocado o poder judicial, e solucionar esse mesmo litígio num momento em que efectivamente já se encontra sob a alçada do poder judicial, do tribunal. Pois, para além de a realização da ideia de direito, não ser exclusivo do poder judicial, como a velha inimizade ao Executivo, herdada do "Estado de polícia", durante muito tempo deu a entender[15], a nossa Constituição não impede que certos litígios, nomeadamente litígios em que a

---

[15] Uma ideia que, resistindo ao tempo, se tem consubstanciado na tendencial crença de que só os tribunais estão em condições de realizar a ideia de direito e de assegurar assim um verdadeiro *due process of law*. Uma concepção naturalmente de todo inaceitável no Estado de direito, em que, como é sabido, por força da sua própria natureza, todos os poderes participam, embora cada um a seu modo, na realização da ideia de direito.

A *revogação do acto tributário na pendência da impugnação judicial* 141

Administração é parte, possam ser solucionados por via ou em sede administrativa, impondo apenas que a ordem jurídica tenha uma porta aberta para os tribunais que os administrados possam utilizar para obter, ao menos, a última palavra nesses litígios[16].

Por isso, revertendo à questão em apreço, compreende-se que a solução do litígio em causa não possa ser retirada da competência do poder judicial quando este tenha sido verdadeiramente convocado para solucionar o litígio. Convocação do poder judicial que deve ter-se por verificada quando o tribunal, de algum modo, já tenha investido na solução do litígio, o que, a nosso ver, pressupõe que o processo de impugnação judicial do acto tributário já se encontre numa fase processual minimamente avançada, numa fase em que ambas as partes já tenham vindo perante o tribunal sustentar a diversidade de pontos de vista, ou seja, a insistir na continuação do litígio.

Um momento que, a nosso ver, nunca ocorrerá antes da contestação da Fazenda Pública ou do decurso do correspondente prazo, já que, nos termos do art. 113.º do CPPT, apenas depois de apresentada a contestação ou de decorrido esse prazo pode o tribunal conhecer de imediato da impugnação do acto tributário se a questão for apenas de direito ou se, sendo também de facto, o processo fornecer os elementos necessários. Ou, na hipótese de essas situações se não verificarem, proceder à abertura da instrução, ordenando as diligências de prova necessárias, como dispõe o art. 114.º do mesmo Código.

Por conseguinte, como parece óbvio, nada obsta a que a Administração Fiscal não só previna ou evite o litígio, como ainda resolva o litígio uma vez surgido, enquanto o mesmo se encontre fora da alçada do poder judicial. Por outras palavras, à Administração cabe não só obstar a que o litígio surja e se desenvolva, como ainda, uma vez surgido, solucioná-lo, desde que essa actuação não ponha em causa o exercício da função jurisdicional. Pelo que também a Administração constitui uma instância, e uma instância importante, de solução de litígios, conquanto que

---

16 O que decorre, de resto, do nosso sistema continental de Administração, em que é característico dispor esta de um poder de autotutela declarativa. Ideias estas que constituem doutrina uniforme e consolidada do Tribunal Constitucional – v., por todos, entre muitos outros, os Acs. n.ºs 452/95 e 80/2003, *Acórdãos do Tribunal Constitucional*, Vol. 31, 1995, 135 e ss. (179 e ss.), e Vol. 55, 2003, p. 497 e ss. (503 e ss.), respectivamente.

os solucione antes de, para a sua solução, ter sido convocado o poder judicial nos termos que acabámos de referir, pois, logo que isso se verifique, deve concluir-se que cabe aos tribunais, e não mais à Administração, decidir os litígios.

Em contrapartida, não cabe ao poder judicial, aos tribunais, desencadear ou provocar nem manter ou prolongar litígios, pois isso integra, por natureza, a esfera de actuação das partes como decorre claramente do conhecido ditado latino *ne judex procedat ex officio*. Daí que, uma vez surgidos, não podem os tribunais manter ou prolongar os litígios contra a vontade dos litigantes, cabendo-lhes antes apenas dirimir ou solucionar os litígios que surjam e se mantenham.

Uma ideia que é, de resto, conatural à própria função judicial, seja esta entendida à maneira anglo-americana, que a aproxima da desenvolvida pelos árbitros, seja à maneira continental que tende a salientar na função exercida pelos tribunais o facto de eles constituírem o suporte de um dos clássicos poderes do Estado, ou mesmo, como ocorre entre nós na tradição republicana introduzida pela Constituição de 1911, serem considerados órgãos de soberania[17].

De resto, o aumento que se vem verificando em sede dos poderes do juiz, sobretudo em sede dos processos públicos, reportam-se à mais rápida ou à melhor solução dos litígios e nunca, como bem se compreenderá, à introdução em juízo ou à continuação em juízo duma contenda entretanto já resolvida.

Por isso, a nosso ver, só no quadro duma adequada compreensão da separação e interdependência existentes entre a função administrativa e a função jurisdicional, podemos solucionar em termos razoáveis o problema em análise, sendo justamente num quadro desses que se integra o que vimos de dizer. Ou seja, se enquadram os limites temporais em que a Administração pode revogar os actos administrativos inválidos, ou melhor, os actos administrativos anuláveis, o que ocorre tanto em sede do direito administrativo geral como em sede do direito dos impostos.

---

[17] V. os arts. 6.º da Constituição de 1911, 71.º da Constituição de 1933 e 113.º da Constituição de 1976. Refira-se que, a nosso ver, os tribunais apenas se apresentam como órgãos de soberania na medida em que sejam titulares da *judicial review of legislation*, a qual, como é sabido, foi igualmente introduzida, em inteira coerência com aquela opção, pela Constituição de 1911 – v. o nosso livro *O Dever Fundamental de Pagar Impostos*, cit., p. 299.

A revogação do acto tributário na pendência da impugnação judicial 143

Em sede do direito administrativo geral, nos termos do n.° 1 do art. 141.° do CPA, em que se prescreve que os actos administrativos que sejam inválidos, só podem ser revogados com fundamento na sua invalidade e dentro do prazo do respectivo recurso contencioso ou até à resposta ou contestação[18] da entidade recorrida. Uma disposição que deve, de resto, ter-se por revogada pelo art. 64.° do CPTA, preceito que veio alargar o período em que pode ser revogado o acto impugnado com efeitos retroactivos, ou seja, o período em que o acto administrativo pode ser objecto de revogação anulatória ou de anulação administrativa, permitindo assim que esta tenha lugar para além da resposta ou contestação da entidade recorrida.

Pois, embora esse preceito legal não concretize ou precise esse momento, do que não há dúvidas é de que o acto administrativo impugnado pode agora ser revogado em momento processual posterior ao correspondente ao segundo articulado, considerando alguns autores que o mesmo pode presentemente ser revogado até à apresentação das alegações finais[19]. Uma solução legal que vai justamente naquele sentido de evitar que o tribunal venha a ter que dirimir um litígio que, em bom rigor, deixou de se verificar em virtude do acto impugnado, que constituía o seu objecto mediato[20], ter sido objecto de anulação administrativa, desde que naturalmente não subsistam quaisquer outros efeitos que haja que eliminar ou destruir.

---

[18] Embora o preceito em causa fale apenas de resposta da entidade recorrida, naturalmente que devia aí integrar-se também a contestação da entidade recorrida, enquanto subsistiu essa dupla designação para o segundo articulado do processo administrativo, agora uniformemente designado por contestação no CPTA – v., por todos, M. ESTEVES DE OLIVEIRA, PEDRO C. GONÇALVES e J. PACHECO DE AMORIM, *Código do Procedimento Administrativo Comentado*, cit., p. 514 e s.

[19] Nesse sentido, v. JOÃO CAUPERS, *Introdução ao Direito Administrativo*, 9.ª ed., Âncora, 2007, p. 221. Em idêntico sentido, embora sem precisarem o momento processual até ao qual pode o acto administrativo impugnado judicialmente ser revogado, v. MÁRIO AROSO DE ALMEIDA, *O Novo Regime do Processo nos Tribunais Administrativos*, 4.ª ed, Almedina, Coimbra, 2005, p. 183 e s.; e MÁRIO & RODRIGO ESTEVES DE OLIVEIRA, *Código de Processo nos Tribunais Administrativos e Estatuto dos Tribunais Administrativos e Fiscais Anota*dos, Vol. I, Almedina, Coimbra, 2004, p. 406.

[20] V. sobre este J. C. VIEIRA DE ANDRADE, *A Justiça Administrativa (Lições)*, 8.ª ed. cit., p. 291; MÁRIO AROSO DE ALMEIDA, *O Novo Regime do Processo nos Tribunais Administrativos*, cit., p. 138 e ss.; e WLADIMIR BRITO, *Lições de Direito Processual Administrativo*, Coimbra Editora, Coimbra, 2005, p. 175 e ss.

144 Estudos de Direito Fiscal

Por seu turno, em sede do específico domínio do direito fiscal, podemos afirmar que, tanto no passado como no momento actual, sempre as coisas se têm revelado muito claras no sentido de a Administração Fiscal poder revogar o acto tributário em situações do tipo da que vimos considerando, revogação que, atento o carácter estritamente vinculado do acto tributário decorrente do exigente princípio da legalidade fiscal, não pode deixar de se configurar como uma revogação anulatória ou uma anulação administrativa.

Uma realidade que se não explica apenas, como se poderia ser levado a pensar, pelo facto de no direito dos impostos, à semelhança do que ocorreu também no domínio do direito administrativo geral, a jurisdicionalização do contencioso dos actos tributários ter sido objecto duma evolução relativamente lenta e gradual[21]. O que conduziu a que, durante muito tempo, não se verificasse uma jurisdicionalização plena da actividade de resolução dos litígios relativos aos actos tributários, deparando-nos antes com uma situação de partilha entre a Administração Fiscal e os tribunais fiscais na solução desses litígios[22]. Situação que podemos ilustrar com o facto de, até há relativamente pouco tempo, ter persistido o exercício de funções judiciais por parte de alguns órgãos da Administração Fiscal, mais concretamente por parte dos chefes das repartições de finanças, os quais, ao abrigo do § único do art. 40.° do CPCI, eram mesmo considerados juízes auxiliares, muito embora, após a entrada em vigor da Constituição de 1976, se devessem considerar, enquanto suportes dessa função, como órgãos administrativos que auxiliavam os juízes tributários.

Com efeito, mesmo presentemente, a Administração Fiscal continua a poder revogar o acto tributário impugnado com alguma latitude, muito embora se tenha deixado de se verificar a situação que designámos por

---

[21] Sobre a evolução dessa jurisdicionalização, v., por todos, J. C. VIEIRA DE ANDRADE, *A Justiça Administrativa (Lições)*, 8.ª ed. cit., p. 27 e ss. Para maiores desenvolvimentos, v. MARIA DA GLÓRIA F. P. DIAS GARCIA, *Da Justiça Administrativa em Portugal. Sua Origem e Evolução*, UCP, Lisboa, 1994, e *Do Conselho de Estado ao Actual Supremo Tribunal Administrativo*, STA, Lisboa, 1998, bem como a monumental obra de J. M. SÉRVULO CORREIA, *Direito do Contencioso Administrativo*, I, Lex, Lisboa, 2005.

[22] Algo que, a seu modo, não deixava de se assemelhar com o que ocorre na execução fiscal, em que a Administração desempenha importantíssimo papel – v. o nosso *Direito Fiscal*, cit., p. 335 e ss., e RUI MORAIS, *A Execução Fiscal*, 2.ª ed., Almedina, Coimbra, 2006, esp. p. 38 e ss., bem como o já referido Ac. n.° 80/2003 do Tribunal Constitucional – cf. *supra*, nota 16.

A revogação do acto tributário na pendência da impugnação judicial 145

"reclamação na impugnação judicial", uma reclamação administrativa inserida ou enxertada no processo de impugnação judicial, que esteve presente neste processo até há bem pouco tempo, mais especificamente até à Lei n.° 15/2001, de 5 de Junho. Pois, nos termos da legislação fiscal até então em vigor, que foi objecto de revogação justamente por esta lei, a petição inicial da impugnação judicial era necessariamente entregue no serviço periférico local da Administração Fiscal, ou seja, nas então repartições de finanças, subindo depois ao serviço periférico regional, às então direcções distritais de finanças, sendo a mesma apreciada pelo respectivo director, ou por funcionário qualificado em que este delegasse[23], no prazo de 90 dias, prazo em que o referido director ou funcionário qualificado podia anular o acto tributário impugnado e arquivar consequentemente o processo de impugnação, concluindo-se assim esse "processo" antes de ter dado entrada no tribunal[24].

É que, mesmo já se não verificando essa hipótese, continua, todavia, a estar contemplada presentemente a possibilidade de o acto tributário já judicialmente impugnado ser revogado antes da contestação da Fazenda Pública, nos termos do art. 112.° do CPPT[25]. Pois, de acordo com os n.os 1 e 2 deste artigo, se a questão a resolver for de manifesta simplicidade e se dispuser de elementos para o efeito necessários pode o dirigente do órgão periférico local, se o valor do processo não exceder o quíntuplo da alçada do tribunal tributário, ou o dirigente do órgão periférico regional, se o valor do processo exceder esse montante, revogar o acto impugnado, no prazo de trinta dias em que devem organizar e remeter o processo administrativo ao representante da Fazenda Pública. Sendo que, caso tenha lugar a revogação total do acto tributário impugnado, nos termos do n.° 4 desse mesmo preceito, será a mesma notificada ao representante da Fazenda Pública a fim de este promover a extinção do processo de impugnação.

Pelo que se os dirigentes dos órgãos periféricos locais ou dos órgãos periféricos regionais da Administração Fiscal, consoante os casos, podem

---

[23] Nos termos da redacção originária do n.° 5 do art. 111.° do CPPT, entretanto alterada pela Lei n.° 15/2001, de 5 de Junho.

[24] V. o nosso *Direito Fiscal*, 1.ª ed., Almedina, Coimbra, 2000, p. 300 e s.

[25] Preceito que corresponde ao art. 130.° do CPT e ao art. 111.° do CPPT na redacção originária e antes da sua alteração pelo art. 7.°, n.° 1, da Lei n.° 15/2001, de 5 de Junho.

146   *Estudos de Direito Fiscal*

revogar os actos tributários impugnados numa tal situação, portanto antes da contestação ou do decurso do respectivo prazo, por maioria de razão o poderá fazer um órgão dirigente máximo da Administração Fiscal como é indiscutivelmente o SEAF. Tanto mais se este o fizer em sede de um recuso hierárquico e depois de ter procedido à consulta dum órgão tecnicamente qualificado, já que se trata dum órgão especializado, como é o Centro de Estudos Fiscais, limitando-se a aderir ao parecer emitido por este.

Por isso e pelo que vem de ser dito, parece-nos que todo o quadro jurídico, integrado pelas mencionadas pertinentes normas legais, tanto do direito administrativo geral como do direito fiscal, se conjuga no sentido de o SEAF poder revogar o acto tributário impugnado, proferindo o correspondente despacho enquanto superior hierárquico a quem foi submetido recurso hierárquico a contestar a sua legalidade, apesar de já estar pendente em juízo processo de impugnação judicial desse mesmo acto tributário.

Uma conclusão a que, em nossa opinião, não se opõe uma correcta e adequada interpretação e aplicação do preceito contido no n.º 3 (aplicável por força do n.º 5) do art. 111.º do CPPT, como vamos procurar demonstrar de seguida.

2. A interpretação dos n.ᵒˢ 3 e 5 do art. 111.º do CPPT

Pois bem, a solução proposta nos desenvolvimentos que fizemos anteriormente não é posta em causa por uma interpretação e aplicação devidamente articulada e harmonizada do n.º 3 do art. 111.º do CPPT, aplicável *ex vi* do n.º 5 desse mesmo preceito legal[26] ao recurso hierárquico interposto contra decisão de reclamação graciosa em que se impugnou administrativamente um acto tributário. Ou seja, por um preceito que, reportado a situações do tipo da aqui em apreciação, prescreve que, caso haja sido interposto, anteriormente à recepção da petição inicial de impugnação judicial, recurso hierárquico relativamente ao mesmo acto, este deve ser apensado à impugnação judicial, no estado em que se encontrar,

---

[26] Número, que devemos sublinhar, foi aditado pelo n.º 1 do art. 44.º da LOE/2003 – Lei n.º 32-B/2002, de 30 de Dezembro.

A revogação do acto tributário na pendência da impugnação judicial   147

sendo considerado, para todos os efeitos, no âmbito do processo de impugnação.

Com efeito, poderíamos dizer que, à primeira vista, o preceito cujo teor acabamos de revelar, parece excluir qualquer competência da Administração Fiscal para revogar, ou melhor, para anular um acto tributário que tenha sido objecto de impugnação judicial, mormente se esse acto tiver sido objecto de reclamação ou de recurso hierárquico, uma vez que, como se diz nesse preceito, a reclamação e o recurso hierárquico devem ser apensados à impugnação judicial, no estado em que se encontrar, sendo considerados, para todos os efeitos, no âmbito do processo de impugnação.

Por isso, há quem tenha afirmado que, nos termos dos n.os 3 e 5 do art. 111.º do CPPT, "o processo de reclamação graciosa ou de recurso hierárquico é apenso no estado em que se encontrar e, por isso, mesmo que já esteja findo". E acrescentado que "será o tribunal e não a administração tributária que fará a apreciação das questões suscitadas na reclamação graciosa ou no recurso hierárquico, no âmbito do processo de impugnação judicial", havendo, pois, "preferência absoluta do meio judicial de impugnação sobre os meios administrativos, impedindo que seja apreciado por via administrativa a legalidade de um acto tributário que seja objecto de impugnação judicial"[27].

Todavia, uma tal interpretação desse preceito legal está, a nosso ver, longe de se impor. É que aquela solução de não conhecimento do recurso hierárquico colidiria com diversos outros preceitos legais, sejam do direito administrativo geral, entre os quais se contam os já referidos respeitantes aos institutos da hierarquia administrativa, do recurso hierárquico e da revogação anulatória ou anulação administrativa dos actos administrativos, sejam do direito fiscal, mormente os que permitem a revogação do acto tri-

---

[27] JORGE LOPES DE SOUSA, *Código de Procedimento e de Processo Tributário Anotado*, 5.ª ed., Áreas Editora, 1 Vol., Lisboa, 2006, p. 809. No mesmo sentido, v. JOÃO ANTÓNIO VALENTE TORRÃO, *Código de Procedimento e de Processo Tributário Anotado*, Almedina, Coimbra, 2005, p. 501; o Acórdão do STA de 17.03.2004, objecto de anotação por JOÃO T. MENEZES LEITÃO, «Anotação ao acórdão do STA de 17 de Março de 2004 (Apensação à impugnação judicial de recurso hierárquico de indeferimento de reclamação graciosa)», *Ciência e Técnica Fiscal*, 414, Jul.-Setembro de 2004, p. 424 e ss. V. também ALFREDO JOSÉ DE SOUSA e JOSÉ DA SILVA PAIXÃO, *Código de Procedimento e de Processo Tributário Comentado e Anotado*, Almedina, Coimbra, 2000, p. 262 e ss.

butário na pendência do processo de impugnação judicial[28]. O que implica proceder a uma importante distinção e tê-la em devida conta.

Com efeito, a mencionada interpretação dos n.ºs 3 e 5 do art. 111.° do CPPT não suscita qualquer objecção relativamente à reclamação ou recurso hierárquico que tenham lugar após a instauração do processo de impugnação judicial, pois, a admitir-se a reclamação ou o recurso hierárquico, numa situação dessas, seria equivalente a aceitar-se uma situação em tudo idêntica à de litispendência, um pressuposto processual negativo cuja verificação impede a entidade convocada em segundo lugar para solucionar o litígio de conhecer do mesmo. Pois essa solução, não só se encontra claramente prescrita no n.° 9 do mencionado art. 111.° do CPPT, em que se dispõe que "se, após a remessa do processo ao tribunal, for apresentada reclamação graciosa ou recurso hierárquico com o mesmo objecto, estes serão apensados à impugnação e tomados em consideração na decisão final", como igualmente não enfrenta quaisquer outros preceitos legais que, de algum modo, a contrariem ou ponham em causa.

Efectivamente, numa situação dessas, valeria aqui, a seu modo, a razão que suporta a consequência da verificação da excepção dilatória que constitui a litispendência, a qual, nos termos do n.° 2 do art. 493.° do CPC, implica o não conhecimento do mérito da causa e a absolvição da instância. Razão que, segundo o n.° 2 do art. 497.° do CPC, visa evitar que o tribunal seja colocado perante a alternativa de contradizer ou reproduzir uma decisão anterior[29].

Mas a mencionada posição já não suscita, porém, a nossa adesão enquanto referida a reclamação ou recurso hierárquico anteriores à impugnação judicial. De facto, a posição sustentada pela doutrina e jurisprudência expostas, no respeitante a impugnação administrativa anterior à impugnação judicial, enfrenta problemas que, a nosso ver, não podem ser ultrapassados com sucesso. Na verdade, não vemos como é que a entidade

---

[28] Para além de no caso base deste estudo, a petição de impugnação judicial no tribunal ter tido apresentada em Agosto de 2002, quando a lei ainda não previa qualquer obrigatoriedade de proceder à apensação do recurso hierárquico, o que só veio a verificar-se com a entrada em vigor da LOE/2003, não se devendo aplicar o n.° 5 do art. 111.° directamente ao referido caso.

[29] Cf. ANTUNES VARELA, MIGUEL BEZERRA e SAMPAIO NORA, *Manual de Processo Civil*, 2.ª ed., Coimbra Editora, Coimbra, 1985, p. 301 e s.; e J. C. VIEIRA DE ANDRADE, *A Justiça Administrativa (Lições)*, 8.ª ed. cit., p. 304.

recorrida, a Administração Fiscal, não possa revogar o acto tributário objecto de impugnação administrativa anterior à impugnação judicial pelo menos durante o período no qual a mesma o pode fazer sem que lhe tenha sido solicitado autonomamente pelo contribuinte ou qualquer outro sujeito passivo com legitimidade para o fazer, ou seja, até à contestação da Fazenda Pública ou até ao decurso do correspondente prazo.

Portanto num momento em que, de modo algum, se põe em causa a prevalência das decisões dos tribunais relativas à legalidade dos actos administrativos, pela singela razão não só de ainda não ter havido qualquer decisão judicial sobre o problema da legalidade do acto tributário cuja prevalência possa ser posta em causa pela Administração Fiscal. A que acresce o facto de, até esse momento, nem sequer o litígio ter sido objecto de sustentação por ambas as partes perante o tribunal, na medida em que a entidade recorrida ainda não veio, seja através de actuação positiva ou de actuação por omissão, sustentar o acto impugnado e, por conseguinte, pugnar pela legalidade do mesmo.

Uma revogação expressamente contemplada nos mencionados n.os 1 e 2 do art. 112.º do CPPT, que prescrevem que se a questão a resolver for de manifesta simplicidade e se dispuser de elementos para o efeito necessários pode o dirigente do órgão periférico local, se o valor do processo não exceder o quíntuplo da alçada do tribunal tributário, ou o dirigente do órgão periférico regional, se o valor do processo exceder esse montante, revogar o acto impugnado, no prazo de trinta dias em que devem organizar e remeter o processo administrativo ao representante da Fazenda Pública. Uma solução que, tudo leva a crer, os n.os 3 e 5 do art. 111.º, por certo, não pretenderam revogar nem revogaram. É que uma tal revogação, para além de contrariar frontalmente aqueles preceitos legais[30], iria totalmente contra os preceitos do direito administrativo geral, que versam essa questão, os quais, com a entrada em vigor do CPTA, mais especificamente do seu art. 64.º, se alargou o prazo em que a Administração pode revogar o acto administrativo judicialmente impugnado previsto no n.º 1 do art. 141.º do CPA.

Assim, se uma tal solução não se questiona no que respeita à revogação do acto tributário impugnado levada a cabo por iniciativa da pró-

---

[30] Que o legislador, por certo, não ignorava, uma vez que até se localizam no mesmo artigo, no art. 111.º do CPPT.

pria Administração Fiscal, embora após ter sido desencadeado o processo de impugnação judicial e dentro da tramitação deste processo, por identidade de razão, ou mesmo por maioria de razão, não poderá questionar-se quando a referida revogação seja levada a cabo em consequência duma impugnação administrativa anterior, isto é, duma reclamação graciosa ou dum recurso hierárquico. Pois, se a Administração Fiscal pode repor a legalidade de actos tributários judicialmente impugnados por sua iniciativa durante e no quadro do processo de impugnação, por maioria da razão poderá repor essa legalidade no caso dessa reposição lhe ter sido solicitada pelos próprios impugnantes através de reclamação ou de recurso hierárquico. Tanto mais que não podemos esquecer que, hoje em dia, sobretudo no quadro duma visão mais subjectivista da justiça administrativa que se tem vido a impor, se entende ser função do processo de impugnação judicial, mais do que repor a legalidade, proteger os direitos e interesses legalmente protegidos dos contribuintes[31].

Mas, no mesmo sentido da interpretação dos n.os 3 e 5 do art. 111.º do CPPT, milita ainda uma outra base argumentativa. Na verdade, esse sentido é o que mais conforme à Constituição se revela, uma vez que, ao contrário daquele que leva à revogação prática dos n.os 1 e 2 do art. 112.º do CPPT, se apresenta compatível com os princípios e normas constitucionais, mormente com o princípio da separação e interdependência de poderes e a estruturação hierárquica da administração directa do Estado.

Daí que, tendo em conta tudo quanto foi dito, uma interpretação devidamente articulada dos n.os 3 e 5 com os n.os 1 e 2 do art. 111.º do CPPT, nos leve a interpretar restritivamente o alcance que a letra da lei daqueles primeiros preceitos legais, à primeira vista, parece ter e que vem sendo defendida pela doutrina e jurisprudência, como vimos. Por isso, não pode a interpretação desses preceitos conduzir a uma interdição absoluta da Administração Fiscal quanto à anulação do acto tributário objecto de impugnação administrativa anterior à impugnação judicial, aplicando-se essa interdição absoluta apenas à impugnação administrativa posterior à impugnação judicial.

Pois, no que respeitante à impugnação administrativa anterior à impugnação judicial, a Administração Fiscal há-de poder anular o acto tribu-

---

[31] Cf. J. C. Vieira de Andrade, *A Justiça Administrativa (Lições)*, 8.ª ed. cit., p. 27 e ss.

A *revogação do acto tributário na pendência da impugnação judicial*   151

tário durante um período de tempo pelo menos idêntico àquele em que o pode fazer por sua iniciativa. Anulação essa que, estando contemplada na lei, não põe em causa o exercício da função judicial por parte dos tribunais, respeitando assim os princípios da preferência pela solução dos litígios pelos tribunais e da reserva a estes da sua solução quando tais litígios já tenham sido objecto de apresentação e assumpção por ambas as partes no correspondente processo perante o tribunal.

Em conclusão, quanto ao sentido dos n.os 3 e 5 do art. 111.º do CPPT, devemos sublinhar que a interpretação por nós sufragada vai de encontro à ideia sempre presente de que, na verdade, só através duma visão devidamente articulada e harmonizada dos diversos preceitos e princípios convocados pela questão em análise, poderemos alcançar uma solução equilibrada, como é apanágio de toda e qualquer solução jurídica[32], isto é, uma solução que não ponha em causa, no essencial, nem os poderes da administração, nem os poderes dos tribunais, nem a lógica da própria disciplina legal do processo de impugnação judicial. Tanto mais que o nosso sistema de organização constitucional de poderes, como claramente o estabelece o art. 111.º da Constituição, não se pauta por uma estrita ou rígida separação, mas antes por uma equilibrada separação e interdependência de poderes[33].

Em suma, a Administração Fiscal, para além de não estar obrigada a apensar os recursos hierárquicos pendentes às acções de impugnação judicial apresentadas antes de 1 de Janeiro de 2003[34], continuou, a nosso ver, com inteira liberdade para anular ou revogar os actos tributários praticados anteriormente pelo menos até ao fim do decurso do prazo para a apresentação da resposta no respectivo processo de impugnação judicial.

---

[32] Que tem por base sempre uma adequada ponderação de bens jurídicos.

[33] Artigo esse que, antes da renumeração levada a cabo pela Revisão Constitucional de 1997, correspondia ao art. 114.º. V., sobre a mencionada separação e interdependência de poderes e por todos, GOMES CANOTILO e VITAL MOREIRA, *Constituição da República Portuguesa Anotada*, 3.ª ed., Coimbra Editora, Coimbra, 1993, anots. ao art. 111.º, e JORGE MIRANDA e RUI MEDEIROS, *Constituição Portuguesa Anotada*, Tomo II, Coimbra Editora, Coimbra, 2006, anots. ao art. 111.º.

[34] Data em que entrou em vigor o referido n.º 5 do art. 111.º do CPPT, número aditado, como vimos, pela LOE/2003 – cf. *supra* nota 26.

II. A INUTILIDADE SUPERVENIENTE DA LIDE

Obtida uma resposta afirmativa à primeira questão nos termos expostos, impõe-se agora responder à segunda das questões colocadas. Ou seja, se podemos concluir que o despacho do SEAF se traduz no provimento do recurso hierárquico oportunamente apresentado, concretizando assim a própria anulação do acto tributário objecto de impugnação, o que implica para os serviços da Administração Fiscal retirar todas as consequências daí decorrentes tanto administrativas como judiciais.

Uma questão cuja resposta se reconduz, como bem se compreende, basicamente a saber se ocorre ou não uma situação de inutilidade superveniente da lide, em sede do processo de impugnação judicial, por falta de objecto. Uma vez que, quanto às consequências dentro da própria Administração Fiscal da anulação do acto tributário pelo superior hierárquico, que o SEAF é, elas não podem ser obviamente outras, senão as de os subalternos hierárquicos respeitarem essa anulação, procedendo à correspondente execução.

Por quanto acabamos de dizer, competindo à Administração Fiscal actuar em conformidade com o despacho do SEAF, designadamente procedendo à extinção da execução fiscal que esteja associado àquele acto de liquidação revogado ou adoptar quaisquer outras diligências em conformidade, compreende-se que tratemos aqui apenas da mencionada questão da inutilidade superveniente da lide. Uma questão cuja resposta não impõe grandes desenvolvimentos, tão clara ela resulta dos desenvolvimentos a que procedemos antes.

Pois bem, no processo de impugnação judicial do acto tributário, como nas acções de impugnação de actos administrativos, embora estejamos perante um processo de partes cujo objecto imediato é constituído por uma controvérsia, por um litígio sobre uma relação jurídica fiscal, isto é, sobre uma relação entre a Administração Fiscal e os contribuintes ou outros sujeitos passivos dessa relação, e não tanto, como no passado mesmo recente, perante um "processo feito a um acto", do que não há dúvidas é de que a existência de um acto impugnável acaba por constituir um *elemento essencial* desse tipo de processo, cuja inexistência desencadeia naturalmente a nulidade do processo[35]. O que significa que, uma vez

---

[35] Cf. J. C. VIEIRA DE ANDRADE, *A Justiça Administrativa (Lições)*, 8.ª ed. cit., p. 291.

A revogação do acto tributário na pendência da impugnação judicial 153

anulado legalmente pela Administração Fiscal o acto tributário impugnado no processo de impugnação judicial, fica este processo sem um dos seus elementos essenciais. Efectivamente, o processo fica sem o seu objecto tanto mediato, o acto tributário impugnado, como imediato, a controvérsia ou litígio respeitante a tal acto.

Quer isto dizer que, anulado em sede administrativa, o acto tributário cuja ilegalidade se discute no processo de impugnação judicial, deixa de haver controvérsia para resolver, tornando-se, por conseguinte, totalmente inútil a continuação da lide. Por isso, numa situação dessas não resta ao tribunal outra solução que não seja a de declarar essa mesma inutilidade por, entretanto, a controvérsia levada a tribunal, através da instauração do processo de impugnação judicial, ter ficado sem objecto, em virtude da anulação total do acto tributário objecto da referida impugnação judicial[36].

Inutilidade superveniente da lide, a qual, não precisa sequer de ser invocada pelo impugnante. Com efeito, ao ter por base uma nulidade traduzida na inexistência dum elemento essencial da acção, isto é, na inexistência do acto tributário objecto de impugnação judicial, não pode deixar de ser objecto de conhecimento oficioso pelo tribunal, desde que estejam salvaguardados os direitos da impugnante.

Pois, a partir da anulação administrativa do acto tributário, tudo se passa como se não houvesse pedido nem causa de pedir. Uma situação que, a verificar-se no início do processo, mais precisamente em sede da petição inicial da impugnação judicial, conduziria à sua ineptidão por falta de objecto do processo, com a consequência da sua nulidade de conhecimento oficioso por parte do tribunal, como decorre dos arts. 193.° e 202.° do CPC[37]. Conhecimento oficioso que deriva igualmente do facto de competir ao tribunal aferir, a todo o tempo, da existência ou não do interesse processual na prossecução da acção e no conhecimento do correspondente objecto do processo[38].

---

[36] V., por todos, Mário Aroso de Almeida, *O Novo Regime do Processo nos Tribunais Administrativos*, cit., p. 138 e ss. e 183; e Mário & Rodrigo Esteves de Oliveira, *Código de Processo nos Tribunais Administrativos e Estatuto dos Tribunais Administrativos e Fiscais Anota*dos, Vol. I, cit., p. 407.

[37] Cf. Lebre de Freitas, João Redinha e Rui Pinto, *Código de Processo Civil Anotado*, Vol. I (arts. 1.° a 380.°), Coimbra Editora, Coimbra, 1999, p. 321 e s.

[38] Sobre uma situação de inutilidade superveniente da lide v. o Ac. do Tribunal Constitucional n.° 192/2004, *Acórdãos do Tribunal Constitucional*, Vol. 58, 2004, p. 909 e ss.

Por conseguinte, não pode o tribunal, em que a impugnação do acto tributário revogado pelo SEAF se encontra pendente, fazer outra coisa senão conhecer da inutilidade superveniente da lide daí resultante, extinguindo assim a instância. Uma extinção que, como bem se compreende, cabe ao tribunal e não à Fazenda Pública, como ocorre nos casos de revogação do acto tributário levada a cabo, por sua própria iniciativa, pelo dirigente do órgão periférico local ou pelo dirigente do órgão periférico regional da administração tributária contemplada no art. 112.º do CPPT.

Em suma, por quanto fomos dizendo, não merece censura legal, nem a lei em que se baseou censura constitucional, o despacho pelo qual o SEAF procedeu ao provimento do recurso hierárquico com consequências anulatórias do acto tributário entretanto objecto de impugnação judicial. Por conseguinte, cabe ao tribunal, em que essa impugnação se encontre pendente, confirmar que está revogado o acto impugnado e extrair todas as consequências legais, com a eliminação da ordem jurídica do acto de liquidação do imposto e a extinção quer das dívidas nele suportadas, quer da consequente acção executiva a ele associada, de modo a não serem postos em causa quaisquer direitos que assistam ao impugnante ou impugnantes, conhecendo assim da inutilidade superveniente da lide daí resultante e extinguindo, por conseguinte, a instância.

III. CONCLUSÕES

1. São duas as questões colocadas: 1) Pode o SEAF, a quem foi submetido recurso hierárquico, proferir despacho revogando o acto tributário recorrido, quando já esteja pendente processo de impugnação judicial desse acto? 2) Em caso de resposta afirmativa, pode concluir-se que o despacho do SEAF dá provimento ao recurso hierárquico, impondo a obrigatoriedade à Administração Fiscal da anulação do acto impugnado com as todas as consequências administrativas e judiciais?

2. O enquadramento fornecido tanto pelos institutos da hierarquia administrativa, do recurso hierárquico e da revogação dos actos administrativos inválidos como pelas específicas disposições legais do direito administrativo e do direito fiscal vão no sentido duma resposta positiva à primeira questão. Por seu turno, uma interpretação e aplicação articulada

A revogação do acto tributário na pendência da impugnação judicial   155

e harmonizada do n.º 3 (aplicável *ex vi* do n.º 5) do art. 111.º do CPPT com os demais preceitos e princípios legais pertinentes não obsta a uma tal resposta.

3. É da própria natureza da relação de hierarquia que os superiores tenham competência para revogar os actos praticados pelos subalternos, sobretudo se tais actos forem inválidos.

4. A hierarquia é uma das formas de estruturar e organizar a Administração Pública não só reconhecida, como em alguma medida até imposta pela própria Constituição. Nesse sentido vai o art. 6.º, enquanto consagra o carácter unitário do Estado Português, bem como a alínea *d*) do art. 199.º, em que estabelece a competência do Governo para "dirigir os serviços e a actividade da administração directa do Estado...". A que acrescem os n.ºs 1 e 2 do art. 267.º que dispõem que a Administração Pública será estruturada de molde a comportar adequadas formas de descentralização e desconcentração, sem prejuízo da necessária eficácia e unidade de acção da Administração e dos poderes de direcção dos órgãos competentes.

5. Na medida em que as exigências impostas pela necessária eficácia e unidade de acção administrativa e pelo reconhecimento e exercício dos poderes de direcção dos órgãos administrativos impliquem uma adequada estruturação hierárquica da Administração Pública, parece claro que a hierarquia constitui uma exigência constitucional, uma verdadeira imposição constitucional. Uma base constitucional que se manifesta também nos princípios e preceitos que estabelecem o quadro de limites no qual a Administração exerce os seus poderes, entre os quais se contam os da sua subordinação à Constituição e à lei.

6. Daí que, estando a Administração Fiscal sujeita à exigente vinculação do princípio da legalidade fiscal, não constitua qualquer competência estranha ou alheia aos órgãos da Administração a acção dirigida a evitar actos ilegais ou a repor a legalidade anulando tais actos. Tanto mais que esse poder se configura como um verdadeiro dever.

7. No mesmo sentido vai o instituto do recurso hierárquico, enquanto instrumento inerente à relação de hierarquia. Pois compreende-se que, em caso de o administrado não concordar com um acto administrativo dum órgão administrativo subalterno, mormente por o considerar ilegal, antes de poder ou querer levar a questão aos tribunais, tenha ou, ao menos, possa impugnar esse acto perante o competente superior hierárquico. Até porque consubstancia um meio impugnatório económico e relativamente célere de

promover a paz jurídica, que assim pode ser reposta em sede da própria Administração, dando a esta a possibilidade de anular os actos inválidos e reparar a ilegalidade praticada.

8. Igualmente o instituto da revogação dos actos administrativos, mormente dos actos inválidos, leva a concluir pela competência do SEAF em questão. Pois, integrando a revogação dos actos administrativos um dos poderes mais importantes dos órgãos da Administração, apenas poderá ser limitado na medida em que perturbe o exercício do poder judicial, ao qual, cabe "dirimir os litígios emergentes das relações jurídicas administrativas e fiscais".

9. Pelo que apenas será constitucional e legalmente legítimo travar o poder de revogação dos actos administrativos inválidos por parte da Administração quando o exercício desse poder brigue com aquela reserva do poder judicial. O que há-de pressupor que, antes de mais, estejamos perante um litígio, ou seja, um litígio que ambas as partes assumiram. Assim, uma lei que exclua da competência dos tribunais um litígio, que já se encontre devidamente assumido pelas partes, dificilmente se encontraria a salvo de inconstitucionalidade por desrespeito do princípio da separação e interdependência dos poderes estaduais constante do art. 111.° da Constituição.

10. Todavia, nada obsta a que a Administração não só evite que o litígio surja e se desenvolva, como ainda, uma vez surgido, o solucione. Pois também a Administração constitui uma instância de solução de litígios, conquanto que os solucione antes de os mesmos estarem sob a efectiva alçada do poder judicial.

11. Neste quadro é preciso ter em conta, em sede do direito administrativo geral, o n.° 1 do art. 141.° do CPA, que dispõe que os actos administrativos que sejam inválidos podem ser revogados com fundamento na sua invalidade dentro do prazo do respectivo recurso contencioso ou até à resposta da entidade recorrida. Um período que, de resto, veio a ser alargado pelo art. 64.° do CPTA. E no direito fiscal é de ponderar que, embora a Administração não disponha do amplo poder de revogação do acto tributário que teve no passado, continua a poder revogar esse acto, mesmo objecto de impugnação judicial, nos termos dos n.os 1 e 2 do art. 112.° do CPPT.

12. Tendo em conta o quadro constitucional e legal recortado, não é de sufragar a interpretação dos n.os 3 e 5 do art. 111.° do CPPT que o seu teor literal sugere. Ou seja, no sentido de que se verifica uma "preferência

A revogação do acto tributário na pendência da impugnação judicial   157

absoluta do meio judicial de impugnação sobre os meios administrativos, impedindo que seja apreciado por via administrativa a legalidade de um acto tributário que seja objecto de impugnação judicial". Uma interpretação que se compreende relativamente à reclamação ou recurso hierárquico que tenham lugar após a instauração do processo de impugnação judicial, pois, a admitir-se a reclamação ou o recurso hierárquico, numa situação dessas, seria equivalente a aceitar-se uma situação em tudo idêntica à de litispendência.

13. Mas essa interpretação já não suscita a nossa adesão quando referida à reclamação ou ao recurso hierárquico anteriores à impugnação judicial. Com efeito, não vemos como a Administração Fiscal não possa revogar o acto tributário objecto de impugnação administrativa anterior pelo menos durante o período em que o pode fazer sem que lhe tenha sido solicitado pelo contribuinte ou outro sujeito passivo, nos termos dos n.os 1 e 2 do art. 112.° do CPPT.

14. Pois os n.os 3 e 5 do art. 111.° do CPPT, por certo, não pretenderam revogar os n.os 1 e 2 do art. 112.° do mesmo Código. É que uma tal revogação, para além de contrariar frontalmente aqueles preceitos legais, iria totalmente contra os preceitos do direito administrativo geral, que versam a questão, os quais, com a entrada em vigor do CPTA, mais especificamente do seu art. 64.°, alargaram o prazo em que a Administração pode revogar o acto administrativo judicialmente impugnado.

15. Mas se uma tal solução não se questiona no respeitante à revogação do acto tributário impugnado por iniciativa da Administração Fiscal, por maioria de razão não poderá questionar-se quando a referida revogação seja levada a cabo em consequência duma reclamação graciosa ou dum recurso hierárquico. Pois se a Administração Fiscal pode repor a legalidade de actos tributários judicialmente impugnados por sua iniciativa durante e no quadro do processo de impugnação, por maioria da razão poderá repor essa legalidade no caso dessa reposição lhe ter sido solicitada pelos próprios interessados. Por isso, no que respeita à impugnação administrativa anterior à impugnação judicial, a Administração Fiscal, nela se incluindo naturalmente o SEAF, há-de poder anular o acto tributário durante um período de tempo pelo menos idêntico àquele em que o pode anular por sua iniciativa.

16. Obtida uma resposta afirmativa à primeira questão, há que saber se ocorre ou não uma situação de inutilidade superveniente da lide, em sede do processo de impugnação judicial, por falta de objecto. Ora, tanto

na impugnação judicial do acto tributário, como nas acções de impugnação de actos administrativos, embora estejamos perante um processo cujo objecto imediato é um litígio, e não tanto perante um "processo feito a um acto", não há dúvidas de que a existência do acto impugnável constitui um *elemento essencial* desse processo, cuja inexistência desencadeia a sua nulidade.

17. Pelo que o despacho do SEAF a suportar a ilegalidade do acto tributário implica o deferimento do correspondente recurso hierárquico e a anulação do acto impugnado, impondo a obrigação de extrair todas as consequências legais, com a eliminação da ordem jurídica do acto de liquidação do imposto e a extinção quer das dívidas nele suportadas, quer da consequente acção executiva a ele associada.

18. O que significa que, anulado em sede administrativa o acto tributário cuja ilegalidade se discute no processo de impugnação, deixa de haver controvérsia para resolver, tornando-se inútil a continuação da lide. Por isso, numa situação dessas, confirmando-se que já foram retiradas aquelas consequências, não resta ao tribunal outra solução que não seja a de conhecer oficiosamente da referida nulidade, declarando a inutilidade superveniente da lide e extinguindo, por conseguinte, a instância.

6. CONSIDERAÇÕES SOBRE O ANTEPROJECTO DE REVISÃO DA LGT E DO CPPT DIRIGIDA À HARMONIZAÇÃO COM A REFORMA DA JUSTIÇA ADMINISTRATIVA *

Sumário

I. Considerações de carácter geral
    1. A prevenção dos litígios
    2. A solução administrativa dos litígios
    3. O Anteprojecto face às considerações feitas
        3.1. Alguns aspectos positivos
        3.2. Um ou outro aspecto negativo

II. As soluções do Anteprojecto
    4. Alguns reparos de carácter geral
    5. O confronto das vias processuais do Anteprojecto com as do CPTA
        5.1. As vias processuais na LGT e no CPPT
        5.2. As vias processuais do CPTA
        5.3. As vias processuais no Anteprojecto
    6. Críticas à tipologia e ordenação dos meios processuais no Anteprojecto.

---

* Texto que tem por base a versão do Anteprojecto que foi apresentada para debate público em 7 de Abril de 2006, texto esse objecto de publicação, com um título ligeiramente diferente, nos *Cadernos de Justiça Administrativa*, n.º 61, Janeiro/Fevereiro de 2007.

I. CONSIDERAÇÕES DE CARÁCTER GERAL

1. A prevenção dos litígios

Uma primeira consideração muito geral, a fazer a este propósito, prende-se com a necessidade de ter presente que a justiça fiscal, como a justiça administrativa ou qualquer outra, tem por objectivo solucionar, resolver conflitos. O que apenas será viável se o número litígios a que a ordem jurídica dá origem for compatível com a capacidade de resposta do sistema para a sua solução[1].

Por isso, o melhor sistema de justiça não é tanto o que tem uma grande capacidade para solucionar litígios, um objectivo difícil de alcançar mesmo por parte de países muito ricos, mas aquele que tem uma grande capacidade de prevenir ou evitar litígios, desincentivando-os. Ou seja, em termos rigorosos, capacidade real, e não apenas capacidade virtual, para solucionar em termos amplos os litígios.

Num tal quadro, compreende-se que os actuais problemas da justiça, passem, desde logo, pela importância que deve ser dada às medidas de organização social como parte importante da política fiscal, ou seja, às medidas de política fiscal com as quais se pretende melhorar a organização social básica, neste caso a organização básica que constitui o suporte das Finanças Públicas. O que implica, designadamente, estar sempre aberto à interrogação sobre a origem, a prevenção e a resolução dos conflitos, ter presente uma preocupação permanente com a simplificação e melhoria técnica do ordenamento jurídico fiscal e abandonar a velha ideia de que a aplicação das normas jurídicas sobre impostos passa exclusivamente pela actuação unilateral da Administração Fiscal. Ou seja, na adopção de quaisquer medidas no respeitante ao sistema fiscal, não podemos esquecer os conflitos ou litígios que podem originar, a premente necessidade de simplificação exigida pelo sistema e a imprescindível convocação da colaboração dos contribuintes para uma lograda aplicação das leis dos impostos[2].

---

[1] Não nos podemos esquecer que o melhor litígio é o que não chega a existir, valendo aqui, a seu modo, a velha regra da sabedoria popular que vale mais prevenir do que remediar.

[2] V. sobre estes aspectos, FERREIRO LAPATZA (Dir.), *La Justicia Tributaria en España. Informe sobre las relaciones entre la Administración y los contribuyentes y la resolución de conflictos entre ellos*, Marcial Pons, Madrid, 2005, p. 21 e ss.

Considerações sobre o anteprojecto de revisão da LGT e do CPPT... 161

Uma missão que tem naturalmente muitos actores, entre os quais tem um papel decisivo o legislador. E embora, no que a este respeita, uma tal missão esteja sobretudo na mão do legislador do direito substantivo, cujas soluções não podem ser desenhadas sem ter presente essas preocupações, é certo que também a legislação processual desempenha um importante papel nesse domínio, não podendo, por conseguinte, alhear-se dum tal problema.

Na verdade, o legislador, qualquer legislador, não pode, hoje em dia, deixar de permanentemente realizar um teste através do qual proceda à avaliação dos impactos, designadamente económicos, que as soluções legais propostas podem desencadear[3]. Uma avaliação que, em domínios como o aqui presente, o qual diz respeito ao processo tributário, não poderá deixar de ser perspectivado e analisado tendo em conta designadamente os volumes de litigação que poderá ocasionar[4].

Pelo que na apreciação das soluções propostas pelo Anteprojecto aqui em consideração, não podemos deixar de encarar a litigação que o mesmo pode fomentar ou impedir. Pois esse aspecto constitui um dos seus mais importantes e significativos aspectos ou segmentos da avaliação do impacto que as soluções propostas podem desencadear em sede do fomento ou incentivo à litigação, sobretudo à litigação artificial, que um sistema de justiça fiscal complexo e pesado, pautado por uma ideia basicamente quantitativa da garantia jurisdicional, pode provocar.

Uma preocupação que, a nosso ver, não terá estado suficientemente presente na mente do legislador aquando da aprovação da recente reforma da justiça administrativa, que levou à aprovação do novo ETAF e do CPTA. O que já se tornou particularmente notado tanto no que respeita aos termos excessivamente amplos em que são admitidos os processos urgentes, como no que concerne à aparente facilidade como que são definidos e admitidos os processos cautelares.

---

[3] Uma avaliação que, sobretudo no mundo anglo-saxónico, desde há muito, se tornou prática corrente, mesmo antes da doutrina da "análise económica do direito" a ter vindo, naturalmente, a favorecer. V. a respeito e por todos, CARLOS DA COSTA MORAIS, «Sistema de avaliação do impacto das normas jurídicas», *Cadernos de Ciência da Legislação*, 32, Outubro Dezembro de 2002, p. 39 e ss.

[4] Para uma análise interessante e esclarecedora em termos de custos-benefícios da litigação, que o legislador em geral e o legislador processual em particular não pode, de todo, ignorar, sob pena de fazer reformas inteiramente desfasadas da realidade e, por conseguinte, totalmente inexequíveis, v. MIGUEL CARLOS TEIXEIRA PATRÍCIO, *A Análise Económica da Litigação*, Almedina, Coimbra, 2005.

162 *Estudos de Direito Fiscal*

Relativamente aos primeiros, basta referir que, sem a menor lógica, baseando-se numa pura urgência em abstracto, são considerados urgentes todos os processos de intimação para a prestação de informações, consultas de processos ou passagem de certidões, quando o deviam ser apenas aqueles pedidos de intimação que, em concreto, justificassem a urgência, designadamente quando se trate de intimações para obter informações, para ter acesso a dados constantes de processos ou para conseguir certidões necessários à posterior mobilização de meios graciosos ou contenciosos, ou seja, para fazer valer em posteriores procedimentos ou processos.

Por seu lado, no respeitante à facilidade com que são admitidos os processos cautelares, é de advertir para o risco que uma tal visão das coisas pode criar para o normal e regular funcionamento do sistema de justiça administrativa, deslocando, na prática, para esses processos prévios e acessórios, a decisão de parte significativa de litígios que devia ter lugar nos processos principais, processos estes que, assim, mais não serão do que uma mera repetição dos correspondentes processos cautelares. O que, a não haver as devidas cautelas, pode conduzir a uma total inversão do sentido das coisas. Felizmente que, tanto quanto nos é dado saber, os TAF's têm adoptado uma atitude ponderada, sendo cautelosos em sede do decretamento de providências cautelares[5].

2. A solução administrativa de litígios

Depois, em sede destas considerações gerais, é de sublinhar que a solução de litígios não pode ser uma reserva absoluta dos tribunais, confundindo o sistema de justiça com o sistema dos tribunais. Pois os países mais progressivos, com o estado de direito estabilizado há centenas ou várias dezenas de anos, solucionam a maior parte dos litígios, incluindo os que surgem no agitado domínio do direito dos impostos, em sede administrativa (*lato sensu*). O que, devemos assinalar, não admira nem impressiona, se tivermos, como se impõe, em devida conta o *law on facts* e não apenas, como é a nossa natural tendência, o *law on books*.

Desde logo, é preciso ter presente que a realização ideia de direito não constitui um exclusivo do poder judicial, como a velha inimizade

---

[5] Aspectos estes que esperamos sejam corrigidos com a revisão do CPTA presentemente em discussão simultaneamente com a revisão da LGT e do CPPT.

ao Executivo, herdada do "Estado de polícia" do século XVIII, durante muito tempo deu a entender. Uma ideia que, consubstanciada na tendencial crença de que só os tribunais estão em condições de realizar a ideia de direito e de assegurar, assim, um verdadeiro *due process of law*, tem entre nós resistido duma maneira particularmente acentuada.

Uma concepção de todo inaceitável no estado de direito, em que, como é sabido, por força da sua própria natureza, todos os poderes, naturalmente cada um a seu modo, participam na realização da ideia de direito. Por isso, o que é correcto e deve ser tomado muito a sério é que todos os poderes do Estado contribuem, cada um deles a seu modo, na concretização do Estado de Direito.

E entre os poderes do Estado, não podemos esquecer que tem especial relevo, por se tratar dum poder operacional, ao qual cabe aplicar e executar o ordenamento jurídico no dia a dia, a Administração. Por isso é que na generalidade dos países, com um estado de direito desenvolvido, constitua normalidade perene a maior parte dos litígios surgidos, mesmo no campo das relações jurídicas fiscais, caber na competência da própria Administração, embora com o recurso a ampla colaboração dos contribuintes, muitas vezes concretizada em acordos ou contratos.

Uma realidade bem visível na generalidade dos países, mormente naqueles cujos regimes jurídicos constitucionais mais se aproximam do nosso, como é o caso da Alemanha, Itália, Espanha, Estados Unidos da América, etc.[6] Países em que encontramos seja a exigência de uma impugnação administrativa necessária, seja a abertura relativamente ampla para a celebração de acordos entre a Administração Fiscal e os contribuintes e demais sujeitos passivos.

Deparamo-nos com a primeira das situações, por exemplo, na Alemanha, com a "impugnação extrajudicial" (*Einspruch*)[7] e em Espanha

---

[6] V., em geral, FERREIRO LAPATZA (Dir.), *La Justicia Tributaria en España*, cit., p. 153 e ss. No mesmo sentido, embora tendo em conta a situação anterior, v. a *Revista Euroamericana de Estudios Tributarios*, n.º 2/1999, número subordinado ao tema: *Los Tribunales Administrativos en Matéria Tributaria*, bem como SERGIO ALBURQUENQUE, *La Revisión en Vía Administrativa de los Actos Tributários: La Tutela Prejudicial de los Derechos y Garantías del Contribuyente. Notas para un Estudio Comparado*, polic., Universidad Complutense de Madrid, 2003.

[7] Regulado nos §§ 347 e seguintes da *Abgabenordnung*. V., por todos, TORSTEN EHMCKE/DIEGO MARTIN-BANUEVO, «La revisión de actos administrativos de naturaleza tributaria en derecho alemán», na citada *Revista Euroamericana de Estudios Tributarios*,

com as clássicas *reclamaciones económico-administrativas*[8]. Por seu turno, encontramos a segunda das situações, por exemplo, em Itália com o *accertamento con adesione* (sucessor do bem conhecido e já clássico *concordato tributario*)[9], em Espanha com a *acta con acuerdo* (instituto introduzido na nova versão da *Ley General Tributaria*, em vigor desde Julho de 2004, o qual, devemos acrescentar, mais não é do uma cópia do referido instituto italiano)[10], ou mesmo na Alemanha (em que na alternativa entre a colaboração e a confrontação dos contribuintes com a Administração Fiscal, se opta claramente pela primeira) com os acordos sobre os factos (*Tatsächliche Verständigung*)[11].

Um quadro em que é de destacar o que ocorre nos Estados Unidos da América, país que, por ser mais sensível à actuação *ex ante*, prevenindo os litígios, do que à procura de remédios *ex post*, sempre se mostrou aberto aos mais diversos tipos de acordos entre o *Internal Revenue Service* e os contribuintes, como são designadamente os acordos conclusivos (*close agreements*) e as promessas de compromisso (*offerts in compromise*)[12].

Por conseguinte, é bom que nos convençamos que persistir ou insistir naquela visão das coisas é, com toda a certeza, prestar um mau serviço à justiça, à nobre função dos nossos tribunais. Pois, entregar tendencial-

---

2/1999, p. 331 e ss.; K. TIPKE/J. LANG, *Steuerrecht*, 17.ª ed., Köln, 2002, p. 849 e ss., e FERREIRO LAPATZA (Dir.), *La Justicia Tributaria en España*, cit., p. 186 e ss.

[8] V., por todos, AGUSTÍN FLORES ARNEDO, «Los Tribunales Económico-Administrativos españoles», e CLEMENTE CHECA GONZÁLEZ, «Las reclamaciones económico-administrativas en el ordenamiento jurídico español», na citada *Revista Euroamericana de Estudios Tributarios*, 2/1999, respectivamente, p. 213 e ss. e 251 e ss.

[9] V. sobre esse instituto, VERSIGLIONI MARCO, *Accordo e Dispozione nel Diritto Tributário. Contributo allo Studio dell'Accertamento com Adesione e della Conciliazione Giudiziale*, Giuffré, Milano, 2006. Quanto ao "concordato tributario", v. também o nosso livro *Contratos Fiscais. Reflexões acerca da sua Admissibilidade*, n.º 5 da série *Studia Iuridica*, Coimbra Editora, 1994, p. 101 e ss.

[10] V. sobre esta figura, YOLANDA MARTINEZ MUÑOZ, *Las Actas con Acuerdo en la Nueva LGT*, Marcial Pons, Madrid, 2004, esp. p. 77 e ss., e IÑAKI BILBAO ESTRADA, *Los Acuerdos Tendentes a la Obligación Tributaria en la Nueva Ley General Tributaria*, Instituto de Estudios Fiscales, Madrid, 2006.

[11] V. K. TIPKE/J. LANG, *Steuerrecht*, cit., p. 737 e ss.

[12] V., por todos, SERGIO ALBURQUENQUE, *La Revisión en Vía Administrativa de los Actos Tributários*, cit., p. 146 e ss., e FERREIRO LAPATZA (Dir.), *La Justicia Tributaria en España*, cit., p. 157.

Considerações sobre o anteprojecto de revisão da LGT e do CPPT... 165

mente a solução de todos os litígios aos tribunais, muitas vezes concretizados em milhares e milhares de bagatelas sem a menor dignidade judicial, que não raro conseguem percorrer todas as instâncias judiciais, o que obtemos é o bloqueio ou a quase paralisia do funcionamento do nosso sistema judicial. O que terá necessariamente como consequência, se não a curto pelo menos a médio ou longo prazo, a instauração duma espécie de "*outsourcing* judicial", ao qual, de algum modo, já se vem fazendo apelo sob a designação mais ou menos pomposa de "resolução alternativa de litígios". O que, ao fim e ao cabo, não deixa de se configurar como uma "privatização" da justiça ou, noutros termos, da função judicial[13].

Uma via que, entendamo-nos, não é de rejeitar, de todo. De resto, ela tem vindo a ser desenvolvida lá fora para aliviar os tribunais da litigação que a complexidade real das actuais sociedades vem propiciando. Sobretudo se essa resolução alternativa de litígios for entendida em termos amplos, ou seja, perspectivada não exclusivamente como remédio *ex post* para o bloqueio dos tribunais, mas sobretudo como remédio que, *ex ante*, obste a que esse bloqueio venha a ter lugar.

Efectivamente, não nos podemos esquecer de que, ao lado de uma visível, e por vezes mesmo ostensiva, complexidade artificial suportada pelos mais diversos e poderosos interesses organizados (leia-se, corporações[14]), não há a menor dúvida de que nos deparamos, hoje em dia, nesta sociedade altamente tecnológica e particularmente sofisticada, própria da pós-modernidade, com uma efectiva complexidade real, a qual, obviamente, não podemos deixar de enfrentar, e de enfrentar com a coragem que se impõe.

Por isso, o que é de rejeitar, isso sim, é que essa via seja utilizada para dar cobertura a uma hiperlitigação, em larga medida artificial. Ou

---

[13] Uma realidade que até nem surpreenderá nestes tempos em que a celebrada e já clássica trilogia herdada da Revolução Francesa: "liberdade, igualdade e fraternidade" vem sendo substituída por esta outra: "liberalização, privatização e desregulação".

[14] Sejam as mais antigas ou clássicas, como as ordens profissionais e outras associações públicas, sejam as mais modernas, como os ecogrupos (frequentemente transnacionais centrados na defesa, não raro fundamentalista, dos mais diversos interesses, nem sempre genuinamente ecológicos). A propósito, é de referir que os ecogrupos exercem cada vez mais significativas parcelas do poder do Estado, decidindo importantíssimos assuntos da comunidade sem que ninguém lhes tenha conferido mandato para tal, sem se sujeitarem portanto a qualquer escrutínio democrático.

seja, a uma litigação provocada à maneira de uma indústria[15], alimentada por uma visão das garantias dos administrados que tem por base um sistema de garantia de verdadeira monocultura judicial. E mais: que essa via da "privatização" seja, ao fim e ao cabo, a única via que nos resta na actual sociedade, face à qual mais não poderemos fazer do que resignarmo-nos.

3. O Anteprojecto face às considerações feitas

Pois bem, se confrontarmos o Anteprojecto com as considerações gerais que acabamos de fazer, podemos dizer que o mesmo foi, todavia, bastante cauteloso nas suas pretensões, mantendo, no essencial, o actual quadro do processo tributário tal como ele se encontra recortado na LGT e no CPPT. Por isso, do ponto de vista do aspecto em consideração são de salientar aqui fundamentalmente aspectos positivos, muito embora também haja um ou outro aspecto que nos merecem reparos. Façamos, então, uma breve referência a aspectos de cada um desses universos.

3.1. *Alguns aspectos positivos*

Neste domínio, podemos mencionar, desde logo, a manutenção das *impugnações administrativas* existentes. Nomeadamente o Anteprojecto não toca nos diversos casos em que se prevê uma impugnação administrativa necessária, com destaque para a que se consubstancia no procedimento de revisão da matéria colectável por métodos indirectos, o qual, quando concluído com êxito, termina em verdadeiros acordos de natureza endoprocedimental, que obstam a que os correspondentes litígios cheguem a tribunal. Uma vez que, alcançado o referido acordo, nem a Administração pode revogar o correspondente acto tributário com base na matéria colectável acordada nesse procedimento, nem o contribuinte pode impugnar o mesmo acto socorrendo-se de igual suporte. Um desiderato

---

[15] A qual, não nos podemos esquecer, pode apresentar-se também como uma verdadeira "indústria académica", como foi reconhecido, no respeitante ao actual fenómeno da regulação, por ROBERT BALDWIN/COLLIN SCOTT/CHRISTOPHER HOOD, *A Reader on Regulation*, Oxford University Press, 1998, p. 2 e s.

Considerações sobre o anteprojecto de revisão da LGT e do CPPT... 167

igualmente prosseguido pelas impugnações administrativas, que em rigor consubstanciam uma verdadeira "administrativização" dos actos dos particulares, exigida nos termos dos arts. 131.º e segs. do CPPT para a impugnação judicial dos actos de autoliquidação, substituição tributária e pagamentos por conta[16].

Depois, é de saudar a manutenção do *processo de impugnação judicial* como o domínio típico do contencioso tributário, como o pólo que assegura centralidade a uma justiça fiscal relativamente especializada, a nível processual, face à justiça administrativa. Uma centralidade no acto tributário, a qual, numa clara manifestação de harmonização com o disposto no CPTA, tem por base não só a impugnação do acto tributário, mas também a condenação à prática de actos administrativos que comportem a apreciação de actos tributários de liquidação, como passará a estar previsto no n.º 5 do proposto art. 134.º-B, caso a solução do Anteprojecto venha a ser adoptada.

O que, de todo, não aconteceria no caso desse processo ser reconduzido à acção administrativa especial prevista e regulada no CPTA, à qual, não há dúvidas, em tudo se assemelha. Pois, parece-nos óbvio que, sem um tal processo a conferir-lhe essa centralidade, não seriam os domínios muito particulares do processo de execução fiscal e do processo de contra--ordenação tributária, que são, de resto, processos apenas parcialmente jurisdicionalizados, que assegurariam essa justiça fiscal relativamente autónoma dentro da justiça administrativa e fiscal.

Igualmente é de considerar positivo a *remissão* para o CPTA da disciplina daqueles processos que, em termos processuais, não assumem qualquer especialidade em sede do direito processual fiscal face ao direito processual administrativo, como acontecerá, se o Anteprojecto for adoptado, com: 1) o processo executivo (art. 102.º da LGT)[17]; 2) os recursos jurisdicionais (art. 280.º do CPPT); 3) a intimação para a prestação de informações, consulta de processos ou passagem de certidões, da declaração de ilegalidade da emanação ou omissão de normas administrativas, e da produção antecipada da prova (art. 164.º do CPPT)[18]; 4) a impugnação

---

[16] V. o nosso *Direito Fiscal*, 4.ª ed., Almedina, Coimbra, 2006, p. 392 e ss.

[17] Uma remissão que, nos parece, estaria melhor colocada no CPPT.

[18] Não obstante as críticas que esses processos suscitam por serem considerados como meios processuais acessórios – v. *infra*, ponto II.6.1.

168   *Estudos de Direito Fiscal*

de actos em matéria tributária que não comportem a apreciação da legalidade do ato de liquidação da autoria da Administração tributária (art. 97.°, n.° 2, do CPPT)[19]

Enfim, também é de salientar como positiva a alteração, que mais não é do que uma verdadeira correcção relativamente à cumulação de pedidos no processo de impugnação respeitante a actos tributários suportes de tributos diferentes, espelhada na redacção proposta para o art. 104.° do CPPT. Pois a actual solução, sem correspondência nos anteriores CPCI e CPT e contrária à aplicável à impugnação judicial por força da remissão geral do art. 2.° do CPT para a LPTA, até ao ano de 2000[20], ao exigir para a cumulação de pedidos e a coligação de autores a identidade da natureza dos tributos, passou, em rigor, a admitir apenas uma cumulação de impugnações[21].

Uma solução em relação à qual não será totalmente descabido levantar a questão da sua inconstitucionalidade. Não, a nosso ver, porque viole o princípio da tutela jurisdicional, como bem tem decidido o STA em acórdãos que apreciou esse fundamento de inconstitucionalidade[22], mas porque, ao fim e ao cabo, viola o princípio da igualdade, na sua dimensão de não discriminação, pois enquanto os administrados em geral podem cumular pedidos, em termos de resto muito generosos depois da entrada em vigor do CPTA, como se pode ver pela simples leitura do seu art. 47.°, os contribuintes, tradicional e constitucionalmente objeto de maior protecção, pura e simplesmente não podem cumular pedidos relativos a impostos diferentes, mas apenas impugnações relativas ao mesmo imposto. Uma disciplina legal, a qual, como vimos, consubstancia mesmo um retrocesso face à solução anterior a 2000.

---

[19] Além de outras remissões já não relativas a processos, mas respeitantes a alguns aspectos de processos disciplinados pelo CPPT, como as respeitantes à petição da impugnação (art. 108.°, n.° 2, do CPPT), ao despacho saneador (artr. 113.°, n.° 2, do CPPT). Despacho saneador que o Anteprojecto propõe introduzir no processo de impugnação, o qual, à semelhança da discussão oral da causa, proposta para o art. 120.° do CPPT, nos suscita as mais fundadas dúvidas, uma vez que, para além de não lhe vermos utilidade, por certo conduzirá a um alongamento do processo. V. a seguir, no texto.

[20] Que assim conduzia à aplicação do art. 38.° da LPTA. Uma solução constante agora, em termos bem mais amplos, do art. 47.° do CPTA.

[21] V., neste sentido, JORGE LOPES DE SOUSA, *Código de Procedimento e de Processo Tributário*, I Vol., 5.ª ed., Áreas Editora, Lisboa, 2006, p. 757 e ss.

[22] V., por todos, o Ac. de 25 de Maio de 2005, Proc. n.° 400/05.

3.2. **Um ou outro aspecto susceptível de reparo**

Todavia, no quadro daquela prevenção e resolução tão rápida quanto possível dos litígios em matéria fiscal, haveria que fazer mais alguma coisa, o que, todavia, não parece que o Anteprojecto tenha tentado. Isto quando o Anteprojecto não vai mesmo no sentido de inovações que vão claramente contra esse desiderato.

Estamos a referir-nos, de um lado, ao excesso de portas sucessivas de acesso à justiça fiscal, concretizadas na manutenção da possibilidade de dois graus de impugnação administrativa do acto tributário concretizadas na admissibilidade de impugnação judicial da decisão de recurso hierárquico interposto contra decisão de anterior reclamação graciosa, como consta do CPPT. De outro lado, queremos aludir às custas do processo tributário cujos montantes tão inferiores às do processo administrativo parecem não ter uma explicação cabal. Enfim, a introdução no processo tributário do despacho saneador e da discussão oral da causa também não vão no sentido que temos por mais acertado.

Assim, quanto à *impugnação judicial da decisão de recurso hierárquico interposto contra decisão de anterior reclamação graciosa*, prevista no art. 76.° do CPPT, parece-nos a admissibilidade da mesma excessivo. Não seria de limitar as vias de impugnação do acto tributário à alternativa impugnação judicial/impugnação administrativa, prevendo-se para a impugnação administrativa um único grau, constituído pela reclamação ou recurso hierárquico, impugnando-se, depois, o acto tributário objecto de indeferimento expresso ou tácito da reclamação ou do recurso hierárquico?

Por seu turno, no respeitante às *custas*, não significa que as custas na justiça fiscal tenham que ser exactamente iguais às da justiça administrativa. Pois não podemos deixar de ter em devida conta o carácter extremamente massificado das relações tributárias, sem paralelo no direito administrativo geral. Todavia, a redução do seu montante a um quarto das custas dos processos da justiça administrativa, parece-nos excessiva.

Finalmente, a introdução no processo tributário, à semelhança do que se verificou no processo administrativo com a aprovação do CPTA[23], por

---

[23] Nos termos dos arts. 87.° e 91.° do CPTA.

um lado, do *despacho saneador* (art. 113.°, n.° 2, do CPPT) e, por outro, da *discussão oral* da causa (art. 120.° do CPPT), não colhem a nossa adesão. Efectivamente, temos as maiores dúvidas quanto à utilidade prática dessas inovações. E, para além disso, interrogamo-nos sobre se as mesmas não vão no sentido oposto ao da solução tão célere quanto possível dos litígios tributários, provocando desnecessárias delongas processuais. É que o contencioso tributário, para além de se revestir, frequentemente, de acentuada complexidade técnica, tem na base como objecto mediato actos tributários escritos e estritamente vinculados em virtude do princípio da legalidade fiscal[24], o que não se coaduna minimamente com a discussão oral das causas fiscais.

II. AS SOLUÇÕES DO ANTEPROJECTO

4. Alguns reparos de carácter geral

Comecemos por alguns reparos, em sede da apreciação geral do articulado constante do Anteprojecto, respeitantes seja à articulação ou harmonização entre a LGT e o CPPT, seja à terminologia utilizada.

Assim e no que concerne à articulação ou harmonização entre a LGT e o CPPT, interrogamo-nos sobre se não seria de esperar uma maior articulação ou harmonização entre esses dois suportes de codificação do direito tributário geral. Desde logo, perguntamo-nos se não seria este o momento para, numa visão mais consentânea com a natureza da LGT, como adequada codificação geral do direito tributário, deslocar do CPPT para a LGT a disciplina geral do procedimento tributário, reduzindo o CPPT a um código de processo tributário, como ocorre lá fora, por exemplo com a *Abgabenordnung* alemã e com a *Ley General Tributaria* espanhola[25].

---

[24] V. sobre o objecto mediato do processo, por todos, J. C. VIEIRA DE ANDRADE, *A Justiça Administrativa (Lições)*, 8.ª ed., Almedina, Coimbra, 2006, p. 291; MÁRIO AROSO DE ALMEIDA, *O Novo Regime do Processo nos Tribunais Administrativos*, 4.ª ed., Almedina, 2005, p. 138 e s.; e WLADIMIR BRITO, *Lições de Direito Processual Administrativo*, Coimbra Editora, Coimbra, 2005, p. 175 e ss.

[25] V. a III parte, §§ 78 a 133 da *Abgabenordnung*; e o título III, arts. 83 a 177 da *Ley General Tributaria*.

Depois, questionamo-nos, designadamente, sobre se o disposto nos n.os 7 e 8 do art. 89.°-A da LGT, porque respeitante ao tipo e característi-cas da via processual a seguir na impugnação da determinação da matéria colectável com base em manifestações de fortuna, não teriam o seu lugar mais adequado no CPPT, mais especificamente no art. 63.°-B, como, de resto, o n.° 5 desse artigo o confessa.

Em terceiro lugar, interrogamo-nos sobre a terminologia utilizada. É o caso da insistência no uso, umas vezes (por exemplo, nos arts. 101.° da LGT e 97.° e 276.° do CPPT) da expressão "interesses legalmente pro-tegidos" e, outras vezes (por exemplo, nos arts. 102.°, 134.°-A e 134.°-B do CPPT), da expressão "interesse legítimos". Ora tudo leva a crer que seja a primeira das expressões a única que deve ser utilizada, pois é a que consta da Constituição e da legislação mais recente para significar uma posição jurídica substantiva, uma posição subjectiva objecto de intencio-nal protecção legal, como é o que se pretende significar. Pelo que a se-gunda das expressões, tendo em conta o seu tradicional significado que a reporta a uma pura legitimidade processual, deve ser abandonada[26].

Igualmente nos questionamos sobre a utilização alternativa de ex-pressões tais como: "processo tributário" e "processo tributário judicial"; "impugnação" e "impugnação judicial"; "processos cautelares", "proces-sos de acção cautelar" e "providências cautelares"; "reclamação" e "re-clamação graciosa", ou até "reclamação administrativa", como consta do n.° 1 do art. 78.° da LGT (que nós, todavia, interpretamos no sentido de "reclamação graciosa" e não "reclamação administrativa" no sentido dos art. 158.° e segs. do CPA)[27].

5. O confronto das vias processuais do Anteprojecto com as do CPTA

Vejamos agora as vias processuais de acesso à justiça fiscal. Para o que devemos proceder ao confronto entre as referidas vias, sejam as actual-

---

[26] V., por todos, J. C. Vieira de Andrade, *A Justiça Administrativa (Lições)*, 8.ª ed. cit., p. 71 e ss.

[27] Mantendo o que dizemos no nosso *Direito Fiscal*, cit., p. 390 e ss. Em sentido diverso, v. D. Leite de Campos/Benjamim Silva Rodrigues/Jorge Lopes de Sousa, *Lei Geral Tributária Comentada e Anotada*, 3.ª ed., Vislis, Lisboa, 2003, p. 404 e s.

172   *Estudos de Direito Fiscal*

mente previstas na LGT e no CPPT, sejam as contempladas no Anteprojecto de revisão dessas codificações, com as constantes do CPTA.

5.1. Pois bem, na *LGT e CPPT*, como vias de acesso à justiça fiscal[28], temos: 1) o processo de impugnação judicial; 2) os processos de acção cautelar, em que se inserem: o arresto, o arrolamento, a apreensão de bens e a impugnação das providências cautelares adoptadas pela Administração tributária; 3) a acção para o reconhecimento de um direito ou interesse legítimo em matéria tributária; 4) os meios processuais acessórios, em que se integram: a intimação para a consulta de documentos e a passagem de certidões, o recurso contra o levantamento administrativo do sigilo bancário, a acção para a autorização da Administração tributária a levantar o sigilo bancário e o recurso contra a determinação da matéria colectável com base em manifestações de fortuna; e 5) a intimação para um comportamento, em que encontramos: a intimação para um comportamento (propriamente dita) e as providências cautelares a favor do contribuinte e demais obrigados tributários.

5.2. Em contrapartida, no *CPTA*, temos, como vias de acesso à justiça administrativa: 1) a acção administrativa comum; 2) a acção administrativa especial, em se integram: a impugnação de actos administrativos, a condenação à prática de acto devido, a impugnação de normas e a declaração de ilegalidade por omissão; 3) os processos urgentes, divididos em impugnações urgentes (em que se inserem o contencioso eleitoral e o contencioso pré-contratual) e as intimações (em que encontramos a intimação para a prestação de informações, consulta de processos ou passagem de certidões e a intimação para protecção de direitos, liberdades e garantias fundamentais); e 4) os processos cautelares.

5.3. Enfim, no *Anteprojecto da Revisão da LGT e do CPPT*, temos, como vias de acesso à justiça fiscal: 1) o processo de impugnação judicial; 2) as acções de reconhecimento e condenação, ou melhor as acções para o reconhecimento de direitos ou interesses legalmente protegidos, e as acções para a condenação à prática de actos ou prestações devidos (arts. 134.º-A e 134.º-B); 3) os processos de acção cautelar, em que encontra-

---

[28] Para além dos específicos processos de execução fiscal e de contra-ordenação tributária, sem paralelo na justiça administrativa.

Considerações sobre o anteprojecto de revisão da LGT e do CPPT...   173

mos as providências cautelares a favor do contribuinte que serão as previstas no CPTA (art. 135.° do CPPT), o arresto, o arrolamento, a apreensão de bens e a impugnação das providências cautelares adoptadas pela Administração; e 4) os meios processuais acessórios, em que encontramos: no art. 146.°, a intimação para a prestação de informações, consulta de processos ou passagem de certidões, os processos de declaração de ilegalidade da emanação ou omissão de normas administrativas e a produção antecipada de prova; no art. 146.°-B, o recurso contra o levantamento administrativo do sigilo bancário; e no art. 146.°-B/n.° 5, o recurso contra a determinação da matéria colectável com base em manifestações de fortuna[29].

6. Críticas à tipologia e ordenação dos meios processuais no Anteprojecto

Mas vejamos, com mais algum desenvolvimento, as críticas que a tipologia e a ordenação nos meios processuais no Anteprojecto de Revisão da LGT e do CPPT nos suscita.

6.1. Antes de mais, é equívoca manutenção da *categoria dos meios processuais acessórios*, em relação à qual é de salientar, por um lado, que a mesma foi objecto de abandono por parte do CPTA. Uma opção para a qual, por certo, não terá deixado de contribuir a crítica de que foi alvo por banda da doutrina[30].

Depois, a inserção nesses meios de alguns meios processuais que, claramente, não são meios acessórios. Assim acontece com os processos de declaração de ilegalidade da emanação ou omissão de normas administrativas.

Em terceiro lugar, verifica-se a integração de outros meios processuais que podem ser ou não meios acessórios. É o que sucede com intimação para a prestação de informações, consulta de processos ou passagem de certidões.

---

[29] Cf. os arts. 89.°-A, n.os 7 e 8, da LGT, e 146.°, n.° 5, do CPPT.

[30] V., por todos, J. C. VIEIRA DE ANDRADE, *A Justiça Administrativa (Lições)*, 3.ª ed., Almedina, Coimbra, 2000, p. 172 e ss.

174 *Estudos de Direito Fiscal*

Enfim, verifica-se a inclusão nos meios processuais acessórios da providência cautelar que é a produção antecipada de prova, a qual, não obstante a falta de unanimidade quanto ao conceito de providência cautelar na doutrina do processo civil, devia estar incluída nos processos de acção cautelar (nos arts. 135.° a 144.°).

6.2. Depois, é de referir a mais que discutível colocação no título do processo tributário dos *processos de acção cautelar* a favor da Administração tributária, como são o arresto, o arrolamento, e a apreensão de bens (que não constitui, de resto, qualquer providência cautelar), bem como a impugnação das providências cautelares adoptadas pela Administração tributária.

Com efeito, parecem não restarem dúvidas quanto a tais acções deverem ser objecto de tratamento no título relativo ao *processo da execução fiscal*. Pois ou são providências cautelares relativas a este processo (caso do arresto e do arrolamento), ou integram mesmo a mais importante fase desse processo (caso da apreensão dos bens), ou respeitam à impugnação das actuações da Administração tributária que concretizam essas providências cautelares.

6.3. Em terceiro lugar, são configuradas como *acção administrativa especial* diversas acções que, no CPTA, não se apresentam como tais, onde se configuram como acção administrativa comum, um tipo de meio processual totalmente desconhecido do Anteprojecto. É esse o caso das acções: para o reconhecimento de direitos ou interesses legalmente protegidos (que o CPTA integra a acção administrativa comum). Mas é igualmente o caso da acção de condenação à prática de actos ou prestações devidos (que, na medida em que não seja a condenação à prática de acto administrativos, o CPTA também integra a acção administrativa comum).

Uma observação com a qual não pretendemos, em rigor, adiantar uma qualquer solução, mas sobretudo interrogarmo-nos, uma vez que, no próprio direito administrativo geral, se suscitam fundadas dúvidas no respeitante à acção administrativa comum. Uma via de acesso à justiça administrativa cujo recorte legal não está isento de reparos, quer no respeitante ao exacto papel que a mesma deve desempenhar, quer particularmente no que concerne à delimitação da sua área de actuação face à da acção administrativa especial.

Considerações sobre o anteprojecto de revisão da LGT e do CPPT... 175

Já não suscita qualquer reparo a configuração como acções administrativas especiais as acções (que são processos urgentes) as acções relativas: 1) à impugnação do levantamento administrativo do sigilo bancário, 2) ao pedido de autorização da Administração tributária para levantar o sigilo bancário, e 3) à impugnação da determinação da matéria colectável com base em manifestações de fortuna.

6.4. Também nos suscita reparos a inexistência de previsão duma disposição do tipo do art. 36.° do CPTA, com a lista dos *processos urgentes*, ou dum título a tratar dos mesmos, como nos arts. 97.° e seguintes do mesmo Código, embora, pelo menos aparentemente, nos pareça que o problema se encontra solucionado através da remissão para o CPTA: seja através da remissão geral do art. 2.° do CPPT, seja da remissão específica como no caso das providências cautelares nos termos do art. 135.° do CPPT.

Isso para além, naturalmente, dos casos em que casuisticamente classifica certos processos de urgentes, como os referidos relativamente ao levantamento administrativo do sigilo bancário e à impugnação da determinação da matéria colectável com base em manifestações de fortuna. Sendo de nos interrogar se mesmo estes não deviam ser reconduzidos a uma solução geral.

6.5. Em quinto lugar, é de mencionar a não previsão de qualquer referência, mormente através de remissão para o CPTA, a situações litigiosas idênticas às que, no processo administrativo, caiem no âmbito da acção administrativa comum, como serão os litígios relativos à validade, cumprimento e execução de contratos no domínio do direito fiscal, sejam os contratos fiscais propriamente ditos ou outros contratos (como são admitidos nos termos do art. 37.° da LGT)[31], bem como os relativos à responsabilidade civil do Administração tributária por danos emergentes de relações tributárias[32].

Com efeito, temos as maiores dúvidas que uma tutela jurisdicional efectiva nos domínios em causa, como a exigida pela nossa Constituição,

---

[31] Sobre o universo destes contratos, v. o nosso livro *Contratos Fiscais*, cit., esp. p. 85 e ss.

[32] V. sobre o problema, VASCO GUIMARÃES, *A Responsabilidade Civil da Administração Fiscal*, Vislis, Lisboa, 2007.

176 *Estudos de Direito Fiscal*

se satisfaça adequadamente com uma remissão de carácter geral para o CPTA. Até porque, mormente no domínio da mencionada responsabilidade da Administração tributária por danos emergentes de relações tributárias, são necessárias as maiores cautelas para não embarcar no que actualmente se vem revelando tão politicamente correcto que é endossar a conta dos conaturais riscos duma sociedade cada vez mais complexa e sofisticada aos contribuintes que são verdadeiramente os que pagam por todos os danos pelos quais seja responsabilizado o Estado ou qualquer dos seus órgãos ou agentes.

6.6. Enfim, também é de nos interrogarmos sobre se não será de estender à justiça fiscal os institutos recentemente consagrados no quadro da reforma da justiça administrativa. Estão nessa situação, o "julgamento em formação alargada" e o "reenvio prejudicial para o STA", bem como o "recurso de revista", contemplados, respectivamente, no art. 93.° e no art. 150.° do CPTA. Uma interrogação cuja resposta positiva, no caso de a mesma vir a ocorrer, poderá concretizar-se através de uma remissão específica para o CPTA. Efectivamente, não descortinamos aqui especificidade que esses institutos devam ter em sede da justiça fiscal.

Uma ideia que, relativamente ao *reenvio prejudicial*, para além de a sua admissão resultar do paralelismo de competências constante dos n.os 2 dos art. 25.° e 27.° do ETAF, já foi aceite pelo STA. Pois a esse reenvio procedeu o Presidente do Tribunal Administrativo e Fiscal de Braga[33], em que este solicitou ao STA a pronúncia vinculativa sobre as duas questões seguintes: "a) À face do preceituado nos arts. 10.°, n.° 1, al. *g*), 148.°, n.° 1, al. *a*) e 151.° do CPPT, o processo de execução fiscal é, após a entrada em vigor do ETAF de 2002 e do CPTA, o meio processual adequado para a cobrança coerciva das custas relativas a processos tributários? b) Em caso negativo, o processo de execução fiscal é o meio processual adequado para a cobrança coerciva de custas de processos tributários que tenham sido iniciados antes de 01-01-2004?

Um processo em que o STA, não só aceitou o reenvio, tendo considerado preenchidos os pressupostos legais do mesmo, como respondeu positivamente às duas questões colocadas pelo tribunal que procedeu ao reenvio. Uma ideia que, mesmo sem um suporte expresso e tão claro como

---

[33] Acórdão do STA de 08-06-2005, Proc. n.° 0413/05.

o previsto no ETAF para o reenvio prejudicial, deve valer para o mencionado *julgamento em formação alargada* nos tribunais tributários, bastando-nos para tanto socorrermo-nos da remissão geral do art. 2.º do CPPT para o CPTA.

Uma remissão que já não constituirá, a nosso ver, suporte suficiente para se admitir em sede da jurisdição fiscal o *recurso de revista* introduzido na jurisdição administrativa pelo n.º 2 do art. 24.º do CPTA, ao definir a competência da Secção do Contencioso Administrativo do STA. A isso se opõe o facto de o art. 26.º do ETAF, relativo à competência da Secção do Contencioso Tributário do STA, desconhecer por completo uma tal competência, não contendo assim qualquer disposição semelhante à daquele n.º 2.

7. O FINANCIAMENTO DA SEGURANÇA SOCIAL EM PORTUGAL *

Sumário

I. A segurança social
1. Ideia de segurança social
2. A segurança social na Constituição
    2.1. A segurança social no texto constitucional
    2.2. O direito à segurança social
    2.3. Um dever à segurança social?
3. Alusão ao quadro comunitário
4. O sistema português de segurança social
    4.1. Recorte da sua evolução legal
    4.2. A actual estrutura do sistema
        4.2.1. O sistema público de segurança social
        4.2.2. O sistema de acção social
        4.2.3. O sistema complementar.

II. O financiamento da segurança social
5. Os regimes contributivos e não contributivos
6. As fontes de financiamento
7. O financiamento dos subsistemas
    7.1. O financiamento do subsistema previdencial
    7.2. Referência ao financiamento dos outros subsistemas
    7.3. O regime financeiro do sistema público de segurança social
8. O fundo de estabilização financeira da segurança social.

---

* Este estudo, em cuja realização beneficiámos da colaboração da Mestre Suzana Tavares da Silva, foi elaborado para a obra coordenada por SACHA CALMON NAVARRO COELHO, *As Contribuições para a Seguridade Social*, Quartier Latin, São Paulo, 2007, entretanto publicado em Portugal nos *Estudos em Homenagem ao Conselheiro Luís Nunes de Almeida*, Coimbra Editora, Coimbra, 2007.

I. A SEGURANÇA SOCIAL

Como decorre do sumário que antecede, antes de versarmos propriamente o financiamento da segurança social, vamos procurar caracterizar o sistema português de segurança social. O que implica pronunciarmo-nos sobre o que é a segurança social, qual o seu lugar no texto constitucional e, bem assim, qual o seu recorte e caracterização legais.

1. Ideia de segurança social

A expressão *segurança social*[1], embora hoje em dia tenha, como vamos ver, um sentido preciso, que constitui mesmo um sentido com manifesto recorte legal, não raro tem sido e continua sendo utilizada com um sentido abrangente, com um sentido que leva a fazer coincidir a ideia de segurança social com a ideia ampla de protecção social, integrando, nessa medida, as dimensões de previdência social, assistência social e acção social[2]. Uma ideia que, devemos sublinhar, não deixa, a seu modo, de ter raízes na própria origem da realidade que hoje designamos por segurança social.

Efectivamente, a segurança social teve, na sua génese, um conjunto de iniciativas e actividades que podemos reconduzir ao domínio da *assistência social*, isto é, iniciativas e actividades de mobilização de recursos dos mais abastados com o objectivo de dar apoio aos indivíduos e famílias mais carenciados[3]. Na verdade, só mais tarde começou a ser pensada e organizada em torno do apoio à classe dos trabalhadores, assumindo então uma faceta mais previdencial, orientando-se consequentemente para o objectivo de reduzir ou suprimir os riscos do trabalho dependente.

Num tal quadro ganham particular importância as prestações com as pensões de reforma e de invalidez dos operários. Dimensões essas a que

---

[1] Que corresponde à expressão *seguridade social* utilizada no Brasil.

[2] V. ILÍDIO DAS NEVES, «Segurança social», *Enciclopédia Verbo Edição Século XXI*, vol. 26, 2003, col. 622 e ss.

[3] Cf. MATILDE LAVOURAS, *Financiamento da Segurança Social (Problemas e Perspectivas de Evolução)*, Dissertação de Mestrado na Faculdade de Direito de Coimbra, Coimbra, 2003, p. 18 e ss.

actualmente se veio juntar uma outra, qual seja a de suportar verdadeiras políticas de acção social, como é o caso, por exemplo, da política de protecção familiar.

Bem vistas as coisas, tendo em conta as políticas públicas do Estado contemporâneo, a segurança social insere-se na *política de redistribuição*. Uma visão das coisas que, naturalmente, também se verifica em Portugal. O que tem expressão e expressão importante na própria Constituição, como vamos ver de seguida.

Aliás, a segurança social constitui um dos suportes fundamentais em que assenta a construção do modelo português e, mais em geral, do modelo europeu de sociedade do actual estado social de direito, designado justamente por estado social ou *modelo social europeu*. De facto, a segurança social aparece aí ao lado do trabalho, da educação, da saúde e da habitação, os bens jurídico-constitucionais que servem de suporte aos cinco mais paradigmáticos direitos fundamentais sociais[4].

Pelo que o sistema de segurança social apresenta-se actualmente ancorado nos objectivos de protecção social, um aspecto que é comum e constitui uma das marcas distintivas do referido modelo social europeu. O que, naturalmente, não quer dizer, que haja um sistema de segurança social comum à União Europeia. Pois, não obstante a integração económica e política alcançada pelos Estados membros e desse comum modelo social europeu, cabe a cada um dos Estados membros construir o seu *sistema de segurança social*. O qual, com respeito pelos princípios gerais, articula a participação das instituições de segurança social e das entidades particulares de fins análogos, de forma a prosseguir os respectivos objectivos constitucional e legalmente fixados.

Mas vejamos, em termos sumários naturalmente, pois não é exactamente esse o tema desta exposição, a caracterização do sistema português de segurança social. O que vamos fazer interrogando-nos sobre a sua posição na Constituição, o seu enquadramento no modelo social europeu e a sua estrutura e caracterização legais.

---

[4] Ou, na fórmula mais analítica do correspondente Pacto das Nações Unidas e da Constituição Portuguesa de 1976, os cinco mais paradigmáticos direitos económicos, sociais e culturais.

2. A segurança social na Constituição

Em sede constitucional, vamos sucessivamente percorrer as diversas disposições que ao longo da Constituição têm por objecto ou, de algum modo, se referem à segurança social, analisar o direito fundamental à segurança social e interrogarmos sobre se tem cabimento falar de um dever fundamental à segurança social.

2.1. *A segurança social no texto constitucional*

Se percorrermos o texto constitucional, verificamos que o sistema de segurança social nos aparece, a bem dizer, em todas as partes que compõem a Constituição Portuguesa[5]. Na verdade ele aparece-nos no próprio pórtico (princípios fundamentais), na constituição do indivíduo (direitos e deveres fundamentais), na constituição da sociedade (constituição económica) e na constituição do Estado (constituição política). Naturalmente, como bem se compreende, é na constituição do indivíduo que a segurança social se revela com maior profundidade e alcance.

Pois bem, no pórtico constitucional, a segurança social surge-nos como instrumento imprescindível de realização duma das diversas *tarefas fundamentais do Estado* constantes do art. 9.°. Efectivamente, na alínea *d*) desse preceito constitucional, encontra-se subjacente a segurança social como instrumento da tarefa fundamental do Estado português de promoção do bem-estar e da qualidade de vida do povo e da igualdade real entre os portugueses[6]. Uma tarefa fundamental do Estado que significa, desde logo, que o Estado português é um verdadeiro Estado social, por se incluir entre aqueles que visam assegurar a efectivação prática dos direitos sociais, garantindo a cada um dos membros da respectiva comunidade um adequado nível de realização dos direitos à saúde, à educação, à habitação, à segurança social, etc.

---

[5] Não figurando apenas, o que bem se compreende, na constituição da constituição (a constituição da garantia e defesa da constituição).

[6] Dispõe o art. 9.° – (*Tarefas fundamentais do Estado*). São tarefas fundamentais do Estado:... *d*) promover o bem-estar e a qualidade de vida do povo e a igualdade real entre os portugueses, bem como a efectivação dos direitos económicos, sociais, culturais e ambientais, mediante a transformação e modernização das estruturas económicas e sociais.

O financiamento da segurança social em Portugal

Por seu lado, na constituição do indivíduo temos a segurança social como um amplo e complexo direito social dos indivíduos, consagrado no art. 63.º da Constituição. Nos termos do n.º 1 desse preceito constitucional, "todos têm direito à segurança social", estabelecendo os demais quatro números desse artigo, regras e princípios que hão-de nortear a definição e concretização legais do seu regime[7].

Devemos salientar, a este respeito, que inicialmente a epígrafe do art. 63.º da Constituição se referia apenas à *segurança social*. Todavia, com a revisão constitucional de 1997, foi aditado o termo *solidariedade*, reiterando-se, por esta via, as finalidades redistributivas do sistema de segurança social.

A inclusão dessa referência à solidariedade veio, antes de mais, enfatizar a sedimentação da quarta geração de direitos fundamentais, constituída, num certo entendimento, tanto pelos direitos ecológicos como pelos direitos de solidariedade de cariz intergeracional ou de dimensão diacrónica, que se configuram basicamente como deveres. De outro lado, autonomizou a dimensão da "solidariedade horizontal" ou "solidariedade fraterna" enquanto reconhecimento constitucional da importância que assume, no âmbito da acção social, a esfera de relações entre os indivíduos, entre os grupos e entre as classes sociais que se desenvolvem fora da esfera das relações de poder características das instituições estaduais[8].

---

[7] Dispondo os outros números do art. 63.º: "2. Incumbe ao Estado organizar, coordenar e subsidiar um sistema de segurança social unificado e descentralizado, com a participação das associações sindicais, de outras organizações representativas dos trabalhadores e de associações representativas dos demais beneficiários. 3. O sistema de segurança social protege os cidadãos na doença, velhice, invalidez, viuvez e orfandade, bem como no desemprego e em todas as outras situações de falta ou diminuição de meios de subsistência ou de capacidade para o trabalho. 4. Todo o tempo de trabalho contribui, nos termos da lei, para o cálculo das pensões e velhice e invalidez, independentemente do sector de actividade em que tiver sido prestado. 5. O Estado apoia e fiscaliza, nos termos da lei, a actividade e o funcionamento das instituições particulares de solidariedade social e de outras de reconhecido interesse público sem carácter lucrativo, com vista à prossecução de objectivos de solidariedade social consignados neste artigo, na alínea *b*) do n.º 2 do artigo 67.º, no artigo 69.º, na alínea *e*) do n.º 1 do artigo 70.º e nos artigos 71.º e 72.º".

[8] Para mais desenvolvimentos a este respeito, v. J. CASALTA NABAIS, «Algumas considerações sobre a solidariedade e a cidadania», *Boletim da Faculdade de Direito da Universidade de Coimbra*, vol. LXXV, 1999, p. 145 e ss. (150 e ss.), e «Solidariedade social, cidadania e direito fiscal», em MARCO AURÉLIO GRECO/MARCIANO SEABRA DE GODOI (Coord.), *Solidariedade e Social e Tributação*, Dialética, São Paulo, 2005, p. 110

Ainda a respeito desta alusão à ideia de solidariedade na própria epígrafe do art. 63.º da Constituição, é de assinalar que, na análise dessa ideia de solidariedade, a doutrina tende a distinguir, tendo presente sobretudo o financiamento do sistema, três dimensões da solidariedade, a saber: a *solidariedade nacional*, traduzida na transferência de recursos entre cidadãos; a *solidariedade laboral*, constituída pelos mecanismos redistributivos no âmbito de protecção de base profissional; e a *solidariedade intergeracional*, que assenta, quanto ao seu financiamento, na combinação do método de repartição com o método de capitalização[9].

A segurança social está também presente na constituição da sociedade, como incumbência prioritária do Estado no âmbito económico e social. De facto, nos termos das alíneas *a*) e *b*) do art. 81.º da Constituição, inscrevem-se nas incumbências prioritárias do Estado, no âmbito económico e social: *a*) promover o aumento de bem-estar social e económico e da qualidade de vida das pessoas, em especial das mais desfavorecidas, no quadro de uma estratégia de desenvolvimento sustentável; *b*) promover a justiça social, assegurar a igualdade de oportunidades e operar as necessárias correcções das desigualdades na distribuição da riqueza e do rendimento, nomeadamente através da política fiscal[10].

Ainda em sede da que designamos "constituição da sociedade", é de sublinhar que, segundo o n.º 1 do art. 105.º da Constituição, o Orçamento do Estado contém necessariamente, ainda que autonomizado, o orçamento da segurança social. Pelo que o orçamento da segurança social, isto é, o documento no qual se prevêem as receitas a arrecadar e as despesas a efectuar, desagregadas pelas diversas modalidades de protecção social, é apresentado pelo Governo e aprovado pela Assembleia da República como uma parte que, embora autónoma, integra o Orçamento de Estado[11].

---

e ss., também em *Por um Estado Fiscal Suportável – Estudos de Direito Fiscal*, Almedina, Coimbra, 2005, p. 86 e ss.

[9] V., neste sentido, GOMES CANOTILHO/VITAL MOREIRA, *Constituição da República Portuguesa Anotada*, 1.º Vol., 4.ª ed., Coimbra Editora, Coimbra, 2006, anot. III ao art. 63.º.

[10] Cf. NAZARÉ DA COSTA CABRAL, *O Orçamento da Segurança Social*, Almedina, Coimbra, 2005, p. 49, e FERNANDO ROCHA ANDRADE/MATILDE LAVOURAS, *Políticas de Redistribuição e Segurança Social,* Apontamentos das Aulas de Economia e Finanças Públicas, 2003/2004, Faculdade de Direito de Coimbra.

[11] Orçamento esse que consta dos Mapas X a XIII do Orçamento do Estado. Quanto ao Mapa XI do Orçamento da Segurança Social para 2006, v. a sua reprodução *infra*, ponto 4, *in fine*.

Enfim, igualmente na "constituição do Estado", encontramos alusão à segurança social. Pretendemos com isto referirmo-nos à sua inclusão na matéria da reserva relativa de competência legislativa da Assembleia da República[12]. Com efeito, nos termos da alínea *f*) do n.° 1 do art. 165.° da Constituição, "é da exclusiva competência da Assembleia da República, salvo autorização ao Governo, legislar sobre as bases do sistema de segurança social". Pelo que as bases da segurança social têm que constar de lei (da Assembleia da República) ou de decreto-lei (do Governo) desde que autorizado mediante uma lei de autorização legislativa da Assembleia da República.

2.2. *O direito à segurança social*

Um destaque, ainda que modesto, merece o tratamento da segurança social em sede da constituição do indivíduo, em que sobressai naturalmente o *direito à segurança social*. Como um dos mais típicos direitos positivos, este pode ser definido, em termos gerais, como o poder, reconhecido pela ordem jurídica, de exigir do Estado prestações, pecuniárias ou em espécie, como resposta a situações ou eventualidades traduzidas na interrupção, redução ou cessação dos rendimentos do trabalho, ocorrência de determinados encargos, como os relativos à educação dos filhos e à satisfação de necessidades em matéria de saúde, verificação de insuficiência de rendimentos por estes serem inferiores a um determinado nível mínimo, considerado pela lei como exigência de dignidade humana e fronteira da pobreza[13].

Trata-se, pois, dum verdadeiro *direito subjectivo público* que assegura a todos as condições e pressupostos materiais necessários a uma exis-

---

[12] Esclareça-se que a distinção reserva absoluta/reserva relativa da Constituição Portuguesa tem um sentido unicamente orgânico e inscreve-se no quadro dum sistema (algo original em termos de direito comparado) de partilha da função legislativa entre a Assembleia da República e o Governo. Num tal quadro de partilha da função legislativa, compreende-se que haja matérias legislativas que, dada a sua importância, estejam reservadas à Assembleia da República. Matérias essas que a Constituição distribui por dois sectores ou níveis: o sector ou nível da reserva absoluta, cuja disciplina apenas cabe à Assembleia da República, que são as matérias do art. 164.°; e o sector ou nível da reserva relativa, cuja disciplina, embora caiba à Assembleia da República, esta pode delegá-la no Governo, que são as matérias do art. 165.°, n.° 1.

[13] ILÍDIO DAS NEVES, «Segurança social», *cit.*, col. 623.

tência compatível com a dignidade da pessoa humana, quando, por qualquer motivo, não consigam alcançar essas condições ou pressupostos de forma autónoma[14]. Uma ideia que refuta, claro está, o carácter meramente programático das normas constitucionais que prevêem os direitos sociais[15]. Efectivamente os direitos sociais constituem deveres do Estado, cujo titular é o legislador, que se concretizam: em deveres (negativos) de não pôr em causa a consagração e o conteúdo constitucional dos direitos (ou seja, o *an,* o *quid* e o *quantum* constitucional); no dever (positivo) de concretização jurídico-política, através da edição da correspondente lei, do seu conteúdo; e ainda no dever (negativo) de, uma vez concretizado o direito social, não poder revogar pura e simplesmente a respectiva lei concretizadora, nem afectar aquele nível de concretização legal que haja obtido uma clara "sedimentação" na consciência jurídica comunitária[16].

A este propósito seja-nos permitido mais duas considerações complementares: uma para aludir à necessidade de promover uma certa clarificação do discurso sobre os direitos sociais, na qual o direito à segurança social não pode deixar de ser mencionado; outra, para nos referirmos ao direito a uma vida condigna.

Quanto à mencionada clarificação, ela passa essencialmente pela afirmação ou reafirmação do sentido originário dos direitos fundamentais em geral e dos direitos sociais em particular. O que, quanto a estes, conduz a perspectivá-los como direitos em concreto apenas de alguns – direitos dos excluídos do mercado. É que se, em abstracto, esses direitos não podem, pelo simples facto de serem direitos fundamentais, deixar de ser universais, isto é, direitos de todos, não é menos certo que, em concreto, o suporte exclusivamente estadual ou comunitário dos mesmos há-de limitar-se a uma parcela limitada da população – aos necessitados nos termos mencionados[17].

---

[14] Cf. GOMES CANOTILHO/VITAL MOREIRA, *Constituição da República Portuguesa Anotada,* cit., anot. II ao art. 63.°.

[15] V., por todos, J. C. VIEIRA DE ANDRADE, *Os Direitos Fundamentais na Constituição Portuguesa de 1976,* 3.ª Edição, Almedina, Coimbra, 2004, p. 385 e ss.

[16] Para maiores desenvolvimentos, cf. J. CASALTA NABAIS, *O Dever Fundamental de Pagar Impostos. Contributo para a compreensão constitucional do estado fiscal contemporâneo,* Almedina, Coimbra, 1998, p. 80 e s.

[17] Nestas precisas palavras J. CASALTA NABAIS, «Algumas reflexões críticas sobre os direitos fundamentais», *Ab Uno ad Omnes. 75 Anos da Coimbra Editora,* Coimbra Editora, Coimbra, 1998, p. 998.

O financiamento da segurança social em Portugal

187

Por outras palavras, a universalidade do direito à segurança social não significa o dever estadual de assegurar a todos esse direito, impondo um sistema administrativo de segurança social que garanta as prestações sociais a todos os particulares. Significa, isso sim, que o legislador há-de respeitar o princípio da igualdade de tratamento. Com efeito "os direitos sociais, enquanto direitos específicos, não são direitos de todas as pessoas, mas das que precisam, na medida da necessidade"[18].

Aliás, aquela necessidade de clarificação, no que aos direitos sociais diz respeito, resulta, não apenas da insustentabilidade financeira das prestações sociais a médio prazo, como também do carácter contraproducente que a respectiva generalização assume a partir de um determinado montante ou nível do conjunto dessas prestações. De resto, na tentativa de universalização dos direitos sociais tem visto alguma doutrina o responsável pela crescente "ingovernabilidade" das actuais sociedades desenvolvidas.

Por seu turno, particularmente relacionado com o direito à segurança social, no que constituirá mesmo uma sua ampliação no âmbito da solidariedade, vem sendo referido o *direito a uma existência condigna*. Para o Tribunal Constitucional, trata-se de um direito que deve ser reportado ao princípio da dignidade da pessoa humana e ao desenvolvimento da personalidade[19]. Já para uma parte da doutrina ele apresenta-se como direito social autónomo, densificado no direito da pessoa a recursos e prestações indispensáveis para viver conforme a dignidade humana[20].

---

[18] J. C. VIEIRA DE ANDRADE, «O "direito ao mínimo de existência condigna" como direito fundamental a prestações estaduais positivas – uma decisão singular do Tribunal Constitucional», *Jurisprudência Constitucional*, n.° 1, 2004, p. 26. Texto que constitui uma anotação ao Ac. 509/2002, em que o Tribunal Constitucional se pronunciou, em controlo preventivo, por oito votos contra cinco, pela inconstitucionalidade da norma que excluía do acesso ao "rendimento social de inserção" os jovens entre os 18 e os 25 anos, por violação do direito a um mínimo de existência condigna inerente ao princípio do respeito pela dignidade da pessoa humana, o que não acontecia com o anterior "rendimento mínimo garantido" que era reconhecido a todos os jovens com idade igual ou superior a 18 anos.

[19] V. J. C. VIEIRA DE ANDRADE, «O "direito ao mínimo de existência condigna" como direito fundamental a prestações estaduais positivas – uma decisão singular do Tribunal Constitucional», *cit.*, p. 26 e ss., e os Acs. do Tribunal Constitucional 509/2002 e 809/2002. Cf. também JORGE MIRANDA/RUI MEDEIROS, *Constituição Portuguesa Anotada*, Tomo I, Coimbra Editora, Coimbra, 2005, anot. IV ao art. 63.°.

[20] Neste sentido, GOMES CANOTILHO/VITAL MOREIRA, *Constituição da República Portuguesa Anotada*, cit., anot. IV ao art. 63.°.

188 *Estudos de Direito Fiscal*

O que, todavia, não pode significar que o reconhecimento do mencionado direito a uma existência condigna, a uma existência compatível com a dignidade humana, implique a garantia fixa de um *standard* de existência compatível com essa dignidade. Pois uma tal garantia, como bem se compreende, está dependente das concretas situações sociais, isto é, das concretas situações económicas, financeiras, tecnológicas e culturas de cada país[21].

2.3. *Um dever à segurança social?*

Ainda a respeito do direito fundamental à segurança social, até porque os direitos fundamentais económicos, sociais e culturais se apresentam, por via de regra, simultaneamente como direitos e como deveres, como direitos-deveres, não será totalmente descabido, perguntar se a segurança social não se configura também como um dever fundamental[22]. Ou seja, trata-se de saber se, ao lado do direito fundamental à segurança social não, temos na Constituição também um dever fundamental à segurança social.

Uma questão cuja resposta implica ter presente que os deveres fundamentais se caracterizam, essencialmente, como posições jurídicas passivas (não activas), autónomas (face aos direitos fundamentais), subjectivas (já que exprimem uma categoria subjectiva e não uma categoria objectiva), individuais (pois têm por destinatários os indivíduos e só por analogia as pessoas colectivas) e universais e permanentes (pois têm por base a regra da universalidade ou da não discriminação). Por outro lado, é preciso não esquecer que os deveres fundamentais, ao contrário do que se verifica em sede dos direitos fundamentais, apenas valem como tal se e na medida em que disponham de consagração (expressa ou implícita) na constituição[23].

---

[21] V. GOMES CANOTILHO/VITAL MOREIRA, *Constituição da República Portuguesa Anotada*, cit., anot. II ao art. 63.°; e J. CASALTA NABAIS, «Os direitos fundamentais na jurisprudência do Tribunal Constitucional», *Boletim da Faculdade de Direito da Universidade de Coimbra*, vol. LXV, 1989, p. 61 e ss. (89 e s.), e *O Dever Fundamental de Pagar Impostos*, cit., p. 80 e s.

[22] V., no respeitante à figura dos direitos-deveres, J. CASALTA NABAIS, *O Dever Fundamental de Pagar Impostos*, cit., p. 113 e s. e 123.

[23] Cf. J. CASALTA NABAIS, *O Dever Fundamental de Pagar Impostos*, cit., p. 61 e ss., e «A face oculta dos direitos fundamentais: os deveres e os custos dos direitos», em *Por um Estado Fiscal Suportável – Estudos de Direito Fiscal*, cit., p. 11 e ss.

Ora, tendo em conta o que vimos de dizer, cabe perguntar se a Constituição consagra, de maneira expressa ou implícita, algum dever no que respeita à segurança social. E a tal respeito devemos dizer que sobre os portugueses não impende qualquer dever constitucional relativo a terem de organizar ou de subscrever qualquer sistema de segurança social, uma vez que nesse domínio há, isso sim, uma incumbência do Estado. Pois, segundo o n.° 2 do art. 63.° da Constituição "incumbe ao Estado organizar, coordenar e subsidiar um sistema de segurança social unificado e descentralizada, com a participação das associações sindicais, de outras organizações representativas dos trabalhadores e de associações representativas dos demais beneficiários"[24].

Problema diverso desse é o de saber se não impende sobre os portugueses o dever de contribuir para o financiamento da segurança social, para o financiamento do sistema público de segurança social. Uma questão que, pelo menos à primeira vista, parece ter uma resposta negativa, já que, efectivamente, não encontramos na Constituição qualquer disposição expressa que consagre um tal dever.

O que, todavia, não surpreende, uma vez que situação idêntica se verifica com o próprio dever fundamental de pagar impostos, pois também esse dever não dispõe duma consagração expressa na Constituição, o que naturalmente não tem levado à negação dum tal dever fundamental[25].

Pois bem, a nosso ver, não faltam na Constituição manifestações implícitas de um dever fundamental de contribuir para o financiamento do sistema de segurança social. De um lado, isso resulta do próprio art. 63.°, que tem subjacente um sistema de segurança social financiado autonomamente face ao orçamento do Estado, uma vez que, como vimos, cabe ao Estado *subsidiar*, e não *financiar*, um sistema de segurança social unificado e descentralizado.

Uma ideia que encontra suporte também, como já vimos, nas disposições constitucionais relativas ao orçamento do Estado, pois nelas se prevê a existência dum orçamento autónomo para a segurança social. Dum orçamento que, justamente porque se trata dum orçamento público, se configura como uma componente do orçamento do Estado, sendo, por

---

[24] V. a reprodução desse preceito constitucional *supra*, na nota 7.

[25] Cf. J. CASALTA NABAIS, *O Dever Fundamental de Pagar Impostos*, cit., p. 61 e ss., 210 e ss. e 445 e ss.

190 *Estudos de Direito Fiscal*

isso mesmo, objecto de apresentação pelo Governo e de aprovação pela Assembleia da República.

Por outro lado, não podemos deixar de convocar a ideia, defendida pela doutrina e pressuposta na definição do âmbito e, bem assim, na medida do nível da fiscalidade pelos organismos internacionais, de considerar as contribuições para a segurança social impostos. Efectivamente a generalidade da nossa doutrina considera, ao menos para efeitos jurídico--constitucionais, as contribuições para a segurança social como impostos. O que ocorre também com a prática dos organismos internacionais, com particular destaque para a OCDE, os quais operam, para efeitos de comparação internacional, com um conceito de fiscalidade que integra as contribuições para a segurança social[26].

Ora, a ser assim, então haverá que concluir que o fundamento constitucional do dever de contribuir para a segurança social é o mesmo fundamento dos impostos em geral, isto é, dos demais impostos. Por isso mesmo, igualmente por esta via, encontramos um suporte constitucional implícito para o dever de contribuir para o sistema público de segurança social[27].

3. Alusão ao quadro comunitário

Embora a organização e o financiamento das políticas sociais continuem, no plano da União Europeia, a ser matérias cometidas à esfera da competência nacional dos Estados membros, existem, todavia, alguns instrumentos normativos comunitários que se referem expressamente à obrigação dos Estados em matéria de segurança social. Trata-se daqueles instrumentos que, de algum modo, visam assegurar a defesa e a preservação do referido *modelo social europeu.*

É o que acontece, desde logo com o art. 12.º da Carta Social Europeia[28], onde se estipula o compromisso dos Estados a estabelecer ou man-

---

[26] Cf. J. CASALTA NABAIS, *Direito Fiscal*, 3.ª ed., Almedina, Coimbra, 2005, p. 32 e 487 e ss., e *infra* n.º 6.

[27] Em sentido diferente do aqui proposto, v. JORGE MIRANDA/RUI MEDEIROS, *Constituição Portuguesa Anotada*, Tomo I, cit., anot. XII ao art. 63.º.

[28] Adoptada em 1961 e em vigor desde 1965, entretanto revista em 1996. Em Portugal, a versão revista foi aprovada para ratificação pela Resolução da Assembleia da

O financiamento da segurança social em Portugal

ter um regime de segurança social num nível pelo menos igual ao necessário para a ratificação do Código Europeu de Segurança Social, bem como a elevar progressivamente esse nível. Pois, não podemos esquecer que o Código Europeu de Segurança Social veio estabelecer uma harmonização mínima entre as legislações da segurança social dos países signatários[29].

Por outro lado, é de mencionar a preocupação da União Europeia no estabelecimento de um regime coordenado de segurança social que não ponha em causa a livre circulação dos trabalhadores, isto é, dos trabalhadores migrantes. Uma preocupação traduzida em numerosas disposições de direito comunitário, seja do direito originário, como as dos artigos 39.° e seguintes do Tratado da União Europeia, seja do direito derivado, como as constantes de diversos regulamentos comunitários, entre os quais se destaca, como regulamento base da disciplina dessa matéria o Regulamento (CEE) 1408/71[30].

Neste quadro são de salientar também o Livro Verde sobre a Política Social, o Livro Branco sobre "Política Social Europeia – Como avançar na União" e as comunicações do Conselho Europeu. Destas é de destacar a que resultou, em 2000, do Conselho Europeu de Lisboa, que contém a chamada "estratégia de Lisboa", na qual se reconheceu a importância da construção de um modelo social europeu, com regimes de protecção elevados e avançados, que permitam aceder à economia do conhecimento[31].

República n.° 64-A/2001, de 17 de Outubro, e ratificada pelo Decreto do Presidente da República n.° 54-A/2001, da mesma data.

[29] O Código Europeu de Segurança Social e o respectivo protocolo adicional concluídos em 1964, entraram em vigor na ordem internacional em 1968, tendo em Portugal entrado em vigor em 1985.

[30] Ao lado do qual podemos referir, entre outros, o Regulamento (CEE) 542/72, sobre os regimes de segurança social e a livre circulação de pessoas, e o Regulamento (CE) 883/2004, relativo à coordenação dos sistemas de segurança social.

[31] No desenvolvimento da referida "estratégia de Lisboa" é de mencionar a Comunicação do Conselho Europeu de 2003 – COM (2003), 261 final, relativa à racionalização do método aberto de coordenação no âmbito da protecção social, bem como a Informação da Comissão, adoptada em 2004, sobre a protecção social na Europa.

4. O sistema português de segurança social

Mas, vejamos, com mais algum vagar, o sistema português de segurança social, começando pelo recorte da sua evolução legal, e pronunciando-nos sobre a sua actual estrutura, ou seja, sobre o sistema público de segurança social, o sistema de acção social e o sistema complementar.

4.1. *Recorte da sua evolução legal*

No que toca à consagração legal de um sistema de segurança social, devemos salientar que a sua evolução foi, em Portugal, relativamente lenta, tendo-se desenvolvido com base em numerosa legislação dispersa, até à aprovação da primeira lei de bases, a Lei n.º 28/84, de 14 de Agosto.

Como primeiro diploma legal relativo à previdência, podemos destacar o Decreto de 17 de Julho de 1886, que estabeleceu um regime de pensões de reforma a favor dos operários fabris do Estado. Seguiu-se, depois, a criação de caixas de pensões de reforma.

Porém, os princípios em que deveria assentar a previdência social só bastante mais tarde viriam a ser consagrados. O que ocorreu com a Lei n.º 1884, de 16 de Março de 1935, que consagrou um sistema de previdência social de base corporativa e assente num modelo de capitalização. Um sistema que, todavia, não cobria uma parte muito significativa dos riscos laborais.

Foi com a aprovação da Lei n.º 2115, de 18 de Janeiro de 1962, já sob a influência das novas directrizes aprovadas pela Organização Internacional do Trabalho, que começou a desenhar-se a clara publicização do sistema, apesar da manutenção de múltiplos regimes dispersos em legislação avulsa, como, por exemplo, o regime da previdência dos comerciantes, trabalhadores por conta própria, trabalhadores agrícolas e das pescas, etc.

A grande transformação legislativa veio a concretizar, porém, com a aprovação da referida Lei n.º 28/84, a qual, sob o domínio dos novos princípios da Constituição de 1976[32], constituiu um marco legislativo de

---

[32] Refira-se que a Lei n.º 28/84 sofreu também a influência da entretanto aprovada lei orgânica da segurança social, contida no Decreto-Lei n.º 549/77, de 31 de Dezembro, a qual, por seu turno, constituiu também um regime resultante do disposto na Constituição de 1976.

O financiamento da segurança social em Portugal 193

mudança face ao sistema anterior. Este veio permitir, finalmente, criar um sistema baseado nos princípios da universalidade, unidade, igualdade e solidariedade, que compete ao Estado organizar e administrar.

Trata-se de um sistema que integra um regime geral contributivo e um regime não contributivo, consagrando assim uma estrutura complexa de financiamento, ao mesmo tempo que abandonou o regime de capitalização, passando a um regime de repartição. Gradualmente foram sendo integrados no regime geral diversos regimes avulsos existentes, ao mesmo tempo que eram densificadas e criadas novas prestações.

Seguiu-se, imediatamente antes do regime actualmente em vigor, a Lei de Bases da Segurança Social (LBSS) de 2000, a Lei n.°17/2000, de 8 de Agosto, que aprovou o "sistema de solidariedade e de segurança social", o qual era composto por três subsistemas: 1) o subsistema de protecção social de cidadania, 2) o subsistema de protecção à família, e 3) o subsistema previdencial.

Este diploma trouxe como principais novidades: a reformulação das condições de acesso à protecção no caso de desemprego, a previsão de um regime único facultativo de seguro social voluntário, a possibilidade de atribuição de uma pensão unificada, a criação de um novo regime jurídico de solidariedade e a introdução de um sistema de capitalização parcial, tendo em vista garantir a sustentabilidade em caso de falha, já então previsível a prazo, do sistema de repartição.

4.2. *A actual estrutura do sistema*

Presentemente, a estrutura do sistema português de segurança social consta da actual LBSS, a Lei n.° 32/2002, de 20 de Dezembro, que aprovou as "bases da segurança social". Em conformidade com este diploma legal, o sistema de segurança social abrange três sistemas: 1) o sistema público de segurança social, 2) o sistema de acção social, e 3) o sistema complementar.

Por seu turno, o sistema público de segurança social desdobra-se ainda em três subsistemas: 1) o subsistema previdencial, 2) o subsistema de solidariedade e 3) o subsistema de protecção familiar.

O que nos revela um sistema de segurança social bastante complexo, que podemos ilustrar com a figura que se segue.

4.2.1. *O sistema público de segurança social*

Este sistema visa garantir aos respectivos beneficiários, de acordo com a legislação aplicável, o direito a determinados rendimentos traduzidos em prestações sociais exigíveis administrativa e judicialmente.

O sistema baseia-se no desenvolvimento do *princípio da solidariedade* num tríplice plano: a) no *plano nacional*, através da transferência de recursos entre cidadãos, de forma a permitir a todos uma efectiva igualdade de oportunidades e a garantia de rendimentos sociais mínimos para os mais desfavorecidos; b) no *plano laboral*, através do funcionamento de mecanismos redistributivos no âmbito da protecção de base profissional; c) no *plano intergeracional*, através da combinação de métodos de financiamento em regime de repartição e de capitalização[33].

Mas vejamos, mais em pormenor, cada um dos três subsistemas que integram o sistema público de segurança social.

Assim, no respeitante ao *subsistema previdencial*, podemos dizer que assenta num *princípio de solidariedade de base profissional*, garantindo

---

[33] Para os fundamentos do sistema público de segurança social, v. FERNANDO ROCHA ANDRADE/MATILDE LAVOURAS, *Políticas de Redistribuição e Segurança Social*, cit., p. 13 e ss.

O financiamento da segurança social em Portugal

195

o pagamento de prestações pecuniárias substitutivas de rendimentos de trabalho, que o trabalhador tenha perdido em consequência da verificação das eventualidades legalmente definidas. Quanto a estas, a lei de bases prevê as seguintes eventualidades: doença, maternidade, paternidade e adopção, desemprego, acidentes de trabalho e doenças profissionais, invalidez, velhice e morte. Acrescente-se que as eventualidades podem ser legalmente ampliadas ou reduzidas sempre que se verifique a necessidade de dar cobertura a novos riscos sociais ou quando determinadas situações ou categorias de beneficiários assim o aconselhem.

O subsistema previdencial deve ser fundamentalmente *autofinanciado*, tendo por base uma relação sinalagmática directa entre a obrigação legal de contribuir e o direito às prestações. Muito embora a obrigação de contribuir recaia não só sobre os beneficiários, os trabalhadores, mas também sobre as entidades empregadoras.

Os beneficiários, que são também contribuintes, deste sistema são os trabalhadores por conta de outrem, ou legalmente equiparados, e os trabalhadores independentes, integrando estas categorias o regime geral de segurança social. Ao lado deste regime geral, temos regimes especiais relativos seja a certos trabalhadores, seja a pessoas que, exercendo ou não uma actividade profissional, não estão obrigatoriamente enquadradas, mas aderem ao sistema no âmbito dos regimes de inscrição facultativa.

Por seu turno, o *subsistema de solidariedade* destina-se a assegurar, com base na solidariedade de toda a comunidade, direitos essenciais de forma a prevenir e a erradicar situações de pobreza e de exclusão e a promover o bem-estar e a coesão sociais, a garantir prestações em situações de comprovada necessidade pessoal ou familiar, não incluídas no subsistema previdencial e a cobrir a eventualidade de incapacidade absoluta e definitiva dos beneficiários do subsistema previdencial na parte necessária para cobrir a insuficiência da carreira contributiva correspondente à pensão de invalidez[34].

São destinatários deste subsistema os cidadãos nacionais, podendo estender-se a refugiados, apátridas e estrangeiros com residência em Portugal. O acesso às prestações far-se-á de acordo com os princípios da equidade social e da diferenciação positiva. O princípio da *equidade social* implica o tratamento igual de situações iguais e o tratamento diferenciado

---

[34] A calcular com base na carreira contributiva completa.

de situações desiguais. Por seu turno, o princípio da *diferenciação positiva* permite a flexibilização e modulação das prestações em função dos rendimentos, das eventualidades sociais e de outros factores, nomeadamente de natureza familiar, social, laboral e demográfica.

Daí que integrem este subsistema diversas prestações sociais. Mais especificamente: as prestações do rendimento social de inserção[35]; as pensões por invalidez, velhice e morte dos regimes não contributivos ou equiparados[36]; as prestações do regime especial de segurança social das actividades agrícolas e regimes transitórios ou outros formalmente equiparados a regimes não contributivos; os complementos sociais em caso de insuficiência de prestações substitutivas dos rendimentos do trabalho, por referência a valores mínimos legalmente fixados; os créditos ou vales sociais consignados a determinadas despesas sociais, designadamente renda de casa, educação especial e custos de frequência de certos equipamentos sociais[37].

Por último, o *subsistema de protecção familiar* visa assegurar a compensação de encargos familiares acrescidos no âmbito das eventualidades legalmente previstas. Designadamente visam a compensação nos casos de pessoas com menores a cargo, de pessoas com deficiência, de pessoas dependentes ou de pessoas idosas[38].

Trata-se, pois, de um subsistema que se aplica à generalidade das pessoas, cuja condição de acesso é a sua residência em território nacional. O que tem como consequência que, preenchidas certas condições legais, também os estrangeiros residentes em Portugal possam vir a ter acesso às prestações asseguradas pelo subsistema de protecção familiar.

---

[35] Disciplinado pela Lei n.º 13/2003, de 21 de Maio, e pelo Decreto-Lei n.º 283//2003, de 8 de Novembro, diplomas recentemente alterados pelo Decreto-Lei n.º 42/2006, de 23 de Fevereiro, o "rendimento social de inserção" veio substituir, como já referimos, o anterior "rendimento mínimo garantido", instituído pela Lei n.º 19-A/96, de 29 de Junho, tendo sido nesse quadro de substituição que o mesmo foi objecto da decisão do Tribunal Constitucional constante do referido Ac. 509/2002 – v. *supra*, nota 18.

[36] Reguladas pelo Decreto-Lei n.º 464/80, de 13 de Outubro.

[37] V. para maiores desenvolvimentos, os arts. 50.º a 60.º da LBSS.

[38] Actualmente disciplinado pelo Decreto-Lei n.º 176/2003, de 2 de Agosto. Um decreto-lei de desenvolvimento da LBSS, que, embora tenha vindo a regular as prestações de abono de família para crianças e jovens e subsídio de funeral, manteve em vigor o Decreto-Lei n.º 133-B/97, de 30 de Maio, no respeitante às prestações de bonificação por deficiência, subsídio por frequência de estabelecimento de educação especial, subsídio mensal vitalício e subsídio por assistência de terceira pessoa.

4.2.2. O sistema de acção social

Este sistema tem como objectivos fundamentais a prevenção e reparação de situações de carência e desigualdade sócio-económica, de dependência, de disfunção, exclusão ou vulnerabilidades sociais, bem como a integração e promoção comunitárias das pessoas e o desenvolvimento das respectivas capacidades. É um sistema *subsidiário* do subsistema de solidariedade e destina-se, particularmente, aos grupos mais vulneráveis, nomeadamente crianças, jovens, pessoas com deficiência e idosos, bem como outras pessoas em situação de carência económica ou social, disfunção ou marginalização social.

A protecção concedida ao abrigo deste sistema concretiza-se, nomeadamente, na concessão de prestações pecuniárias ou em espécie, no acesso à rede nacional de serviços e equipamentos sociais e no apoio a programas de combate à pobreza, disfunção, marginalização e exclusão sociais. Trata-se dum sistema que é essencialmente financiado por transferências do orçamento do Estado, sem prejuízo da consignação legal de algumas receitas provenientes de jogos sociais.

4.2.3. O sistema complementar

Esta compreende regimes legais, regimes contratuais e regimes e esquemas facultativos. Os *regimes legais*, que são obrigatórios para as pessoas e as eventualidades que a lei definir, visam a cobertura de eventualidades ou a atribuição de prestações em articulação com o sistema público de segurança social nos casos previstos na lei.

Por seu lado, os *regimes contratuais*, que podem assumir a forma de regimes convencionais e institucionais ou resultar de adesão individual a esquemas complementares de segurança social, visam a atribuição de prestações complementares do subsistema previdencial na parte não coberta por este, incidindo designadamente sobre a parte das remunerações em relação às quais a lei determina que não há incidência de contribuições obrigatórias, bem como a protecção face a eventualidades não cobertas pelo sistema previdencial.

Enfim, os *esquemas facultativos*, a que as pessoas interessadas podem aderir, visam o reforço da auto-protecção voluntária dos respectivos interessados, concretizando-se em planos de poupança-reforma, seguros de vida, seguros de capitalização e modalidades mútuas. A iniciativa da criação destes sistemas pode partir do Estado, das empresas, das associações sindicais, patronais e profissionais. A lei reconhece e promove em articulação com o sistema fiscal os diferentes regimes do sistema complementar convencionados no âmbito da contratação colectiva.

Para termos uma ideia dos montantes que atingem as diversas despesas da segurança social, vejamos o quadro que reproduzimos a seguir.

Orçamento da Segurança Social - 2006
Mapa XI

Despesas da Segurança Social por Classificação Funcional

Euros

Designação	OSS 2006
Segurança Social	22.229.958.954
Prestações Sociais	17.021.362.753
Capitalização	5.208.596.201
Formação Profissional e Polít. Activ. Emprego	1.906.365.011
Políticas Activas de Emprego	554.623.572
Formação Profissional	1.351.741.439
Administração	444.292.421
Administração	419.161.457
PIDDAC OSS	25.130.964
TOTAL ORÇAMENTO	24.580.616.386

II. O FINANCIAMENTO DA SEGURANÇA SOCIAL

Recortado o sistema português de segurança social, sobretudo em sede da sua disciplina normativa, constitucional e legal, vejamos agora mais exactamente como ele é efectivamente financiado. O que vamos fazer distinguindo os regimes contributivos dos regimes não contributivos, enumerando as suas fontes de financiamento, analisando o financiamento

O financiamento da segurança social em Portugal 199

de cada um dos subsistema do sistema público e referindo-nos ao fundo de estabilização da segurança social[39].

5. Os regimes contributivos e não contributivos

Atendendo essencialmente à base de financiamento dos vários sistemas e subsistemas da segurança social, estes podem dividir-se em regimes contributivos e regimes não contributivos. Trata-se de uma categorização que tem, naturalmente, acolhimento na actual Lei de Bases da Segurança Social.

Os *regimes contributivos*, assentes numa lógica de comutatividade, isto é, numa relação sinalagmática directa, possibilitam aos respectivos beneficiários (que também são contribuintes) prestações pecuniárias destinadas tanto a substituir os rendimentos da actividade profissional perdidos como a compensar a perda de capacidade de trabalho. O seu financiamento tem por suporte as contribuições dos trabalhadores (designadas por "quotizações") e as contribuições das entidades patronais.

A atribuição das prestações depende da inscrição obrigatória no sistema, do pagamento das correspondentes contribuições e do decurso de um período mínimo de contribuição ou situação equivalente. Incluiu-se claramente nesta categoria o *subsistema previdencial* do sistema público de segurança social.

Por seu lado, os *regimes não contributivos,* assentes numa lógica de redistribuição de rendimentos, visam o cumprimento de deveres sociais no âmbito da solidariedade e da acção social. São seus objectivos, designadamente, os da erradicação de situações de pobreza e de exclusão social. O financiamento destes regimes decorre, fundamentalmente, das transferências do orçamento de Estado.

O acesso às prestações, que se não limitam necessariamente a prestações pecuniárias, não depende de inscrição nem envolve o pagamento de contribuições. A sua atribuição decorre da identificação dos interessados, da residência legal em território nacional e da verificação das demais condições fixadas na lei. Integram esta categoria os subsistemas de solidariedade e de protecção familiar e, em parte, o sistema de acção social.

---

[39] Sobre o enquadramento do financiamento da segurança social e os diversos problemas que levanta, designadamente o da sua (in)sustentabilidade, v., desenvolvidamente, MATILDE LAVOURAS, *Financiamento da Segurança Social*, cit., p. 84 e ss.

200   *Estudos de Direito Fiscal*

6. As fontes de financiamento

Apesar de a Lei de Bases da Segurança Social conter princípios que parecem dispor em sentido contrário, o certo é que uma parte significativa das políticas de segurança social acaba sendo financiada através de impostos. Pois a LBSS, nos seus arts. 108.º e 109.º, bem como o Decreto-Lei n.º 331/2001, de 20 de Dezembro, que contém o "quadro genérico do financiamento do sistema de solidariedade e de segurança social"[40], prescrevem que o financiamento do sistema obedece aos princípios da diversificação das fontes de financiamento e da adequação selectiva.

Através do princípio da *diversificação das fontes*, visa-se a ampliação das bases de obtenção de recursos financeiros tendo em vista, designadamente, a redução dos custos não salariais da mão-de-obra. Mediante o princípio da *adequação selectiva*, procura-se determinar fontes de financiamento e a afectação dos recursos financeiros, de acordo com a natureza e os objectivos das modalidades de protecção social definidas na LBSS, ou tendo em consideração situações e medidas especiais, nomeadamente as relacionadas com políticas activas de emprego e de formação profissional[41].

Tendo presente o que vimos de dizer, e antes de procedermos à análise das formas de financiamento previstas na LBSS para cada um dos subsistemas, tracemos o quadro geral das fontes de financiamento, procurando apurar a natureza jurídica das mesmas.

Pois bem, como já referimos, o sistema público de segurança social é financiado pelas contribuições dos trabalhadores (designadas por "quotizações") e as contribuições das entidades patronais. Umas e outras integram a chamada *Taxa Social Única*, uma designação introduzida em 1986[42].

---

[40] Diploma que, embora editado em desenvolvimento da anterior LBSS, a Lei n.º 17/2000, se mantém em vigor por força do art. 132.º, n.º 2, da actual Lei.

[41] O princípio da adequação selectiva, que é um princípio fundamental para garantir a sustentabilidade financeira do sistema, não tem sido correctamente observado no sistema português – v. NAZARÉ DA COSTA CABRAL, *O Orçamento da Segurança Social*, cit., p. 11 e 34.

[42] Pelo Decreto-Lei n.º 140-D/86, de 14 de Junho, diploma que procedeu à integração das então denominadas "quotizações para o fundo de desemprego" nas contribuições obrigatórias para a segurança social – cf. J. CASALTA NABAIS, *Direito Fiscal*, cit., p. 636 e ss.

As *quotizações* dos trabalhadores constituem uma das fontes de receita da segurança social. O seu montante é determinado pela incidência duma alíquota ou taxa geral de 11% .° sobre as remunerações dos trabalhadores por conta de outrem.

Sublinhe-se, todavia, que ao lado desta alíquota ou taxa geral, há diversas alíquotas ou taxas especiais, que se apresentam mais reduzidas, seja em função da redução da protecção social garantida (por exemplo, trabalhadores no domicílio, trabalhadores em situação de pré-reforma, trabalhadores bancários, etc.), seja em função da natureza não lucrativa das entidades empregadoras (por exemplo, membros das igrejas, associações e confissões religiosas, docentes não abrangidos pela caixa geral de aposentações), seja em função do exercício de actividades economicamente débeis (por exemplo, trabalhadores agrícolas e trabalhadores marítimos).

A doutrina tem discutido a natureza jurídica das quotizações obrigatórias dos trabalhadores. Qualificadas como receitas parafiscais, parte da doutrina considera-as, ao menos para efeitos jurídico-constitucionais, como impostos ou como tributos cuja disciplina se aproxima dos impostos, como é o nosso caso[43]. Outros autores, porém, consideram-nas taxas ou prémios de seguros públicos para a cobertura de riscos decorrentes de eventos que levam à perda dos rendimentos do trabalho (como por exemplo, velhice, desemprego involuntário, questões de saúde).

O pagamento destas contribuições apresenta modalidades diferentes consoante se trate de trabalhadores dependentes ou de trabalhadores independentes. No primeiro caso, temos o lançamento e a liquidação por terceiro, pois são objecto de retenção na fonte a título definitivo pelas entidades patronais. No caso dos trabalhadores independentes, o pagamento assenta no lançamento e liquidação administrativos com base na correspondente declaração do contribuinte.

Ao lado das quotizações dos trabalhadores, temos as *contribuições* das entidades empregadoras, cuja obrigação de pagamento se constitui com o início do exercício da actividade profissional dos trabalhadores. O seu montante é determinado pela incidência duma alíquota ou taxa geral de 23,75% sobre os salários pagos.

Tal como referimos para as quotizações dos trabalhadores, também aqui se identificam regimes especiais de taxas mais reduzidas: 1) em função da redução da protecção social garantida (por exemplo, membros esta-

---

[43] Cf. J. CASALTA NABAIS, *Direito Fiscal*, cit., p. 32.

tutários de pessoas colectivas, futebolistas e basquetebolistas profissionais, pensionistas em actividade, etc.); 2) em função da natureza não lucrativa das entidades empregadoras (por exemplo, trabalhadores das instituições particulares de solidariedade social); 3) em função do exercício de actividades economicamente débeis (por exemplo, trabalhadores agrícolas e trabalhadores marítimos); 4) em função de estímulo ao emprego (por exemplo, trabalhadores deficientes, trabalhadores à procura do primeiro emprego e trabalhadores reclusos em regime aberto).

A doutrina tem discutido também a natureza jurídica das contribuições das entidades empregadoras, muito embora quanto a estas colha maior apoio a ideia de que se trata de impostos, ao menos para efeitos jurídico-constitucionais. Todavia, não deixa de haver quem as considere taxas ou prémios de seguros públicos[44].

O pagamento das contribuições das entidades empregadoras é efectuado pelas próprias entidades em regime de autoliquidação. Pagamento que fazem em conjunto com as quotizações dos trabalhadores, que elas retêm na fonte a título definitivo.

Assim e em conclusão, as contribuições para a segurança social, unificadas na *Taxa Social Única*, estão sujeitas actualmente a uma alíquota ou taxa de 34,75%, a qual é constituída, relativamente aos trabalhadores dependentes, por dois tipos de contribuições: as quotizações dos trabalhadores (com a alíquota ou taxa de 11%), que se configura como um imposto directo sobre o rendimento do trabalho, e as contribuições das entidades empregadoras (com a alíquota ou taxa de 23,75%), que tem a natureza dum imposto indirecto sobre o factor trabalho[45].

---

[44] No sentido de que as contribuições para a segurança social constituem taxas, v. SÉRVULO CORREIA, «Teoria da relação jurídica de seguro social», *Estudos Sociais e Corporativos*, ano VII, n.º 27, Julho a Setembro de 1968, esp. p. 300 e ss., e APELLES J. B. CONCEIÇÃO, *Segurança Social. Manual Prático*, 7.ª ed., Lisboa, 2001, p. 85; por seu lado, no sentido de que as mesmas constituem prémios de seguros públicos, v. ALBERTO XAVIER, *Manual de Direito Fiscal*, Lisboa, 1974, p. 66 e ss.

[45] Refira-se que, em virtude do fenómeno da concorrência fiscal internacional, à semelhança do que vem ocorrendo em sede da tributação do rendimento das empresas (que em Portugal levou a baixar a correspondente alíquota ou taxa efectiva de cerca de 40% de meados dos anos noventa do século passado para os actuais 26,5%), se propõe a redução da parte das entidades patronais da Taxa Social Única – v., neste sentido, J. SILVA LOPES, «Política fiscal», em *Desafios para Portugal. Seminários da Presidência da República*, Casa das Letras, Palácio de Belém, 2005, p. 96.

O financiamento da segurança social em Portugal

Um aspecto relativo à Taxa Social Única para o qual devemos chamar aqui a atenção tem a ver com a sua incidência. Com efeito, para além da sua disciplina se encontrar dispersa por numerosa legislação avulsa, o seu âmbito, ao contrário do que é desejável e vem sendo feito noutros países, não coincide com o âmbito da incidência do Imposto sobre o Rendimento das Pessoas Singulares (IRS) respeitante ao rendimento do trabalho dependente, isto é, ao rendimento proveniente do trabalho prestado ao abrigo do contrato de trabalho ou equiparado[46].

Na verdade, a base de incidência do IRS sobre o rendimento do trabalho dependente ou por conta de outrem, é bem mais ampla do que a da Taxa Social Única, pois a base de incidência desta, não abarca, nomeadamente: 1) os prémios de produtividade, assiduidade, economia, rendimento, etc., 2) as participações dos trabalhadores nos lucros das empresas, 3) os abonos para despesas de representação, 4) os abonos para falhas na parte em que excedam 5% da respectiva remuneração mensal fixa, 5) as indemnizações por despedimento na parte em que excedam 1,5 vezes a remuneração mensal multiplicada pelos anos de antiguidade, 6) as ajudas de custo e os abonos quilométricos na parte em que excedam os limites aplicáveis aos servidores do Estado.

Uma situação que pode originar uma política de remunerações que corre o risco de resvalar para formas de evasão fiscal, mormente convertendo parte do salário em participações nos lucros[47].

Seguem-se como principal fonte de financiamento da segurança social as *transferências,* sejam estas transferências do Estado ou de outras entidades públicas, sejam transferências de organismos estrangeiros. Aí se incluem as transferências da administração central (do orçamento de Estado), das instituições sem fins lucrativos e dos organismos internacionais.

A que acrescem outras receitas com manifesto carácter residual, como são: as receitas fiscais legalmente previstas; os rendimentos do património próprio e os rendimentos do património do Estado consignados ao reforço do Fundo de Estabilização Financeira da Segurança Social;

---

[46] Que integra a chamada categoria A do IRS.

[47] Para maiores desenvolvimentos, v., M. H. FREITAS PEREIRA, «Relações entre a tributação dos rendimentos do trabalho dependente e as contribuições para a Segurança Social – a experiência portuguesa», em FREITAS PEREIRA/DAVID WILLIANS/ARTHUR PLEIJSIER, *Tributação do Rendimento Dependente*, Porto, 2000, p 15 e ss.

as receitas provenientes do produto de sanções pecuniárias, designadas no orçamento por taxas, multas e outras penalidades; e as receitas provenientes do produto de eventuais excedentes da execução do Orçamento do Estado em cada ano.

Para além de estipular as fontes de financiamento da segurança social, a LBSS prevê ainda, nos artigos relativos ao financiamento, isto é, nos artigos 107.° a 114.°, um conjunto de directrizes sobre as formas de financiamento de cada um dos sistemas e subsistemas, bem como relativas ao regime financeiro do sistema público de segurança social. Directivas essas objecto de desenvolvimento no já mencionado Decreto-Lei n.° 331/ /2001, que contém o quadro genérico do financiamento do sistema de solidariedade e de segurança social.

No fundo, a lei de bases, e em desenvolvimento dela o referido Decreto-Lei n.° 331/2001, prevê todo um quadro normativo integrante das opções políticas assumidas pelo legislador em sede do financiamento da segurança social, o qual densifica as orientações jurídico-constitucionais constantes dos diversos números do art. 68.° da Constituição.

7. O financiamento dos subsistemas

Digamos agora mais algumas palavras sobre o financiamento dos subsistemas que integram o sistema público de segurança social, a que acrescentaremos algumas considerações sobre o regime financeiro do sistema público de segurança social adoptado em Portugal.

7.1. *Financiamento do subsistema previdencial*

Quanto ao subsistema previdencial, a lei de bases prevê duas directrizes básicas quanto à respectiva forma de financiamento, que encontram desenvolvimento no art. 11.° do Decreto-Lei n.° 331/2001. Por um lado, temos o financiamento na forma *bipartida*, através portanto das quotizações dos trabalhadores e das contribuições das entidades empregadoras, no respeitante às prestações substitutivas dos rendimentos de actividade profissional. Isto é, relativamente às prestações devidas por casos de doença, maternidade, paternidade e adopção, desemprego involuntário, acidentes de trabalho e doenças profissionais, invalidez, velhice e morte.

O financiamento da segurança social em Portugal

De outro lado, temos o financiamento na forma *tripartida*, ou seja, através das quotizações dos trabalhadores, das contribuições das entidades empregadoras e da consignação de receitas fiscais, no que concerne às prestações com forte componente redistributiva, a situações determinantes de diminuição de receitas ou de aumento de despesas sem base contributiva específica e a medidas inseridas em políticas activas de emprego e de formação profissional, bem como ainda algumas prestações de protecção familiar.

Entre as receitas fiscais consignadas tem particular importância a relativa ao Imposto sobre o Valor Acrescentado (IVA) resultante do aumento da alíquota ou taxa normal desse imposto de 16% para 17% operada em 1994. Uma afectação da receita do IVA à segurança social que o n.º 2 do art. 9.º do Decreto-Lei n.º 331/2001 determinou dever ser aumentada a partir de 2003 e até que a totalidade das receitas fiscais consignadas representem 50% dos encargos com o subsistema de protecção às famílias e políticas activas de emprego e formação profissional.

Do exposto resulta que a lei sublinha o carácter de *autofinanciamento* do subsistema previdencial, bem como a relação sinalagmática directa em que o mesmo assenta. Daí a importância dada à natureza bipartida do financiamento das prestações decorrentes da perda de rendimento do trabalho.

Mas já inclui uma componente redistributiva, a qual, assentando sobretudo no *princípio de solidariedade* de base profissional, permite um reforço de prestações para fazer face a despesas sem base contributiva específica. O que tem como consequência a adopção, em relação a esse universo de prestações, duma base de financiamento tripartida, socorrendo-se, não só das quotizações dos trabalhadores e das contribuições dos empregadores, mas também de receitas fiscais consignadas a essas prestações.

7.2. *Referência ao financiamento dos outros subsistemas*

Uma palavra muito rápida a respeito do financiamento dos outros subsistemas de segurança social, ou seja, relativamente ao financiamento da protecção assegurada no âmbito do subsistema de solidariedade, ao financiamento das prestações de protecção familiar não dependentes da existência de carreiras contributivas, bem como ao financiamento da acção social.

Pois bem, quanto às prestações destes subsistemas, a LBSS e os arts. 5.° e 8.° do Decreto-Lei n.° 331/2001 prevêem que o seu financiamento seja levado a cabo basicamente através de transferências do orçamento de Estado. Uma forma de financiamento que, assim, tem por base os impostos, o que permite não apenas apontar o carácter redistributivo da política de segurança social, como ainda realçar a dimensão da solidariedade no âmbito dessas políticas. Uma dimensão que, como já dissemos, ganhou particular visibilidade com a sua inclusão na epígrafe do art. 63.° da Constituição.

Acrescente-se que, no âmbito da acção social, a lei refere ainda como meio de financiamento, as receitas de jogos sociais, cujas verbas sejam legalmente consignadas a esse fim. É o que acontece, de algum modo, com as receitas do jogo social Joker, que constituem receitas do Instituto da Droga e da Toxicodependência, na medida em que lhe sejam atribuídas por lei[48].

Um outro caso em que, a seu modo, temos uma consignação de receitas de jogos no âmbito da acção social, é o contemplado no art. 9.° do Decreto-Lei n.° 210/2004, de 20 de Agosto, diploma que criou o jogo de apostas mútuas, chamado "Euromilhões", um jogo de fortuna ou azar que tem a particularidade de ser explorado conjuntamente em diversos países europeus. Pois bem, nos termos desse preceito legal, metade dos resultados líquidos da exploração do jogo "Euromilhões", que produz receitas muito significativas, são atribuídos ao Instituto de Gestão Financeira da Segurança Social para projectos de apoio às pessoas idosas com deficiência.

7.3. *O regime financeiro do sistema público de segurança social*

Cabe-nos ainda analisar o *regime financeiro* do sistema público de segurança social adoptado por Portugal. Trata-se, de forma sumária, de apurar se as quotizações e contribuições cobradas para financiar o sistema são usadas para financiar as prestações que existem no momento do seu pagamento, suportando *regimes de repartição* (*as-you-go*), ou se o seu rendimento é usado para pagar contribuições futuras, suportando *regimes de capitalização*. Ambos os sistemas são utilizados no espaço da União

---

[48] Nos termos da alínea *c*) do art. 35.° do Decreto-Lei n.° 269-A/2002, de 29 de Novembro, diploma que criou o referido Instituto.

Europeia, recaindo a opção da maior parte dos Estados membros, à semelhança do acontece em Portugal, pelo modelo de repartição[49].

Por outras palavras, no *sistema de repartição* as receitas actuais financiam as despesas com os actuais pensionistas e não as despesas, futuras ou actuais, com os trabalhadores que as pagam. O pagamento actual das contribuições gera nos trabalhadores que as suportam a expectativa legítima de no futuro receber as respectivas prestações, as quais deverão, na lógica deste regime, ser suportadas pelas gerações futuras. Trata-se assim dum sistema que se baseia numa ideia de solidariedade entre gerações, ou seja, num *contrato intergeracional renovável*[50]. O que, todavia, o torna muito vulnerável, já que a sua sustentabilidade depende da chamada *taxa de dependência*, que exprime a relação entre número de contribuintes e o número de beneficiários, uma relação que, num país como Portugal, em que se verifica uma acentuada queda da natalidade, tem descido significativamente.

Já no *sistema de capitalização* as receitas cobradas destinam-se ao pagamento dos benefícios, na sua maioria futuros, dos trabalhadores que as suportam. Com essas receitas o Estado paga as prestações imediatas a que haja lugar (doença, maternidade, etc.) e rentabiliza o remanescente, de forma a assegurar, no futuro, as correspondentes pensões. Neste método, ao excluir a transferência de rendimento entre gerações, atenua-se ou elimina-se o carácter de imposto que, em geral, anda associado às contribuições que suportam as prestações da segurança social.

Sobre esta questão, o artigo 113.º da actual LBSS refere que o regime financeiro do sistema público de segurança social deve conjugar as técnicas de repartição e de capitalização, de forma a ajustar-se às condições económicas, sociais e demográficas. No fundo, trata-se de aportar ao sistema público os princípios e as regras da actividade seguradora privada, a qual se consubstancia na constituição de contas individuais assentes no método financeiro da capitalização integral, o chamado *fully--funded system*[51].

---

[49] Cf. ANA PAULA QUELHAS, *A Refundação do Papel do Estado nas Políticas Sociais*, Almedina, Coimbra, 2001, p. 48.

[50] Neste sentido, MATILDE LAVOURAS, *Financiamento da Segurança Social*, cit., p. 87.

[51] V. ANA PAULA QUELHAS, *A Refundação do Papel do Estado nas Políticas Sociais*, cit., p. 50, e NAZARÉ DA COSTA CABRAL, *O Orçamento da Segurança Social*, cit., p. 50.

Daqui decorre que o nosso sistema, tradicionalmente assente no sistema de repartição, tem vindo a adoptar novas soluções, de forma a minorar os riscos decorrentes das dificuldades de sustentabilidade financeira do sistema. As modificações demográficas, responsáveis pela previsão do aumento futuro da taxa de dependência, e o fraco ou nulo crescimento económico vieram alertar para a necessidade de constituição de reservas, de molde a salvaguardar a sustentabilidade do sistema.

Trata-se de garantir o pagamento das pensões em situações de ruptura do sistema de repartição sem que seja necessário recorrer ao aumento dos impostos. Assim se explica a criação do Fundo de Estabilização Financeira da Segurança Social, introduzindo, por essa via, uma forma de financiamento por capitalização no âmbito de um sistema assente no modelo *pay-as-you-go*.

O que podemos ver melhor, confrontando as receitas e as despesas da segurança social, no quadro seguinte com dados do Ministério do Trabalho e Segurança Social.

ORÇAMENTO DA SEGURANÇA SOCIAL 2006
Principais Receitas e Despesas da Segurança Social

(milhões euros)

RÚBRICAS	Estimativa 2005	Orçamento 2006	Variação %
RECEITAS			
Contribuições e Quotizações	10.887,4	11.438,2	5,1%
Transferências do OE e Adicional ao IVA	5.623,3	6.306,1	12,1%
DESPESAS			
Pensões	10.688,2	11.513,9	7,7%
Abono de Família	619,7	634,1	2,3%
Subsídio por doença	483,3	487,8	0,9%
Subsidio desemprego e apoio ao emprego	1.798,2	1.886,3	4,9%
Rendimento Social de Inserção	270,0	281,1	4,1%
Prestação Extraordinária de Combate à Pobreza dos Idosos	0,0	50,0	-
Saldo Orçamental Óptica Contabilidade Nacional	**-45,7**	**101,8**	

8. O fundo de estabilização financeira da segurança social

O Fundo de Estabilização Financeira da Segurança Social (FEFSS), criado em 1989[52], constitui uma pessoa colectiva de direito público, dotada de autonomia administrativa e financeira, e tem por objectivo assegurar a estabilização financeira da segurança social, contribuindo para o ajustamento do regime financeiro do sistema público de segurança social às condições económicas, sociais e demográficas. Este Fundo permite gerir os excedentes das quotizações e contribuições, através de investimentos susceptíveis de gerar um acréscimo do rendimento.

A gestão do FEFSS cabe ao Instituto de Gestão de Fundos de Capitalização da Segurança Social, o qual, criado em 1990[53], tem as suas atribuições presentemente definidas nos Estatutos constantes do Decreto-Lei n.º 449-A/99, de 4 de Novembro.

De acordo com a actual LBSS, reverte para o FEFSS uma parcela entre dois e quatro pontos percentuais do valor percentual correspondente às quotizações dos trabalhadores por conta de outrem, até que aquele fundo assegure a cobertura das despesas previsíveis com pensões, por um período mínimo de dois anos.

De mencionar a este respeito são os artigos 4.º e 5.º do Regulamento de Gestão do FEFSSS, aprovado pela Portaria n.º 1557-B/2002, de 30 de Dezembro: o primeiro relativo à composição do Fundo, e o segundo respeitante à política de investimentos. Assim, no termos do n.º 1 do art. 4.º, da composição do activo do Fundo podem fazer parte aplicações em valores emitidos por entidades com sede em qualquer Estado membro da OCDE, denominados em euros ou em qualquer das suas expressões locais.

Por seu lado, de acordo com o disposto no n.º 3 do referido art. 4.º, o Instituto de Gestão de Fundos de Capitalização da Segurança Social, no respeitante à *composição do Fundo*, deve observar os seguintes limites: *a*) mínimo de 50% em títulos representativos de dívida pública portuguesa ou outros garantidos pelo Estado Português; *b*) máximo de 50% em obrigações não garantidas pelo Estado Português ou outros títulos negociáveis de dívida, incluindo as emissões de papel comercial e as obrigações de

---

[52] Decreto-Lei n.º 259/89, de 14 de Agosto, depois revogado pelo Decreto-Lei n.º 399/90, de 13 de Dezembro.

[53] Pelo mencionado Decreto-Lei n.º 399/90, de 13 de Dezembro.

caixa, ou, ainda, em acções preferenciais; *c*) máximo de 20% em acções, warrants, títulos de participação, obrigações convertíveis em acções ou direitos análogos relativamente a sociedades anónimas cotadas em bolsas de valores ou outro mercado regulamentado de Estados membros da OCDE; *d*) máximo de 20% em unidades de participação de fundos de investimento; *e*) máximo de 30% em imóveis; *f*) máximo de 5% para os activos da reserva estratégica.

Enfim, no que respeita à *política de investimentos*, dispõe o mencionado art. 5.º que visa as melhores condições de estabilidade, rendibilidade e liquidez, segundo os critérios definidos pelo Conselho Directivo do Instituto de Gestão de Fundos de Capitalização da Segurança, em ordem a obter a maximização dos valores das participações e dos rendimentos a acumular. Objectivos que devem ser prosseguidos através de aplicações do Fundo que tenham em consideração os objectivos das políticas macroeconómica e financeira do Estado Português, nomeadamente os referentes ao financiamento da dívida pública[54].

---

[54] Para maiores desenvolvimentos no respeitante ao FEFSS, v. MATILDE LAVOURAS, *Financiamento da Segurança Social*, cit., p. 208 e ss.

BIBLIOGRAFIA CITADA

ABEL LAUREANO, *Discriminação Inversa na Comunidade Europeia (O Desfavorecimento dos Próprios Nacionais na Tributação Indirecta)*, Quid Iuris, Lisboa, 1997.

AFONSO QUEIRÓ, *Teoria dos Actos de Governo,* Coimbra, Coimbra Editora, 1948, agora em *Estudos de Direito Público*, vol. I – *Dissertações,* Acta Universitatis Conimbrigensis, 1989.

AFONSO QUEIRÓ, «Actos de Governo e contencioso de anulação», *Boletim da Faculdade de Direito de Coimbra*, XLV (1969).

ALARCÓN GARCIA, Gloria, *Manual del Sistema Fiscal Español*, Thomson, Madrid, 2005.

ALBANO SANTOS, J., *Teoria Fiscal*, Instituto Superior de Ciências Sociais e Políticas, UTL, 2003.

ALBERTO XAVIER, *Manual de Direito Fiscal,* I, Lisboa, 1974.

ALBERTO XAVIER, *Direito Tributário Internacional*, Almedina, Coimbra, 1993.

AMARAL TOMAZ, «A redescoberta do imposto proporcional (*flat tax*)», em *Homenagem a José Guilherme Xavier de Basto*, Coimbra Editora, 2006.

ANTUNES VARELA, MIGUEL BEZERRA e SAMPAIO NORA, *Manual de Processo Civil*, 2.ª ed., Coimbra Editora, Coimbra, 1985.

APELLES J. B. CONCEIÇÃO, *Segurança Social. Manual Prático*, 7.ª ed., Rei dos Livros, Lisboa, 2001.

ARDANT, Gabriel, *Théorie Sociologique de l'Impôt*, vols. I e II, Paris, 1965.

ARDANT, Gabriel, *Histoire de l'Impôt*, vols. I e II, Fayard, Paris, 1972.

AROSO DE ALMEIDA, Mário, *O Novo Regime do Processo nos Tribunais Administrativos*, 4.ª ed, Almedina, Coimbra, 2005.

AURÉLIO GRECO, Marco, *Planejamento Tributário*, Dialética, S. Paulo, 2004.

AURÉLIO GRECO, Marco/SEABRA DE GODOI, Marciano (Coord.), *Solidariedade e Social e Tributação*, Dialética, São Paulo, 2005.

AVELÃS NUNES, Gonçalo, «A cláusula geral anti-abuso de direito em sede fiscal – art. 38.°, n.° 2, da Lei Geral Tributária – à luz dos princípios constitucionais do direito fiscal», *Fiscalidade*, n.° 3, Julho de 2000.

BALDWIN, Robert/SCOTT, Collin/HOOD, Christopher, *A Reader on Regulation*, Oxford University Press, 1998.

BANACLOCHE PALAO, Carmen, *La Estimación Indirecta*, Aranzadi, Navarra, 2002.

BAPTISTA LOBO, Carlos,«Reflexões sobre a (necessária) equivalência económica das taxas», *Estudos Jurídicos e Económicos em Homenagem ao Prof. Doutor António de Sousa Franco*, Coimbra Editora, 2006.

BARBOSA DE MELO, A. M., «Legitimidade democrática e legislação governamental na União Europeia», em *Estudos em Homenagem ao Prof. Doutor Rogério Soares*, n.º 61 da série *Studia Iuridica*, Coimbra, 2002.

BEAUD, O., «Le souverain», *Pouvoirs*, 67 (1993) – *La Souveraineté*.

BELL, J., «Que réprésent la souveraineté pour un britannique?», *Pouvoirs,* 67 (1993) – *La Souveraineté*.

BELTRAME, P./MEHL, L., *Techniques, Politiques et Institutions Fiscales Comparées*, 2.ª ed., Puf, 1997.

BILBAO ESTRADA, Iñaki, *Los Acuerdos Tendentes a la Obligación Tributaria en la Nueva Ley General Tributaria*, Instituto de Estudios Fiscales, Madrid, 2006.

BLANKENBURG, Götz, *Globalisierung und Besteuerung. Krise des Leistungsfähigkeisprinzip?*, Hamburg, 2004.

BODIN, J., *Six Livres de Ia Republique,* Paris, 1576.

CALVÃO DA SILVA, J. Nuno, *Mercado e Estado. Serviços de Interesse Geral*, Almedina, Coimbra, 2008.

CARDOSO DA COSTA, J. M., «O Tribunal Constitucional Português e o Tribunal de Justiça das Comunidades Europeias», *Ab Uno Ad Omnes – 75 Anos da Coimbra Editora*, Coimbra Editora, 1998.

CARDOSO DA COSTA, J. M., «Sobre o princípio da legalidade das "taxas" (e das "demais contribuições financeiras"»», *Estudos em Homenagem ao Professor Doutor Marcello Caetano no Centenário do seu Nascimento*, Coimbra Editora, 2006.

CARLOS LARANJEIRO, *Lições de Integração Monetária Europeia*, Almedina, Coimbra, 2000.

CARLOS SANTOS, A., *Auxílios de Estado e Fiscalidade*, Almedina, Coimbra, 2003.

CARLOS SANTOS, A./CELORICO PALMA, Clotilde, «A regulação internacional da concorrência fiscal prejudicial», *Ciência e Técnica Fiscal*, 395, Julho-Setembro de 1999.

CARRASCO GONZÁLEZ, Francisco M., *El Principio Democrático de Autoimposición en la Produción Normativa de la Union Europe*a, Tirant lo Blanc, Valencia, 2005.

CASADO OLLERO, Gabriel (Coord.), *La Financiación de los Municipios. Experiencias Comparadas*, Dyckinson, Madrid, 2005.

CASALTA NABAIS, José, «A autonomia local. Alguns aspectos gerais», *Estudos em Homenagem ao Prof. Doutor Afonso Rodrigues Queiró*, número especial do *Boletim da Faculdade de Direito de Coimbra*, vol. II, 1993.

Bibliografia citada   215

Casalta Nabais, José, «Os direitos fundamentais na jurisprudência do Tribunal Constitucional», *Boletim da Faculdade de Direito de Coimbra*, LXV, 1989, agora em *Por uma Liberdade com Responsabilidade – Estudos sobre Direitos e Deveres Fundamentais*, Coimbra Editora, Coimbra, 2007.

Casalta Nabais, José, *Contratos Fiscais. (Reflexões acerca da sua Admissibilidade)*, n.º 5 da série *Studia Iuridica*, Coimbra Editora, Coimbra, 1994.

Casalta Nabais, José, «Algumas reflexões críticas sobre os direitos fundamentais», agora em *Por uma Liberdade com Responsabilidade – Estudos sobre Direitos e deveres Fundamentais*; Coimbra Editora, 2007.

Casalta Nabais, José, «Investimento estrangeiro e contratos fiscais», em *Por um Estado Fiscal Suportável – Estudos de Direito Fiscal*, Almedina, Coimbra, 2005.

Casalta Nabais, José, *O Dever Fundamental de Pagar Impostos. Contributo para a compreensão constitucional do estado fiscal contemporâneo*, Almedina, Coimbra, 1998, rei. de 2004.

Casalta Nabais, José, «El régimen de las haciendas locales en Portugal», em Gabriel Casado Ollero (Coord.), *La Financiación de los Municipios. Experiencias Comparadas*, Dyckinson, Madrid, 2005.

Casalta Nabais, José, *Direito Fiscal*, 2.ª ed., Almedina, Coimbra, 2003.

Casalta Nabais, José, *Direito Fiscal*, 3.ª ed., Almedina, Coimbra, 2005.

Casalta Nabais, José, *Direito Fiscal*, 4.ª ed., Almedina, Coimbra, 2006.

Casalta Nabais, José, «Constituição fiscal europeia e constituição fiscal portuguesa», apresentado no *Convegno di Studio*: "Per una Costituzione Fiscale Europea", 28 e 29 de Outubro de 2005, Bologna, entretanto publicado em Adriano di Pietro (A cura di), *Per una Costituzione Fiscale Europea*, CEDAM, Padova, 2008.

Casalta Nabais, José, «Algumas considerações sobre a solidariedade e a cidadania», agora em *Por uma Liberdade com Responsabilidade – Estudos sobre Direitos e Deveres Fundamentais*, Coimbra Editora, Coimbra, 2007.

Casalta Nabais, José, «Solidariedade social, cidadania e direito fiscal», em *Por um Estado Fiscal Suportável – Estudos de Direito Fiscal*, Almedina, Coimbra, 2005.

Casalta Nabais, José, «O quadro constitucional da tributação das empresas», *Nos 25 da Constituição da República Portuguesa de 1976*, Associação Académica da Faculdade de Direito de Lisboa, Lisboa, 2001.

Casalta Nabais, José, «A soberania fiscal no actual quadro de internacionalização, integração e globalização económicas», *Temas de Integração*, n.ᵒˢ 15 e 16, 1.º e 2.º semestres de 2003.

Casalta Nabais, José, «A face oculta dos direitos fundamentais: os deveres e os custos dos direitos», agora em *Por uma Liberdade com Responsabilidade –*

Estudos sobre Direitos e Deveres Fundamentais, Coimbra Editora, Coimbra, 2007.

CASALTA NABAIS, José, «A constituição fiscal de 1976, sua evolução e seus desafios», *Anuário Português de Direito Constitucional*, Vol. II/2002, e em *Por um Estado Fiscal Suportável – Estudos de Direito Fiscal*, Almedina, Coimbra, 2005.

CASALTA NABAIS, José, «Direito fiscal e tutela do ambiente em Portugal», em *Por um Estado Fiscal Suportável – Estudos de Direito Fiscal*, Almedina, Coimbra, 2005.

CASALTA NABAIS, José, «Considerações sobre o quadro jurídico do património cultural», *Direito* e *Cidadania*, ano VII (2005).

CASALTA NABAIS, José, «Constituição europeia e fiscalidade», agora em *Por um Estado Fiscal Suportável – Estudos de Direito Fiscal*, Almedina, Coimbra, 2005.

CASALTA NABAIS, José, «Alguns aspectos da tributação das empresas», em *Por um Estado Fiscal Suportável – Estudos de Direito Fiscal*, Almedina, Coimbra, 2005.

CASALTA NABAIS, José, «Liberdade de gestão fiscal e dualismo na tributação das empresas», *Estudos em Homenagem a José Guilherme José Guilherme Xavier de Basto*, Coimbra Editora, Coimbra, 2006.

CASALTA NABAIS, José, «O financiamento da segurança social em Portugal», em *Estudos em Memória do Conselheiro Luís Nunes de Almeida*, Tribunal Constitucional, Coimbra Editora, 2007.

CASALTA NABAIS, José, «Avaliação indirecta e manifestações de fortuna na luta contra a evasão fiscal», a publicar nos *Estudos em Homenagem ao Prof. Doutor Manuel Henrique Mesquita*.

CASALTA NABAIS, José, *A Autonomia Financeira das Autarquias Locais*, Almedina, Coimbra, 2007.

CASALTA NABAIS, José, «Política fiscal, desenvolvimento sustentável e luta contra a pobreza», *Ciência e Técnica Fiscal*, 419, Janeiro-Junho de 2007.

CELORICO PALMA, Clotilde, *O IVA e o Mercado Interno. Reflexões sobre o Regime Transitório*, Cadernos de CTF, Lisboa, 1998.

CHECA GONZÁLEZ, Clemente,«Las reclamaciones económico-administrativas en el ordenamiento jurídico español», *Revista Euroamericana de Estudios Tributarios*, 2/1999.

CLÁUDIA SOARES *Imposto Ecológico* versus *Subsídio Ambiental?*, tese de doutoramento apresentada na Universidade de Santiago de Compostela, 2002.

COMBACAU, J., «Pas une puissance, une liberté: la souveraineté international de l'État», *Pouvoirs*, 67(1993) – *La Souveraineté*.

COSTA CABRAL, Nazaré da, *O Orçamento da Segurança Social*, Almedina, Coimbra, 2005.

Bibliografia citada 217

Costa Morais, Carlos da, «Sistema de avaliação do impacto das normas jurídicas», *Cadernos de Ciência da Legislação*, 32, Outubro Dezembro de 2002.

Cubero Truyo, A. M., *La Simplificación del Ordenamiento Tributario (desde la Perspectiva Constitucional)*, Madrid, 1997.

Cunha Valente, L. C., *A Hierarquia Administrativa*, Coimbra Editora, Coimbra, 1939.

Dagtoglou, P., «Souveränität», *Evangelisches Staatslexikon*, II vol., 3.ª ed., 1987.

Dias Garcia, Maria da Glória F. P., *Da Justiça Administrativa em Portugal. Sua Origem e Evolução*, UCP, Lisboa, 1994.

Dias Garcia, Maria da Glória F. P., *Do Conselho de Estado ao Actual Supremo Tribunal Administrativo*, STA, Lisboa, 1998.

D'Oliveira Martins, Guilherme Waldemar, *A Despesa Fiscal e o Orçamento do Estado no Ordenamento Jurídico Português*, Almedina, Coimbra, 2004.

Economist (The), «The flat-tax revolution», 16 de Abril de 2005.

Ehmcke, Torsten/Martin-Banuevo, Diego, «La revisión de actos administrativos de naturaleza tributaria en derecho alemán», *Revista Euroamericana de Estudios Tributarios*, 2/1999.

Esteves de Oliveira; M./Pedro C. Gonçalves/Pacheco Amorim, J., *Código do Procedimento Administrativo*, 2.ª ed., Almedina, Coimbra, 1997.

Esteves de Oliveira, Mário e Rodrigo, *Código de Processo nos Tribunais Administrativos e Estatuto dos Tribunais Administrativos e Fiscais Anotados*, vol. I, Almedina, Coimbra, 2004.

Fardella, F., «Il dogma delia sovranitá dello Stato. Un consutivo», *Rivista Trimestrale di Diritto Pubblico*, 1985.

Ferreiro Lapatza (Dir.), *La Justicia Tributaria en España. Informe sobre las relaciones entre la Administración y los contribuyentes y la resolución de conflitos entre ellos*, Marcial Pons, Madrid, 2005.

Flores Arnedo, Agustín, «Los Tribunales Económico-Administrativos españoles», *Revista Euroamericana de Estudios Tributarios*, 2/1999.

Freitas do Amaral, D., *Conceito e Natureza do Recurso Hierárquico*, Coimbra, vol. I, 1981.

Freitas do Amaral, D., *Curso de Direito Administrativo*, Almedina, vol. I, 3.ª ed., 2006, e vol. II, 2001, Coimbra.

Freitas Pereira, M. H., *Fiscalidade*, 2.ª ed., Almedina, Coimbra, 2007.

Freitas Pereira, M. H., «Relações entre a tributação dos rendimentos do trabalho dependente e as contribuições para a Segurança Social – a experiência portuguesa», Freitas Pereira/David Willians/Arthur Pleijsier, *Tributação do Rendimento Dependente*, Porto, 2000.

Freitas Pereira/David Willians/Arthur Pleijsier, *Tributação do Rendimento Dependente*, Porto, 2000.

Gabriela Pinheiro, *A Fiscalidade Directa na União Europeia*, UCP, Porto, 1998.

Galvão Teles, Miguel, «O Artigo 8.°, n.° 4, da Constituição Portuguesa e o Direito da União Europeia», texto apresentado no *Colóquio Ibérico sobre a Constituição Europeia*, que teve lugar na Faculdade de Direito da Universidade de Coimbra, nos dias 17 e 18 de Março de 2005.

Garcia Prats, Francisco A., *Imposición Directa, no Discriminación y Derecho Comunitário*, Tecnos, Madrid, 1998.

Giannini, M. S., «Sovranità (diritto vigente)», *Enclicopedai del Diritto*, XLII, 1980.

Gomes Canotilho, *Direito Constitucional e Teoria da Constituição*, 7.ª ed., Almedina, Coimbra, 2003.

Gomes Canotilho/Moreira, Vital, *Constituição da República Portuguesa Anotada*, 3.ª ed., Coimbra, Coimbra Editora, 1993.

Gomes Canotilho/Vital Moreira, *Constituição da República Portuguesa Anotada*, 1.° Vol., 4.ª ed., Coimbra Editora, Coimbra, 2006.

Habermas, Jürgen, «Why Europe needs a Constitution?», *New Left Review*, 11, Setember-October 2001.

Hamilton, Alexander/Madison, James/Jay, John, *O Federalista*, Tradução, Introdução e Notas de Veriato Soromenho-Marques e João C. S. Duarte, Edições Colibri, Lisboa, 2003.

Hamilton, Alexander, «Acerca do poder geral de tributação», *O Federalista* n.° 30, em Alexander Hamilton/James Madison/John Jay, *O Federalista*, Tradução, Introdução e Notas de Veriato Soromenho Marques e João C. S. Duarte, Edições Colibri, Lisboa, 2003.

Hauriou, M., *La Souveraineté National*, Paris, 1912.

Henrique Alves, Rui, *Políticas Fiscais Nacionais e União Económica e Monetária na Europa*, 2.ª ed., BVLP, Porto, 2000.

Ilídio das Neves, *Direito da Segurança Social. Princípios Fundamentais numa Análise Prospectiva*, Coimbra, 1996.

Ilídio das Neves, «Segurança social», *Enciclopédia Verbo Edição Século XXI*, vol. 26, 2003.

Isensee, J., «Vom Beruf unserer Zeit für Steuervereinfachung», *Steuer und Witschaft*, 24 (1994) = «Sulla vocazione del nostro tempo per la simplifi-

Bibliografia citada 219

cazione fiscale», *Rivista di Diritto Finanziario e Scienza delle Finanze*, LV (1996).

ISENSEE, J./KIRCHHOF, P., *Handbuch des Staatsrechts*, I, Heidelberg, 1987.

JOAN HORTALÁ/FRANCO ROCCATAGLIATA, «La evolución del ordenamiento tributario europeo: entre la armonización y la subsidiariedad», *Revista Euroamericana de Estudios Tributarios*, 5/2000.

JOÃO CAUPERS, *Introdução ao Direito Administrativo*, 9.ª ed., Âncora, 2007.

JORGE MIRANDA/RUI MEDEIROS, *Constituição Portuguesa Anotada*, Tomo I, Coimbra Editora, Coimbra, 2005.

JORGE MIRANDA/RUI MEDEIROS, *Constituição Portuguesa Anotada*, Tomo II, Coimbra Editora, Coimbra, 2006.

JOSÉ GIL, *Portugal Hoje. O Medo de Existir*, Relógio D'Água, 2004.

JOSÉ DE SOUSA, Albredo/SILVA PAIXÃO, José da, *Código de Procedimento e de Processo Tributário Comentado e Anotado*, Almedina, Coimbra, 2000.

JOUVENEL, B., *De la Souverainité. A la Recherche du Bien Politique,* Paris, 1955.

KIRCHHOF, Paul, «Die staatsrechtliche Bedeutung der Steuerreform», *Jahrbuch des Öffentlichenrechts*, 54, 2006.

KRULIC, J., «La revendication de la souveraineté», *Pouvoirs,* 67 (1993) – *La Souveraineté.*

LAFFAN, B., *The Finances of the European Union*, Macmillan, London, 1997.

LAURÉ, M., *Traité de Politique Fiscale*, Puf, 1956.

LAURÉ, M., *Science Fiscal*, Puf, 1993.

LEBRE DE FREITAS, JOÃO REDINHA e RUI PINTO, *Código de Processo Civil Anotado*, Vol. I (arts. 1.º a 380.º), Coimbra Editora, Coimbra, 1999.

LEITE DE CAMPOS/BENJAMIM S. RODRIGUES/J. LOPES DE SOUSA, *Lei Geral Tributária Comentada e Anotada*, 3.ª ed., vislis, Lisboa, 2003.

LOEWENSTEIN, K., *Teoria de la Constitucion*, 2.ª ed., Barcelona, 1976.

LOPES COURINHA, Gustavo, A Cláusula Geral Anti-Abuso no Direito Tributário. Contributo para a sua Compreensão, Almedina, Coimbra, 2004.

LOPES DE SOUSA, Jorge, *Código de Procedimento e de Processo Tributário Anotado*, 5.ª ed., Áreas Editora, 1 Vol., Lisboa, 2006.

MALBERG, C. de, *Contribution à la Théorie Générale de l'État,* Tomo II, Paris, 1922, reimp. de 1962.

MANUEL PIRES, «Harmonização fiscal face à internacionalização da economia: experiências recentes», em *A Internacionalização da Economia e a Fiscalidade,* Centro de Estudos Fiscais, Lisboa, 1993.

MARCELO CAVALI, *Cláusulas Gerais Antielisivas: Reflexões acerca de sua Conformidade Constitucional em Portugal e no Brasil*, Almedina, Coimbra, 2006.

MARCO, Versiglioni, *Accordo e Dispozione nel Diritto Tributário. Contributo allo Studio dell'Accertamento com Adesione e della Conciliazione Giudiziale*, Giuffré, Milano, 2006.

MARTÍN JIMENEZ, Adolfo J., «La armonización de la imposición directa en las uniones económicas: lecciones desde la Unión Europea», ambos os artigos na *Revista Euroamericana de Estudios Tributarios*, 5/2000.

MARTIN QUERALT, J./LOZANO SERRANO, C./CASADO OLLERO, G./TEJERICO LÓPEZ, J. M., *Curso de Derecho Financiero y Tributario*, 15.ª ed. Tecnos, Madrid, 2005.

MARTINEZ MUÑOZ, Yolanda, *Las Actas con Acuerdo en la Nueva LGT*, Marcial Pons, Madrid, 2004.

MATILDE LAVOURAS, *Financiamento da Segurança Social (Problemas e Perspectivas de Evolução)*, Dissertação de Mestrado na Faculdade de Direito de Coimbra, Coimbra, 2003.

MENEZES LEITÃO, João T., «Anotação ao acórdão do STA de 17 de Março de 2004 (Apensação à impugnação judicial de recurso hierárquico de indeferimento de reclamação graciosa)», *Ciência e Técnica Fiscal*, 414, Jul.-Setembro de 2004.

MINISTÉRIO DAS FINANÇAS, *Estruturar o Sistema Fiscal Desenvolvido*, Almedina, Coimbra, 1998.

MINISTÉRIO DAS FINANÇAS, *Simplificação do Sistema Fiscal Português*, Relatório do Grupo de Trabalho, Cadernos de Ciência e Técnica Fiscal, Centro de Estudos Fiscais, 2007.

MIRANDA PÉREZ, Armando, *La No Discriminación Fiscal en los Âmbitos Internacional y Comunitário*, Barcelona, 2005.

MORGAN, Edmund S., *Inventing the People. The Rise of Popular Sovereignty in England and America*, New York, London, 1989.

MORTATI, C., *Istituzioni di Diritto Pubblico*, tomo 1, 9.ª ed., Padova, 1975.

MOURA RAMOS, Rui M., «O Tratado que estabelece uma Constituição para a Europa e a posição dos Tribunais Constitucionais dos Estados-Membros no sistema jurídico e jurisdicional da União Europeia», em *Estudos em Homenagem ao Conselheiro José Manuel Cardoso da Costa*, Vol. II, Coimbra Editora, 2005.

MUSGRAVE, R., «Clarifyind tax reform», *Public Finance in a Democratic Society. Vol. III – The Foundations of Taxation and Expenditure*, Edward Elgar, UK & USA, 2000.

NAVARRO COELHO, Sacha Calmon, *As Contribuições para a Seguridade Social*, Quartier Latin, São Paulo, 2007.

Bibliografia citada 221

Noiret Cunha, Patrícia, *A Tributação Directa na Jurisprudência do Tribunal de Justiça das Comunidades Europeias*, Coimbra Editora, Coimbra, 2006.

Paula Quelhas, Ana, A Refundação do Papel do Estado nas Políticas Sociais, Almedina, Coimbra, 2001.

Paulo Otero, *Conceito e Fundamento da Hierarquia Administrativa*, Coimbra, 1992.

Paz Ferreira, Eduardo, *União Económica e Monetária – Um Guia de Estudo*, Quid Iuris, Lisboa, 1999.

Pereira Menaut, António Carlos, «Convite ao estudo da constituição da União Europeia», *Revista Jurídica da Universidade Portucalense Infante D. Henrique*, 6, Março de 2001.

Picard, Jean François, «La limitation du pouvoir fiscal liée au développement de la constrution européenne», em Löic Philip (Dir.), *L'Exercice du Pouvoir Financier du Parlement*, Economica, Paris, 1996.

Pistone, Pasquale, «Il credito per le imposte estere ed il diritto comunitario: la Corte di Giustizia non convince» *Revista de Direito Tributario*, 79.

Pitta e Cunha, P., «A harmonização da fiscalidade e as exigências da união monetária na Comunidade Europeia», em *A Fiscalidade dos Anos 90*, Coimbra, 1996.

Pitta e Cunha, P., *De Maastricht a Amsterdão. Problemas da União Monetária Europeia*, Almedina, Coimbra, 1999.

Pitta e Cunha, P., «A União Europeia e a concepção do estado regulador», *Revista da Faculdade de Direito da Universidade de Lisboa*, vol. XLVI, 2005, n.° 2.

Poiares Maduro, Miguel, «O *superavit* democrático europeu», *Análise Social*, vol. XXXV.

Presidência da República, «Política fiscal», em *Debates sobre Portugal. Seminários da Presidência da República*, Casa das Letras, 2005.

Quaritsch, H., *Staat und Souveränität*, vol. I, – *Die Grundlagen*, Frankfurt (M.), 1970, p. 38 e ss.

Randelzhofer, A., «Staatsgewalt und Souveränität», in J. Isensee/P. Kirchhof, *Handbuch des Staatsrechts*, I, Heidelberg, 1987.

Rebelo de Sousa, Marcelo/Salgado de Matos, André, *Direito Administrativo Geral*: Tomo I – *Introdução e Princípios Fundamentais*, 2.ª ed., Dom Quixote, Lisboa, 2006.

Ricardo Catarino, João, «Globalização e capacidade fiscal contributiva», *Cultura – Revista de História e Teoria das Ideias*, vol. 16/17, 2003.

ROBIN DE ANDRADE, *A Revogação do Acto Administrativo*, 2.ª ed., Coimbra Editora, Coimbra, 1985.

ROCHA ANDRADE, Fernando/MATILDE LAVOURAS, *Políticas de Redistribuição e Segurança Social*, Apontamentos das Aulas de Economia e Finanças Públicas, 2003/2004, Faculdade de Direito de Coimbra.

ROLLE, Giovanni, «Mercato interno e fiscalità diretta nel Trattato di Roma e nelle recenti iniziative della Comissione Europea», *Diritto e Pratica Tributaria*, LXX, 1999/2.

RUI MORAIS, *Imputação de Lucros de Sociedades Não Residentes Sujeitas a um Regime Fiscal Privilegiado. Controlled Foreign Companies. O art. 60.° do CIRC*, UCP, Porto, 2005.

RUI MORAIS, *A Execução Fiscal*, 2.ª ed., Almedina, Coimbra, 2006.

SALDANHA SANCHES, «O pagamento especial por conta de IRC: questões de conformidade constitucional», *Fiscalidade*, 15, Julho de 2003.

SALGADO DE MATOS, A. «Recurso hierárquico necessário e regime dos direitos liberdades e garantias», *Scientia Iuridica*, 289, 2001.

SÁNCHEZ LÓPEZ, Maria Esther, *Los Deberes de Información Tributaria desde la Perspectiva Constitucional*, Centro de Estudios Políticos y Constitucionales, Madrid, 2001.

SÁNCHEZ PINO, Antonio J./MALVÁREZ PASCUAL, Luis A., La estimación Indirecta en el Âmbito de la Gestión tributária, Aranzadi, Navarra, 2000.

SANTA-BÁRBARA RUPÉREZ, Jesús, «No discriminación fiscal y fiscalidad indirecta en la Unión Europea», *Revista Euroamericana de Estudios Tributarios*, 5/2000.

SCHMITT, C., *Politische Theologie. Vier Kapitel zur Lehre der Souveränität*, 2.ª ed., München-Leipzig, 1934 = «Teologia Política. Quattro Capitoli sulla dottrina delia Souvaritá», in *Le Categoria del "Político"*, Bologna, 1972.

SERGIO ALBURQUENQUE, *La Revisión en Vía Administrativa de los Actos Tributários: La Tutela Prejudicial de los Derechos y Garantías del Contribuyente. Notas para un Estudio Comparado*, polic., Universidad Complutense de Madrid, 2003.

SÉRGIO VASQUES, *O Princípio da Equivalência como Critério de Igualdade Tributária*, Tese de Doutoramento, Faculdade de Direito de Lisboa, 2007.

SÉRGIO VASQUES, *Os Impostos Especiais de Consumo*, Almedina, Coimbra, 2001.

SÉRVULO CORREIA, «Teoria da relação jurídica de seguro social», *Estudos Sociais e Corporativos*, ano VII, n.° 27, Julho-Setembro de 1968.

SÉRVULO CORREIA, J. M., *Direito do Contencioso Administrativo*, I, Lex, Lisboa, 2005.

SILVA LOPES, J., «Política fiscal», em *Desafios para Portugal. Seminários da Presidência da República*, Casa das Letras, Palácio de Belém, 2005

Bibliografia citada

STARCK, Ch., «Volkssouveränität und Gewaltenteilung», *Verfassungsrecht in Fälle*, n.° 11, Baden-Baden, 1972.

STEINMO, Sven, *Taxation and Democraty. Swedish, British and American Approaches to Financing the Modern State*, Yale UP, New Haven and London, 1993.

TABORDA GAMA, J., «Acto elisivo, acto lesivo. Notas sobre a admissibilidade do combate à elisão fiscal no ordenamento jurídico português», *Revista da Faculdade de Direito da Universidade de Lisboa*, XL, 1999, n.° 1 e 2.

TÂNIA MEIRELES DA CUNHA, *O Investimento Directo Estrangeiro e a Fiscalidade*, Almedina, Coimbra, 2005.

TEIXEIRA RIBEIRO, J. J., «A contra-reforma fiscal», *Boletim de Ciências Económicas*, XI, 1968.

TEIXEIRA RIBEIRO, J. J., *Lições de Finanças Públicas*, 5.ª ed., Coimbra Editora, Coimbra, 1995.

TEODORO CORDÓN/MANUEL GUTIÉRREZ, «La libetad de movimiento de factores produtivos en la Unión Europea. Los principios de libre establecimiento y no discriminación», *Revista Euroamericana de Estudios Tributarios*, 5/2000.

TIPKE, K./LANG, J., *Steuerrecht*, 17.ª ed., Köln, 2002.

TIPKE, K./LANG, J., *Steuerrecht*, 18.ª ed., Köln, 2005.

TRIBUNAL CONSTITUCIONAL, *Acórdãos do Tribunal Constitucional*, Vol. 31, 1995, Vol. 55, 2003, e Vol. 58, 2004.

TÚLIO ROSEMBUJ, *Los Tributos y la Protección del Médio Ambiente*, Marcial Pons, Madrid, 1995.

UTZ, Stephem G., *Tax Policy. An Introduction and Survey of the Principal Debates*, West Publishing, St. Pual Minn., 1993.

VALENTE TORRÃO, João António, *Código de Procedimento e de Processo Tributário Anotado*, Almedina, Coimbra, 2005.

VANISTENDAEL, Frans, «Redistribution of tax law-making power in EMU?», *EC Tax Review*, 1998-2.

VANISTENDAEL, Frans, «No european taxation without european representation», *EC Tax Review*, 2000-3.

VASCO GUIMARÃES, *A Responsabilidade Civil da Administração Fiscal*, Vislis, Lisboa, 2007.

VIEIRA DE ANDRADE, J. C., «Revogação do acto administrativo», *Revista Direito e Justiça*, VI, 1992.

VIEIRA DE ANDRADE, J. C., «A 'revisão' dos actos administrativos no direito português», *Cadernos de Ciência de Legislação*, 9/10, Janeiro-Junho de 1994.

VIEIRA DE ANDRADE, *Os Direitos Fundamentais na Constituição Portuguesa de 1976*, 3.ª ed., Almedina, Coimbra, 2004.

VIEIRA DE ANDRADE, J. C., *A Justiça Administrativa (Lições)*, 3.ª ed., Almedina, Coimbra, 2000.

VIEIRA DE ANDRADE, J. C., *Justiça Administrativa (Lições)*, 8.ª ed. Almedina, Coimbra, 2006.

VIEIRA DE ANDRADE, J. C., «O "direito ao mínimo de existência condigna" como direito fundamental a prestações estaduais positivas – uma decisão singular do Tribunal Constitucional», *Jurisprudência Constitucional*, n.º 1, 2004.

WLADIMIR BRITO, *Lições de Direito Processual Administrativo*, Coimbra Editora, Coimbra, 2005.

XAVIER DE BASTO, «O imposto negativo de rendimento», *Boletim de Ciências Económicas*, vol. XVI (1973).

XAVIER DE BASTO, *A Tributação do Consumo e a sua Coordenação Internacional*, Cadernos de Ciência e Técnica Fiscal, Lisboa, 1991.

XAVIER DE BASTO, «O princípio da tributação do rendimento real e a Lei Geral Tributária», *Fiscalidade*, 5, Janeiro 2001.

XAVIER DE BASTO, J. G., *IRS. Incidência Real e Determinação dos Rendimentos Líquidos*, Coimbra Editora, Coimbra, 2007.

ZIPPELIUS, R., *Teoria Geral do Estado,* Fundação Calouste Gulbenkian, 2.ª ed., Lisboa, 1984.

ÍNDICE

Nota prévia 5

1. A SOBERANIA FISCAL NO QUADRO DA INTEGRAÇÃO EUROPEIA 7

I. **A soberania fiscal** 7
   1. A ideia de soberania fiscal 7
   2. A distribuição do poder tributário em Portugal 16

II. **A soberania fiscal e a integração europeia** 22
   3. Referência à evolução da integração fiscal comunitária 22
   4. As insuficiências da harmonização fiscal comunitária............................ 26
      4.1. A fuga para o *soft law* 28
      4.2. A actual "european taxation without representation" 29
      4.3. Uma estranha construção europeia... 31
      4.4. As alterações que se impõem 33
   5. A soberania fiscal e a "Constituição Europeia" 34
      5.1. A oportunidade perdida da Constituição Europeia 35
      5.2. A soberania fiscal na Constituição Europeia e na Constituição Portuguesa 36

2. POLÍTICA FISCAL, DESENVOLVIMENTO SUSTENTÁVEL E LUTA
   CONTRA A POBREZA 41

I. **A política fiscal** 42
   1. Ideia sobre a política fiscal 43
   2. Pressuposto da política fiscal... 45
   3. Política fiscal e extrafiscal.. 48

II. **Política fiscal e desenvolvimento sustentável** 51
   4. Desenvolvimento económico e desenvolvimento sustentável 52
   5. Política fiscal e desenvolvimento sustentável 53

III. **Política fiscal e luta contra a pobreza**... 60
   6. O imposto negativo de rendimento... 61

IV. **Em jeito de conclusão** 63

228   *Estudos de Direito Fiscal*

3. REFORMA TRIBUTÁRIA NUM ESTADO FISCAL SUPORTÁVEL.......... 67

I. **O estado fiscal**... 69
   1. A ideia de estado fiscal... 69
      1.1. A exclusão do estado patrimonial....................................... 70
      1.2. A exclusão do estado empresarial.. 71
   2. A falsa alternativa de um estado taxador 71
      2.1. Em sede do estado em geral.. 72
      2.2. Em sede da protecção ambiental... 73
      2.3. Em sede da actual regulação... 75

II. **O sistema fiscal do século XX**... 76
   1. O século XX político e jurídico.. 76
   2. A construção do sistema fiscal do estado social 78
   3. A evolução do sistema fiscal em Portugal 80
      3.1. A ilusão prematura da modernidade.................................... 80
      3.2. O realismo de Salazar... 81
      3.3. O bom senso na reforma de Teixeira Ribeiro 81
      3.4. O programa de reforma fiscal da Constituição de 1976....... 82
      3.5. A reforma fiscal do estado social 83

III. **A reforma tributária no século XXI** 84
   1. A internacionalização, integração e globalização económicas 84
   2. A manifesta complexidade fiscal dos estados 87
   3. A sustentabilidade do estado social em concorrência fiscal 88
   4. A administração ou gestão privada dos impostos 88
   5. A (nova) estrutura dos sistemas fiscais 90
      5.1. Os impostos aduaneiros... 90
      5.2. A tributação do rendimento pessoal.................................... 90
      5.3. Os princípios clássicos da tributação 92
      5.4. A necessidade de simplificação 92
      5.5. A *flat tax revolution* 94
      5.6. Um estado fiscal em duplicado? 96

4. AVALIAÇÃO INDIRECTA E MANIFESTAÇÕES DE FORTUNA NA LUTA CONTRA A EVASÃO FISCAL.. 103

I. **Considerações preliminares** 104
   1. A evasão fiscal e o défice das contas públicas............................. 104
   2. A evasão fiscal em sentido amplo 106
   3. A cidadania na luta contra a evasão fiscal 107

II. **A luta contra a evasão fiscal** 108
   4. A liberdade de gestão fiscal.. 108
   5. Os actores, os meios e os níveis da luta contra a evasão fiscal 109

Índice 229

III. **Avaliação indirecta e manifestações de fortuna na luta contra a evasão fiscal** 113
  6. A diversidade da avaliação indirecta 114
  7. As manifestações de fortuna 118

IV. **A imperiosa necessidade de simplificação** 122
  8. Os limitados préstimos desses instrumentos na luta contra a evasão fiscal 122
  9. A necessidade de simplificação geral 124
  10. A simplificação na tributação das empresas 126

5. A REVOGAÇÃO DO ACTO TRIBUTÁRIO NA PENDÊNCIA DA IMPUGNAÇÃO JUDICIAL 131

  I. **O deferimento do recurso hierárquico pelo SEAF** 132
    1. O enquadramento legal 133
      1.1. A hierarquia administrativa 133
      1.2. O recurso hierárquico 137
      1.2. A revogação dos actos administrativos 138
    2. A interpretação dos n.os 3 e 5 do art. 111.º do CPPT 146

  II. **A inutilidade superveniente da lide** 152

  III. **Conclusões** 154

6. CONSIDERAÇÕES SOBRE O ANTEPROJECTO DE REVISÃO DA LGT E DO CPPT DIRIGIDA À HARMONIZAÇÃO COM A REFORMA DA JUSTIÇA ADMINISTRATIVA 159

  I. **Considerações de carácter geral** 160
    1. A prevenção dos litígios 160
    2. A solução administrativa dos litígios 162
    3. O Anteprojecto face às considerações feitas 164
      3.1. Alguns aspectos positivos 164
      3.2. Um ou outro aspecto susceptível de reparo 169

  II. **As soluções do Anteprojecto** 170
    4. Alguns reparos de carácter geral 170
    5. O confronto das vias processuais do Anteprojecto com as do CPTA 171
      5.1. As vias processuais na LGT e no CPPT 172
      5.2. As vias processuais do CPTA 172
      5.3. As vias processuais no Anteprojecto 172
    6. Críticas à tipologia e ordenação dos meios processuais no Anteprojecto 173

230 Estudos de Direito Fiscal

7. O FINANCIAMENTO DA SEGURANÇA SOCIAL EM PORTUGAL........ 179

I. **A segurança social**... 180
   1. Ideia de segurança social 180
   2. A segurança social na Constituição... 182
      2.1. A segurança social no texto constitucional........................... 182
      2.2. O direito à segurança social 185
      2.3. Um dever à segurança social?.. 188
   3. Alusão ao quadro comunitário... 190
   4. O sistema português de segurança social 192
      4.1. Recorte da sua evolução legal.. 192
      4.2. A actual estrutura do sistema 193
         4.2.1. O sistema público de segurança social.................... 194
         4.2.2. O sistema de acção social.. 197
         4.2.3. O sistema complementar.. 197

II. **O financiamento da segurança social em Portugal** 198
   5. Os regimes contributivos e não contributivos............................... 199
   6. As fontes de financiamento 200
   7. O financiamento dos subsistemas.. 204
      7.1. Financiamento do subsistema previdencial........................... 204
      7.2. Referência ao financiamento dos outros subsistemas........... 205
      7.3. O regime financeiro do sistema público de segurança social.............. 206
   8. O fundo de estabilização financeira da segurança social.............. 209

Bibliografia citada.. 211

Índice.. 225